Wirtschaftswissenschaftliche Forschung für die neunziger Jahre

Wirtschaftswissenschaftliche Beiträge

Informationen über die Bände 1 - 50 sendet Ihnen auf Anfrage gerne der Verlag.

Band 51: R. Riedl, Strategische Planung von Informationssystemen, XII/227 Seiten, 1991

Band 52: K. Sandmann, Arbitrage und die Bewertung von Zinssatzoptionen, VIII/172 Seiten, 1991

Band 53: P. Engelke, Integration von Forschung und Entwicklung in die unternehmerische Planung und Steuerung, XVII/352 Seiten, 1991

Band 54: F. Blumberg, Wissensbasierte Systeme in Produktionsplanung und -steuerung, XVII/268 Seiten, 1991

Band 55: P.-U. Paulsen, Sichtweisen der Wechselkursbestimmung, VI/264 Seiten, 1991

Band 56: B. Sporn, Universitätskultur, IX/213 Seiten, 1992

Band 57: A. Vilks, Neoklassik, Gleichgewicht und Realität, IX/112 Seiten, 1991

Band 58: M. Erlei, Unvollkommene Märkte in der keynesianischen Theorie, XII/267 Seiten, 1991

Band 59: D. Ostrusska, Systemdynamik nichtlinearer Marktreaktionsmodelle, VII/178 Seiten, 1992

Band 60: G. Bol, G. Nakhaeizadeh, K.-H. Vollmer (Hrsg.), Ökonometrie und Monetärer Sektor, VII/238 Seiten, 1992

Band 61: S. Feuerstein, Studien zur Wechselkursunion, VIII/132 Seiten, 1992

Band 62: H. Fratzl, Ein- und mehrstufige Lagerhaltung, VIII/190 Seiten, 1992

Band 63: P. Heimerl-Wagner, Strategische Organisations-Entwicklung, VIII/231 Seiten, 1992

Band 64: G. Untiedt, Das Erwerbsverhalten verheirateter Frauen in der Bundesrepublik Deutschland, XVIII/197 Seiten, 1992

Band 65: R. Herden, Technologieorientierte Außenbeziehungen im betrieblichen Innovationsmanagement, XVIII/265 Seiten, 1992

Band 66: P. B. Spahn, H. P. Galler, H. Kaiser, T. Kassella, J. Merz, Mikrosimulation in der Steuerpolitik, XVI/279 Seiten, 1992

Band 67: M. Kessler, Internationaler Technologiewettbewerb, X/232 Seiten, 1992

Band 68: J. Hertel, Design mehrstufiger Warenwirtschaftssysteme, XIII/319 Seiten, 1992

Band 69: H. Grupp/U. Schmoch, Wissenschaftsbindung der Technik, XIII/152 Seiten, 1992

Band 70: H. Legler/H. Grupp/B. Gehrke/U. Schasse, Innovationspotential und Hochtechnologie, XV/164 Seiten, 1992

Band 71: R. Schmidt, Modelle der Informationsvermittlung, 320 Seiten, 1992

Band 72: M. Kaiser, Konsumorientierte Reform der Unternehmensbesteuerung, XI/412 Seiten, 1992

Band 73: K. Meier, Modellbildung bei Mehrfachzielen, XVI/251 Seiten, 1992

Band 74: J. Thiele, Kombination von Prognosen, X/135 Seiten, 1993

Band 75: W. Sesselmeier, Gewerkschaften und Lohnfindung, XII/222 Seiten, 1993

Band 76: R. Frensch, Produktdifferenzierung und Arbeitsteilung, VIII/176 Seiten, 1993

Band 77: K. Kraft, Arbeitsmarktflexibilität, X/186 Seiten, 1993

Band 78: R. P. Hellbrück, Synergetik und Marktprozesse, XIV/190 Seiten, 1993

Band 79: L. Linnemann, Multinationale Unternehmungen und internationale Wirtschaftspolitik, X/207 Seiten, 1993

Band 80: K. Cuhls, Qualitätszirkel in japanischen und deutschen Unternehmen, XIV/215 Seiten, 1993

Band 81: B. Erke, Arbeitslosigkeit und Konjunktur auf segmentierten Arbeitsmärkten, X/228 Seiten, 1993

Band 82: M. Hillmer, Kausalanalyse makroökonomischer Zusammenhänge mit latenten Variablen, XI/408 Seiten, 1993

Band 83: M. Heinisch, W. Lanthaler, Im Brennpunkt Universität, XII/193 Seiten, 1993

Band 84: M. Göcke, Starke Hysteresis im Außenhandel, XII/216 Seiten, 1993

Band 85: T. Siegenführ, Optimale Gesundheitsinvestitionen in das Humankapital, XX/192 Seiten, 1993

Band 86: Matthias Wrede, Ökonomische Theorie des Steuerentzuges, XII/302 Seiten, 1993

Band 87: M. Raab, Steuerarbitrage, Kapitalmarktgleichgewicht und Unternehmensfinanzierung, X/185 Seiten, 1993

Band 88: K.-J. Duschek, Ein sequentielles empirisches allgemeines Gleichgewichtsmodell zur Beurteilung von Steuerreformprogrammen, XII/271 Seiten, 1993

Band 89: R. Schwager, Geld überlappende Nachfragestruktur und bilaterale Transaktionen, VIII/262 Seiten, 1994

Band 90: M. Sander, Die Bestimmung und Steuerung des Wertes von Marken, XVI/319 Seiten, 1994

Band 91: T. Ursprung, Propaganda, Interessengruppen und direkte Demokratie, X/187 Seiten, 1994

Band 92: G. Speckbacher, Alterssicherung und internationale Gerechtigkeit, VIII/151 Seiten, 1994

Band 93: G. Bol, G. Nakhaeizadeh, K.-H. Vollmer (Hrsg.), Finanzmarktanwendungen neuronaler Netze und ökonometrischer Verfahren, X/271 Seiten, 1994

Band 94: F. Kugler, Preisbildung auf spekulativen Märkten, IX/239 Seiten, 1994

Band 95: J. Schmoranz, Die Energienachfrage privater Haushalte, VII/215 Seiten, 1994

Band 96: M. Carlberg, Makroökonomische Szenarien für das vereinigte Deutschland, X/216 Seiten, 1994

Band 97: U. Schiller, Vertikale Unternehmensbeziehungen, XII/216 Seiten, 1994

Fortsetzung auf Seite 184

Reinhard Neck (Hrsg.)

Wirtschaftswissenschaftliche Forschung für die neunziger Jahre

Ergebnisse eines Symposiums der Fakultät für Wirtschaftswissenschaften der Universität Bielefeld

Mit 31 Abbildungen

Physica-Verlag
Ein Unternehmen
des Springer-Verlags

Reihenherausgeber
Werner A. Müller

Bandherausgeber
Professor Dr. Reinhard Neck
Universität Bielefeld
Fakultät für Wirtschaftswissenschaften
Postfach 10 01 31
D-33501 Bielefeld

ISBN 3-7908-0919-5 Physica-Verlag Heidelberg

Die Deutsche Bibliothek - CIP-Einheitsaufnahme
Wirtschaftswissenschaftliche Forschung für die neunziger Jahre
: Ergebnisse eines Symposiums der Fakultät für
Wirtschaftswissenschaften der Universität Bielefeld / Reinhard
Neck (Hrsg.). - Heidelberg : Physica-Verl., 1996
(Wirtschaftswissenschaftliche Beiträge ; Bd. 124)
ISBN 3-7908-0919-5
NE: Neck, Reinhard [Hrsg.]; Universität <Bielefeld> / Fakultät für
Wirtschaftswissenschaften; GT

Dieses Werk ist urheberrechtlich geschützt. Die dadurch begründeten Rechte, insbesondere die der Übersetzung, des Nachdruckes, des Vortrags, der Entnahme von Abbildungen und Tabellen, der Funksendungen, der Mikroverfilmung oder der Vervielfältigung auf anderen Wegen und der Speicherung in Datenverarbeitungsanlagen, bleiben, auch bei nur auszugsweiser Verwertung, vorbehalten. Eine Vervielfältigung dieses Werkes oder von Teilen dieses Werkes ist auch im Einzelfall nur in den Grenzen der gesetzlichen Bestimmungen des Urheberrechtsgesetzes der Bundesrepublik Deutschland vom 9. September 1965 in der Fassung vom 24. Juni 1985 zulässig. Sie ist grundsätzlich vergütungspflichtig. Zuwiderhandlungen unterliegen den Strafbestimmungen des Urheberrechtsgesetzes.

© Physica-Verlag Heidelberg 1996
Printed in Germany

Die Wiedergabe von Gebrauchsnamen, Handelsnamen, Warenbezeichnungen usw. in diesem Werk berechtigt auch ohne besondere Kennzeichnung nicht zu der Annahme, daß solche Namen im Sinne der Warenzeichen- und Markenschutz-Gesetzgebung als frei zu betrachten wären und daher von jedermann benutzt werden dürften.

SPIN 10530340   88/2202-5 4 3 2 1 0 - Gedruckt auf säurefreiem Papier

Vorwort

Am 25. November 1994 fand anläßlich des fünfundzwanzigjährigen Bestehens der Universität Bielefeld ein von allen Fakultäten und Einrichtungen der Universität gemeinsam organisierter „Tag der offenen Tür" statt, bei dem der interessierten Öffentlichkeit die Leistungen der Universität Bielefeld in Forschung und Lehre präsentiert wurden. Für die Fakultät für Wirtschaftswissenschaften fiel dieses Ereignis mit dem Jubiläum des zwanzigjährigen Bestehens der Fakultät zusammen, so daß in zweifacher Hinsicht Anlaß für einen Rückblick, besonders aber für einen Ausblick in die Zukunft gegeben war. Daher veranstaltete die Fakultät im Rahmen des „Tages der offenen Tür" ein offenes wissenschaftliches Symposium unter dem Generalthema „Wirtschaftswissenschaftliche Forschung für die neunziger Jahre". Angehörige der Fakultät für Wirtschaftswissenschaften stellten dabei in 13 Vorträgen Ergebnisse ihrer Forschungstätigkeit vor.

Die Schwerpunktsetzung in Richtung auf eine Präsentation von Forschungsaktivitäten sollte auch dazu beitragen, der oft einseitigen Betonung der Lehraufgaben der Universität, die in der breiten Öffentlichkeit insbesondere angesichts immer knapper werdender Mittel für den Hochschulbereich meist im Vordergrund stehen, entgegenzuwirken. Speziell die „Reformuniversität" Bielefeld[1] muß sich nicht zuletzt durch ihre Forschungsleistungen definieren und darauf hinweisen, daß qualitativ hochwertige Wissensvermittlung die Gewinnung neuer wissenschaftlicher Erkenntnisse zur Voraussetzung hat. Andererseits müssen Forschungsergebnisse auch über den Kreis der Studierenden hinaus bekannt gemacht werden, um auch in die gesellschaftliche Praxis hineinzuwirken, insbesondere im Bereich der Wirtschaftswissenschaften.

Dementsprechend wurden die Vorträge auf dem Symposium der Fakultät so gestaltet, daß sie auch für Nicht-Spezialisten des jeweiligen Fachgebiets verständlich waren. Dabei konnten sich Universitätsangehörige über die Forschungsergebnisse ihrer Kollegen informieren, Studierende Anregungen für eigene Arbeiten (Seminararbeiten, Diplomarbeiten und Dissertationen) erhalten, und Absolventen der Universität, Vertretern der Wirtschaft und anderen interessierten Bürgern der Region wurden aktuelle Resultate wirtschaftswissenschaftlicher Forschung vorgestellt. Das Interesse an dieser Veranstaltung war beträchtlich, so daß sich die Fakultät dazu entschloß, die Ergebnisse einer größeren Öffentlichkeit in Buchform zugänglich zu machen. Der vorliegende Band enthält überarbeitete Fassungen der meisten der auf dem Jubiläumssymposium gehaltenen Vorträge und versucht damit zugleich, einen Querschnitt durch die laufenden Forschungsaktivitäten der Fakultät zu geben.

---

[1] P. Lundgreen (Hrsg.), Reformuniversität Bielefeld 1969-1994. Zwischen Defensive und Innovation, Bielefeld 1994.

Die Fakultät für Wirtschaftswissenschaften der Universität Bielefeld war von Beginn an mathematisch und quantitativ orientiert und hat auf diesem Gebiet internationale Anerkennung gefunden, wie sie etwa in der Verleihung des Wirtschaftsnobelpreises 1994 an ihr früheres langjähriges Mitglied Prof. Dr. Reinhard Selten zum Ausdruck kommt. Neben formal ausgerichteter theoretischer Grundlagenforschung, die naturgemäß schwerer öffentlichkeitswirksam vermittelt werden kann, wurden von Mitgliedern der Fakultät aber auch stets anwendungsorientierte Forschungen betrieben. Diese bilden den Schwerpunkt des vorliegenden Bandes. Ökonometrische Modellbildung (Frohn/Leuchtmann), die Anwendung ökonometrischer Modelle auf wirtschaftspolitische Fragen (Neck/Karbuz), eine Untersuchung zur statistischen Methodik (Handl) und eine regionalökonomische Analyse (Frohn/Niermann/Niermann) stellen Beispiele für angewandte quantitative Forschungen dar. Flaschel/Reimer demonstrieren die (auch politische) Relevanz von Ergebnissen mathematisch formulierter gesamtwirtschaftlicher Modelle. Über neue Methoden der Wirtschaftsdidaktik berichten Bartels/Weinbrenner. Forschungsthemen zu Fragestellungen auf betrieblicher Ebene umfassen die Entwicklung der Informatik-Strategie (Spitta), Konzepte für die Tourismuswirtschaft in den Neuen Bundesländern (Settnik) sowie Beurteilungskriterien von Steuerreformen aus betriebswirtschaftlicher Sicht (König).

Ein weiterer Beitrag (Westerfelhaus) positioniert die Betriebswirtschaftliche Steuerlehre stärker in Richtung auf rechtswissenschaftliche Ansätze. Institutionell orientiert ist auch die Diskussion des Maastricht-Vertrags (Steiner). Die beiden letztgenannten Arbeiten beruhen zugleich auf den Antrittsvorlesungen der Honorarprofessoren der Fakultät, die im Rahmen dieses Symposiums gehalten wurden; teilweise wurde dabei die Vortragsform beibehalten. Ebenfalls in diesem Rahmen wurde eine Antrittsvorlesung von Prof. Hüls gehalten. Durch die Ernennung bewährter Praktiker zu Honorarprofessoren bringt die Fakultät das Bestreben zum Ausdruck, die wechselseitige Befruchtung von anwendungsorientierter Theorie und wissenschaftlich gestützter Praxis zu fördern.

Die vorliegenden Arbeiten wurden zu Beginn des Jahres 1995 abgeschlossen. Für Unterstützung bei der Bearbeitung der Manuskripte danke ich Erika Drexel, Renate Ehmke und Arndt von Reichenbach, für finanzielle Unterstützung dieses Buchprojekts der Westfälisch-Lippischen Universitätsgesellschaft und Prof. Dr. Herwarth Westerfelhaus. Den Verfassern der einzelnen Beiträge gebührt Dank für konstruktive Zusammenarbeit. Herausgeber und Autoren hoffen, mit der vorliegenden Festschrift zum zwanzigjährigen Jubiläum der Fakultät für Wirtschaftswissenschaften der Universität Bielefeld nicht nur einen Einblick in laufende Forschungsaktivitäten zu geben, sondern auch Anregungen für zukünftige wirtschaftswissenschaftliche Forschungen liefern zu können.

Bielefeld und Osnabrück, im Herbst 1995   Reinhard Neck

Inhaltsverzeichnis

Das Bielefelder ökonometrische Modell 1
J. Frohn, U. Leuchtmann

„Optimale" Wirtschaftspolitik für die neunziger Jahre: Eine quantitative
Analyse 21
R. Neck, S. Karbuz

Transformationen in statistischen Modellen 41
A. Handl

Die ökonomischen Auswirkungen der Universität Bielefeld auf die Stadt 57
J. Frohn, S. Niermann, U. Niermann

Gesamtwirtschaftliche Dynamik: einfach oder komplex? 71
P. Flaschel, K. Reimer

Grundlagen eines Modellversuchs zur umwelt- und sozialverträglichen
Gestaltung von Arbeit und Technik (Bielefelder Teilprojekt) 93
Th. Bartels, P. Weinbrenner

Die Informatik-Strategie als Instrument des Informationsmanagements 113
Th. Spitta

Tourismuswirtschaft und Freizeitmarkt - innovative Erfordernisse in
den Neuen Bundesländern 133
U. Settnik

Wirtschaftliche Effizienz als Norm rationaler Steuerpolitik? 149
R. König

Gedanken zur Betriebswirtschaftlichen Steuerlehre mit dem Blick auf
die derzeitige Entwicklung im Gesellschafts- und Steuerrecht 159
H. Westerfelhaus

Ist eine Europäische Währungsunion immer noch wünschenswert? 177
H. Steiner

Das Bielefelder ökonometrische Modell

Joachim Frohn und Ulrich Leuchtmann

Universität Bielefeld, Fakultät für Wirtschaftswissenschaften, Postfach 10 01 31, 33501 Bielefeld

Zusammenfassung. Ein ökonometrisches Modell zur Abschätzung wirtschaftlicher Effekte politischer Maßnahmen wird spezifiziert und geschätzt (1970 bis 1983). Als Produktionsteil dient ein in 15 Sektoren disaggregiertes reales Input-Output-Modell. Dabei werden die Inputkoeffizienten gemäß einem hierarchischen Translog-Ansatz in Abhängigkeit von den Vorleistungspreisen modelliert. Das Gesamtmodell wird zur Simulation einer Umweltschutzmaßnahme verwandt und die Ergebnisse werden im Hinblick auf die Beschäftigungseffekte diskutiert.

Schlüsselwörter. sektorale Disaggegation, Input-Output-Modell, preisabhängige Inputkoeffizienten, Translogfunktion, Umweltschutzmaßnahme

1 Einleitung

Das Bielefelder ökonometrische Modell entstand Ende der achtziger Jahre aus einem Forschungsprojekt, welches im Auftrag des Umweltbundesamtes durchgeführt wurde [Frohn et al. (1988), Frohn et al. (1989)]. Ziel des Forschungsprojektes war es, die Möglichkeiten zur empirischen Ermittlung der Wirkungen konkreter wirtschaftspolitischer — in diesem Fall: umweltpolitischer — Maßnahmen zu verbessern.

Aus dieser Fragestellung heraus entstand ein disaggregiertes ökonometrisches Input-Output-Modell für die Bundesrepublik Deutschland, welches zur Abschätzung *abgeleiteter* wirtschaftlicher Effekte politischer Maßnahmen verwandt werden kann.

Im folgenden soll zunächst kurz der Aufbau des Gesamtmodells dargestellt werden. In Abschnitt 3 wird dann der Aufbau des Produktionsteils genauer erläutert. Abschließend wird in Abschnitt 4 das Ergebnis eines der mit dem Modell durchgeführten Simulationsexperimente vorgestellt.

2 Die Modellkonzeption

Das Bielefelder ökonometrische Modell ist als rekursives dynamisches Modell spezifiziert. Es besteht im wesentlichen aus fünf Teilen:

- dem Konsumteil,
- dem Investitionsteil,
- dem Produktionsteil,
- dem Preisbestimmungsteil,
- dem Einkommens- und Beschäftigungsteil.

Die wesentlichen Charakteristika sind die Disaggregation der Produktion in 15 Sektoren und die Verwendung *realer* Input-Output-Tabellen. Als Produktionssektoren dienen:

1. Land- und Forstwirtschaft, Fischerei;
2. Energie- und Wassererzeugung;
3. Bergbau;
4. Chemische Industrie;
5. Mineralölherstellung;
6. Kunststoff- und Gummierzeugung, Steine, Erden usw.;
7. Eisen, Stahl, NE-Metallerzeugung, Gießereien;
8. Stahl- und Maschinenbau, ADV, Fahrzeugbau;
9. Elektrotechnik, Feinmechanik, EBM-Herstellung;
10. Holz und Papier, Leder-, Textil- und Bekleidungsindustrie;
11. Nahrungsmittel- und Getränkeherstellung, Tabakwaren;
12. Bau;
13. Handel, Verkehr, Postdienst usw.;
14. marktbestimmte Dienstleistungen;
15. nichtmarktbestimmte Dienstleistungen.

Die Parameter der im Modell enthaltenen 315 Verhaltensgleichungen wurden mit Hilfe des OLS-Verfahrens über den Zeitraum 1970 bis 1988 geschätzt. Im folgenden soll das Modell über den in ihm angelegten Simulationsablauf kurz skizziert werden.

Zu Beginn jeder Periode werden aus Daten der Vorperiode die im Modell relevanten Preise bestimmt. Diese Preise dienen als wesentliche Determinanten des Konsum- und des Investitionsteils, in denen die entsprechenden Endnachfragekomponenten für die 15 produzierenden Sektoren bestimmt werden. Aus den Preisen und der so bestimmten Endnachfrage wird die inländische Produktion und das Güteraufkommen in den Sektoren ermittelt. Die Produktion wiederum dient als wesentliche Erklärungskomponente für die Beschäftigung, das verfügbare Einkommen und die Output-Preise der folgenden Periode. Damit sind alle endogenen Größen einer Periode bestimmt und diejenigen der folgenden Periode können berechnet werden. Eine schematische Darstellung des Modellzusammenhangs findet sich in Abbildung 1.

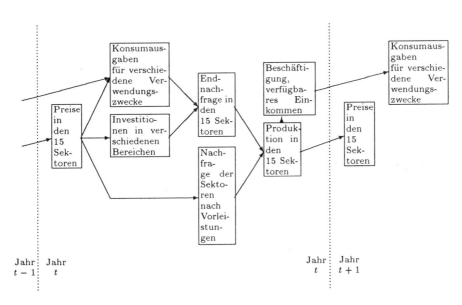

Abbildung 1: Der Simulationsablauf

In den folgenden Abschnitten sollen die einzelnen Modellteile kurz erläutert werden.

2.1 Der Konsumteil

Im Konsumteil des Modells wird die Endnachfragekomponente „letzter Verbrauch" — disaggregiert nach den 15 Produktionssektoren — erklärt. Dazu wird zunächst der aggregierte Konsum erklärt, in einer zweiten Stufe die Aufteilung des Konsums auf sieben Verwendungsbereiche und schließlich die sich daraus ergebenden Endnachfragewirkungen für die 15 produzierenden Sektoren.

Zur Erklärung des aggregierten Konsums dient eine im wesentlichen keynesianische Konsumfunktion, in der der Gesamtkonsum C abhängig ist vom (um eine Periode verzögerten) verfügbaren Einkommen Y^d und von der Inflation,[1] genauer: der Veränderung des Konsumpreisindex P^c:

$$C_t = \alpha_0 + \alpha_1 Y^d_{t-1} + \alpha_2 \Delta P^c{}_t$$

Die Aufteilung der so spezifizierten gesamten Konsumausgaben auf die 15 produzierenden Sektoren geschieht im Bielefelder Modell in zwei Schritten. Einem Ansatz Prestons (1972) folgend wird — entsprechend den tatsächlichen Konsumentscheidungen der Konsumenten — die Aufteilung des gesamten Konsums zunächst auf sieben Bereiche modelliert. Es sind dies

- Nahrungs- und Genußmittel;
- Wohnungsmieten;
- Energie;
- Verkehr und Nachrichtenübermittlung (ohne Kraftfahrzeuge);
- Kraftfahrzeuge;
- Kleidung und Schuhe, sonstige Haushaltsführung;
- Gesundheits- und Körperpflege, Bildung, persönliche Ausstattung, sonstige Waren und Dienstleistungen.

Die Ausgabenanteile

$$w_i = \frac{q_i \cdot p_i}{C}, \quad i = 1, \ldots, 7,$$

mit: q_i: realer Konsum im Bereich i,
p_i: Konsumpreis im Bereich i,
werden als „Almost Ideal Demand System" modelliert [vgl. Deaton/Muellbauer (1980)]. Entsprechend diesem Ansatz ergibt sich folgende Spezifikation:

(1) $$w_i = \alpha_i + \sum_j \beta_{ij} \log p_j + \gamma_i \log \frac{C}{P^c}.$$

---

[1] Zum Einfluß der Inflation auf die Konsumfunktion siehe z.B. Deaton (1977).

Die Konsumausgaben in den 15 produzierenden Sektoren werden aus den so ermittelten Ausgaben $w_i \cdot C$ für die sieben Konsumkategorien über „bridge-Matrizen" berechnet, deren Koeffizienten angeben, welche Anteile der Konsumnachfrage in einer bestimmten Kategorie von den einzelnen Sektoren geliefert werden. Diese bridge-Matrizen wurden aus Daten des Statistischen Bundesamtes berechnet.

2.2 Die Investitionen

Zur Erklärung der Endnachfragekomponente „Investitionen" wird zunächst das (Anlage- und Ausrüstungs-) Investitionsvolumen für sieben investierende Wirtschaftsbereiche über Investitionsfunktionen geschätzt. Hierbei treten als wichtigste Einflußvariablen der Zins sowie der Lohnsatz und das Produktionsvolumen in dem entsprechenden Bereich auf. Die Bauinvestitionen werden als Residualgröße ermittelt. Anschließend werden — wieder mit Hilfe von bridge-Matrizen — die sich daraus ergebenden Nachfragekomponenten für die 15 Produktionssektoren berechnet.

Als investierende Bereiche wurden

- Land- und Forstwirtschaft, Fischerei;
- Energie- und Wasserversorgung, Bergbau;
- Verarbeitendes Gewerbe;
- Baugewerbe;
- Handel und Verkehr;
- Dienstleistungsunternehmen;
- Staat, private Organisationen ohne Erwerbszweck

gewählt.

2.3 Die Produktion

Die gesamte Endnachfrage setzt sich aus den modellendogenen Komponenten „letzter Verbrauch" und „Investitionen" sowie den exogenen Komponenten Staatsverbrauch und Export zusammen. Aus diesem Endnachfragevektor **f** wird mit Hilfe der Leontief-Inverse der Vektor **x** der Produktionsmengen berechnet, also:

(2) $$\mathbf{x}_t = (\mathbf{I} - \mathbf{A}_t)^{-1} \cdot \mathbf{f}_t$$

mit: **I** : Identitätsmatrix,
A $= [a_{ij}]_{n \times n}$: Matrix der Inputkoeffizienten.
Die Berechnung der Matrix **A** wird in Abschnitt 3 genauer dargestellt.

2.4 Der Preisteil

Die inländischen Output-Preise werden im Modell im wesentlichen durch einen Markup-Ansatz mit zeitvariablem Markup-Faktor erklärt, also:

$$p_{it}^{\text{inl}} = \mu_{it} \cdot K_{it}$$

mit: p_i^{inl}: inländisches Preisniveau im Sektor i,
K_i : Summe der Faktorkosten im Sektor i.

Die Output-Preise werden als gewichtete Summe von inländischen Output-Preisen und (exogenen) Import-Preisen berechnet. Als Gewichte dienen die Importanteile der entsprechenden Sektoren.

2.5 Der Einkommens- und Beschäftigungsteil

Die Beschäftigungsniveaus sind für die einzelnen Sektoren als Quotient aus Einkommen aus unselbständiger Arbeit und Lohnsatz in den einzelnen Sektoren definiert. Ihre Höhe wird in Abhängigkeit vom Lohnsatz, vom Zins, von den Preisen für Vorleistungen sowie vom Produktionswert des Sektors modelliert.

Das Einkommen aus Unternehmertätigkeit und Vermögen wird im wesentlichen durch den Produktionswert und den Lohnsatz erklärt.

Aus diesen beiden Einkommenskomponenten wird — unter Berücksichtigung von stilisierten Lohn- und Einkommensteuersätzen — das verfügbare Einkommen berechnet.

3 Der Produktionsteil

Im Produktionsteil des Bielefelder ökonometrischen Modells werden aus der teilweise endogenen, in 15 Sektoren disaggregierten Endnachfrage die Produktionswerte für diese 15 Sektoren bestimmt. Dabei bedienen wir uns realer Input-Output-Tabellen, die uns vom Statistischen Bundesamt für die Jahre 1970 bis 1978, 1980, 1982, 1984, 1986 und 1988 zur Verfügung gestellt worden sind. Die Tabellen für die fehlenden Jahre sind durch Interpolationsverfahren gewonnen worden.

Betrachtet man die aus diesen Tabellen ermittelten Inputkoeffizienten, so fallen die teilweise starken Schwankungen im Zeitablauf auf. Es erschien deshalb dringend notwendig, ein Input-Output-Modell mit *variablen* Koeffizienten zu spezifizieren. Zur Bestimmung der Inputkoeffizienten dient ein neoklassischer Kostenminimierungsansatz.

3.1 Das theoretische Modell

Für jeden der 15 Sektoren wird eine neoklassische substitutionale Produktionsfunktion unterstellt, in der die Höhe der (realen) inländischen Produktion von den (realen) Inputs, d.h. den empfangenen Vorleistungen und Primärinputs abhängig ist, also:

$$(3) \qquad x_j^{\text{inl}} = f_j(x_{1j}, \ldots, x_{nj}; x_{n+1,j}, \ldots, x_{n+m,j})$$

mit: x_j^{inl} $j=1,\ldots,n$: inländische Produktion im Sektor j,
x_{ij} $i=1,\ldots,n$: Vorleistungen des Sektors i an den Sektor j,
$x_{n+l,j}$ $l=1,\ldots,m$: l-ter Primärinput des Sektors j.

Für die inländischen Inputkoeffizienten a_{ij}^{inl} folgt damit:

$$(4) \qquad a_{ij}^{\text{inl}} = \frac{p_i x_{ij}}{\sum_{k=1}^{n+m} p_k x_{kj}} = \frac{X_{ij}}{X_j} \quad i,j = 1,\ldots,n$$

mit: p_k : Preis des Vorleistungsinputs k bzw. Entlohnung des Faktors $k-n$,
X_{ij}: nominale Vorleistungen des Sektors i an den Sektor j,
X_j : nominaler Bruttoproduktionswert des Sektors j.

Gemäß Shepard's Lemma gilt damit:

$$(5) \qquad a_{ij}^{\text{inl}} = \frac{X_{ij}}{X_j} = \frac{\partial \log X_j}{\partial \log p_i}$$

Wählt man nun als lokale quadratische Approximation einer beliebigen Kostenfunktion $X_j(p_1,\ldots,p_{n+m}; x_j^{\text{inl}})$ eine in den Preisen linearhomogene Translogform[2], also:

$$(6) \qquad \log X_j = \alpha_0^j + \sum_{i=1}^{n+m} \beta_i^j \log p_i + \gamma^j \log x_j^{\text{inl}} +$$

$$\frac{1}{2} \sum_{i=1}^{n+m} \sum_{k=1}^{n+m} \zeta_{ik}^j \log p_i \log p_k + \frac{1}{2} \eta^j (\log x_j^{\text{inl}})^2 + \frac{1}{2} \sum_{i=1}^{n+m} \xi_i^j \log p_i \log x_j^{\text{inl}},$$

---

[2] Wir nehmen *nicht* Linearität der Kostenfunktion im output (oder äquivalent: eine linearhomogene Produktionsfunktion) an.

so ergibt sich für $\dfrac{\partial \log X_j}{\partial \log p_i} = a_{ij}^{\text{inl}}$:

(7) $$a_{ij}^{\text{inl}} = \beta_i^j + \sum_{k=1}^{n+m} \zeta_{ik}^j \log p_k + \xi_i^j \log x_j^{\text{inl}}.$$

Um die Homogenität der Kostenfunktion (6) sicherzustellen, muß

(8) $$\sum_{k=1}^{n+m} \zeta_{ik}^j = 0$$

gelten. Aus Shepard's Lemma folgt weiterhin:

(9) $$\zeta_{ik}^j = \zeta_{ki}^j \quad \forall i, k$$

3.2 Aufteilung des Kostenminimierungsproblems

Eine direkte Schätzung der Gleichungen (7) ist mit den zur Verfügung stehenden Daten in der gewählten Disaggregation ($n = 15$) nicht möglich. Bei 18 zur Verfügung stehenden Beobachtungspunkten würde eine Schätzung von Gleichung (7) selbst bei $m = 0$ nur einen Freiheitsgrad übrig lassen. Um die Inputkoeffizienten mit den bestehenden Daten schätzen zu können, müssen daher den Annahmen über das Produzentenverhalten weitere hinzugefügt werden. Eine übliche Vorgehensweise [Swoffort/Whitney (1994)] ist die zusätzliche Annahme einer schwach separierbaren Kostenfunktion X_j, also:

(10) $$X = X(\mathfrak{K}_1(p_1, \ldots, p_{l_1}), \ldots, \mathfrak{K}_k(p_{l_{k-1}+1}, \ldots, p_{n+m}); x_j^{\text{inl}}).[3]$$

Diese Spezifikation ist äquivalent mit der Annahme eines zweistufigen Entscheidungsproblems der Produzenten, auf dessen oberster Stufe über die Aufteilung der Gesamtkosten X auf die „Unterkostengruppen" $\mathfrak{K}_1, \ldots, \mathfrak{K}_k$ entschieden wird und auf dessen unteren Stufen die Unterkostengruppen auf die einzelnen darin enthaltenen Inputs $x_{l_{-1}+1,j}, \ldots, x_{l,j}$ aufgeteilt werden. Auf dieser Ebene kann man wiederum Separierbarkeit annehmen, so daß sich das Kostenminimierungsproblem hierarchisch gestaltet:

---

[3] Der Index j ist zur besseren Übersichtlichkeit weggelassen.

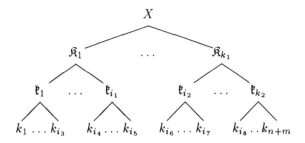

Abbildung 2: Hierarchischer Aufbau des Kostenminimierungsproblems

Nimmt man für die Unterkostenfunktionen $\mathfrak{K}$ bzw. $\mathfrak{k}$ die gleichen Eigenschaften wie für X an und wählt man für sie entsprechend Gleichung (6) auch eine Translog-Approximation, so lassen sich die Ausgabenanteile für die „Güter-Unterbündel" ganz analog zur Überlegung in Abschnitt 3.1 bestimmen.

3.3 Ein ökonometrisches Produktionsmodell

Für die Schätzung und Simulation der Inputkoeffizienten im Produktionsteil des Bielefelder Modells, die in Gleichung (2) zur Bestimmung der Produktionswerte benötigt werden, wird eine zweistufige Bestimmung der inländischen Inputkoeffizienten

$$a_{ij}^{\text{inl}} = \frac{p_i x_{ij}}{X_j} \qquad i,j = 1, \ldots, n$$

gewählt:
Auf der ersten Stufe werden die Gesamtausgaben X_j auf die Aggregate „Vorleistungen" und „Primärinputs" aufgeteilt. Geschätzt wird der Anteil der gesamten Vorleistungen, der Anteil der Primärinputs ergibt sich als Residualgröße:[4]

(11) $$\begin{aligned} v_j^{\text{vor}} &= \frac{\sum_{i=1}^{n} p_i x_{ij}}{X_j} \\ v_j^{\text{prim}} &= 1 - v_j^{\text{vor}} \end{aligned}$$

---

[4] Beim gewählten Schätzverfahren (OLS) würden sich die Ergebnisse nicht ändern, wenn man die Gleichung für den Anteil der Primärinputs schätzen würde und den Anteil der Vorleistungen als Residualgröße berechnen würde. Siehe für eine Herleitung dieser Eigenschaft Barten (1969).

Die Aufteilung erfolgt gemäß dem Ansatz (7), so daß also folgende Gleichung verwandt wird:

(12) $$v_j^{\text{vor}} = \alpha_0^j + \alpha_1^j \log p_j^{\text{vor}} + \alpha_2^j \log p_j^{\text{prim}} + \alpha_3^j \log x_j$$

mit: p_j^{vor} : Preisindex der Vorleistungspreise,
p_j^{prim}: Preisindex der Primärinputs.

Auf der zweiten Stufe erfolgt die Aufteilung der gesamten Ausgaben für Vorleistungen auf die n Sektoren. Gemäß (7) müßten für eine Translog-Approximation die Logarithmen der output-Preise *aller* Sektoren und der Logarithmus der gesamten empfangenen Vorleistungen als erklärende Variablen in die Spezifikation eingehen, also etwa:

$$a_{ij}^{\text{vor}} = \frac{X_{ij}}{\sum_{k=1}^{n} X_{kj}} = \beta_0 + \sum_{k=1}^{n} \beta_k \log p_k + \gamma \log \sum_{k=1}^{n} X_{kj}$$

Zur Reduktion der Parameter in dieser Gleichung können die einzelnen Preise p_k so zu wenigen Preisindizes zusammengefaßt werden, daß der Verlauf der einzelnen Preise innerhalb eines Index möglichst ähnlich ist. Als Spezifikation dient dann also:

(13) $$a_{ij}^{\text{vor}} = \beta_0 + \sum_{l=1}^{L} \beta_l \log P_l^* + \gamma \log \sum_{k=1}^{n} X_{kj}$$

mit: P_l^*: l-ter Preisindex.

Die inländischen Inputkoeffizienten $a_{ij}^{\text{inl}} = \dfrac{X_{ij}}{X_j}$ lassen sich aus den so bestimmten Größen aus

(14) $$a_{ij}^{\text{inl}} = v_j^{\text{vor}} \cdot a_{ij}^{\text{vor}}$$

bestimmen. Um die Inputkoeffizienten

$$a_{ij} = \frac{X_{ij}}{X_j^{\text{ga}}}$$

mit: $X_j^{\text{ga}} = X_j + X_j^{\text{imp}}$: gesamtes Güteraufkommen im Sektor j,
X_j^{imp} : Import von Gütern des Sektors j,

zu berechnen, benötigt man weiterhin die Importanteile $b_j = \dfrac{X_j^{\text{imp}}}{X_j^{\text{ga}}}$.

Wir nehmen an, daß die Entscheidung, welcher Anteil von X_j^{ga} im Inland produziert wird und welcher importiert wird, aufgrund der Preise der zu importierenden und der im Inland herzustellenden Güter getroffen wird. Analog zu den Gleichungen (12) und (13) kann also angenommen werden:

(15) $\qquad b_j = \delta_0 + \delta_1 \log p_j^{\text{imp}} + \delta_2 \log p_j + \eta \log X_j^{\text{ga}}.$

mit: p_j^{imp}: Importpreis für dem Sektor j gleichartige Güter.

Die Inputkoeffizienten a_{ij} lassen sich bei Kenntnis von a_{ij}^{vor}, v_j^{vor} und b_j aus

$$a_{ij} = a_{ij}^{\text{vor}} \cdot v_j^{\text{vor}} \cdot (1 - b_j)$$

berechnen. Für jeden Sektor j sind also zur Ermittlung von b_j die Gleichung (15), zur Ermittlung von v_j^{vor} die Gleichung (12) und zur Ermittlung von a_{ij}^{vor} ($i = 1, \ldots, n$) n Gleichungen der Form (13) zu schätzen.

3.4 Die empirische Untersuchung

Das ökonometrische Modell und das theoretische Modell aus Abschnitt 3.1 dienen als Ausgangspunkte der Spezifikation des Produktionsteils des Bielefelder Modells. Sie berücksichtigen aber nicht die Möglichkeit, daß sich die Produzenten nur partiell an veränderte Preisverhältnisse anpassen (z.B. aufgrund von Anpassungskosten). Auch die Auswirkungen technischen Fortschritts bleiben ausgespart. Bei der Schätzung des Produktionsteils müssen diese Punkte berücksichtigt werden, um befriedigende Anpassungen und Prognosegüten zu erhalten. Bei der Schätzung der Gleichungen (12), (13) und (15) werden deshalb, wenn nötig, die verzögerten endogenen Variablen und ein linearer und/oder quadratischer Trend in den Erklärungsansatz aufgenommen.

Die endgültigen Spezifikationen der Modellgleichungen werden aufgrund folgender Kriterien festgelegt:

- Bestimmtheitsmaß für den Schätz- und Prognosezeitraum,
- MSE für diesen Zeitraum,
- mittlerer quadratischer Prognosefehler für eine Prognose über die letzten zwei oder drei Jahre auf Basis einer Schätzung über den restlichen Zeitraum.

Der Schwerpunkt liegt dabei auf der Prognosegüte.

3.4.1 Die Vorleistungskoeffizienten

Als Preisindizes für die Bestimmung der Vorleistungskoeffizienten a_{ij}^{vor} dienen ein Preisindex für das verarbeitende Gewerbe (PV), einer für den Bereich Mineralöl/Bergbau (PM) und ein dritter für den Energiesektor (PE). Ferner wird der Preis des betrachteten Sektors selbst berücksichtigt. Diese Aufteilung ist besonders für Simulationen im Energie- und Umweltbereich geeignet.

Um sicherzustellen, daß sich die Vorleistungskoeffizienten eines Sektors zu 1 addieren, daß also $\sum_{i=1}^{n} a_{ij}^{vor} = 1$ gilt, werden in jeder der $n = 15$ Gleichungen eines Sektors die gleichen erklärenden Variablen verwandt. Die Einhaltung der Homogenitätsrestriktion (8) wird gewährleistet, indem nicht die drei Preisindizes und der Preis im betreffenden Sektor einzeln in die Schätzgleichung eingehen, sondern die Relativpreise, bezogen auf den Preis im entsprechenden Sektor. Die Symmetrierestriktion (9) wird nicht berücksichtigt. Sie führt zu schlechteren Anpassungen und Prognosegüten.

Als Skalenvariable ($\sum_{k=1}^{n} X_{kj}$ in (13)) dient die um eine Periode verzögerte Summe der Vorleistungsausgaben[5] oder der Vorleistungsanteil v_j^{vor}.

Es ist hier nicht möglich, die Ergebnisse aller $15 \cdot 15$ Schätzungen der Vorleistungskoeffizienten wiederzugeben. Als Beispiel sollen zwei Schätzergebnisse für den Zeitraum 1970 bis 1983 angegeben werden:

$$\hat{a}_{15,8,t}^{vor} = \begin{array}{c} 0.0155 \\ (1.84) \end{array} - \begin{array}{c} 0.0003 PM_t \\ (-1.26) \end{array} + \begin{array}{c} 0.0112 PV_t \\ (4.22) \end{array}$$

$$+ \begin{array}{c} 0.0065 PE_t \\ (6.70) \end{array} + \begin{array}{c} 0.3035 \hat{a}_{2,8,t-1}^{vor} \\ (1.41) \end{array} - \begin{array}{c} 0.0191 v_{8t}^{vor} \\ (-1.84) \end{array}$$

$$R^2 = 0.97; \quad DW = 2.77$$

$$\hat{a}_{14,13,t}^{vor} = \begin{array}{c} 0.3827 \\ (2.39) \end{array} + \begin{array}{c} 0.0504 PM_t \\ (2.09) \end{array} - \begin{array}{c} 0.3803 PV_t \\ (-1.35) \end{array}$$

$$+ \begin{array}{c} 0.1022 PE_t \\ (1.69) \end{array} - \begin{array}{c} 2.8400 \hat{a}_{2,13,t-1}^{vor} \\ (-1.49) \end{array} + \begin{array}{c} 0.4426 v_{13t}^{vor} \\ (0.95) \end{array}$$

$$R^2 = 0.95; \quad DW = 1.50$$

In Abbildung 3 ist der tatsächliche und der geschätzte bzw. (für die letzten zwei Jahre) prognostizierte Verlauf dieser Anteile dargestellt.

---

[5]Durch die Verzögerung bleibt die Rekursivität des Gesamtmodells erhalten. Da die zeitlichen Variationen der Vorleistungskoeffizienten in vielen Fällen nicht allzu stark sind, ist dies eine hinnehmbare Vereinfachung.

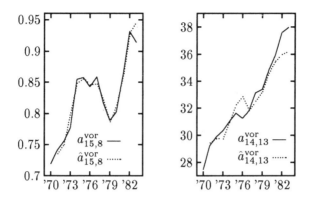

Abbildung 3: Schätzung und Prognose zweier ausgewählter Vorleistungskoeffizienten (in %)

3.4.2 Die Vorleistungsanteile

Die Vorleistungsanteile v_j^{vor} werden gemäß Gleichung (12) aus den Logarithmen der Preisindizes für Vorleistungen und Primärinputs und dem Logarithmus einer Skalenvariablen erklärt.

Bei den empirischen Untersuchungen wird als Preis der Primärinputs lediglich der Lohnsatz im entsprechenden Sektor j verwandt. Um die Homogenitätsrestriktion (8) zu berücksichtigen, gehen die Preise nicht direkt, sondern im Verhältnis zum inländischen Preisniveau ein. Eine Skalenvariable (z.B. X_j) wird nicht berücksichtigt, häufig jedoch die um eine Periode verzögerte endogene Variable.

Von den 15 Schätzungen seien wieder zwei Ergebnisse für den Zeitraum 1970 bis 1983 angegeben:

$$\hat{v}_{8,t}^{\text{vor}} = \underset{(2.41)}{0.2305} + \underset{(3.43)}{0.5708 \hat{v}_{8,t-1}^{\text{vor}}} - \underset{(-2.29)}{0.3407 \ln\left(\frac{p_{8t}^{\text{vor}}}{p_{8t}^{\text{inl}}}\right)} + \underset{(2.32)}{0.0016 t}$$

$$R^2 = 0.72; \quad DW = 1.78$$

$$\hat{v}_{2,t}^{\text{vor}} = \underset{(2.94)}{0.2839} + \underset{(2.66)}{0.4834 \hat{v}_{2,t-1}^{\text{vor}}} + \underset{(2.98)}{0.1805 \ln\left(\frac{p_{2,t}^{\text{vor}}}{p_{2,t}^{\text{inl}}}\right)} - \underset{(-3.27)}{0.0068 t}$$

$$R^2 = 0.94; \quad DW = 1.60$$

Die Anpassung der Schätzung für 1970 bis 1981 und der Prognose bis 1983 sind in Abbildung 4 dargestellt.

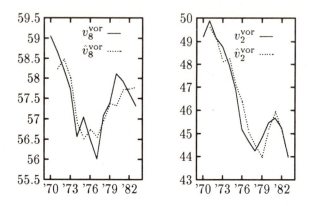

Abbildung 4: Schätzung und Prognose zweier augewählter Vorleistungsanteile (in %)

3.4.3 Die Importanteile

Zur Schätzung der Größen b_j stehen als erklärende Variablen der Logarithmus des Verhältnis der Importpreise p^{imp} zu den inländischen Preisen p^{inl} sowie die verzögerte endogene Variable und ein linearer Trend zur Verfügung.

Zur Veranschaulichung sind die Ergebnisse der Schätzung (wieder über den Zeitraum 1970 bis 1983) in den Sektoren Stahl und Maschinenbau [8], sowie Elektrotechnik [9] wiedergegeben, sowie in Abbildung 5 der Verlauf der tatsächlichen und geschätzten bzw. prognostizierten Importanteile dieser Sektoren.

$$\hat{b}_{8,t} = \underset{(11.08)}{0.0629} + \underset{(3.44)}{0.1225 \ln(\tfrac{p^{imp}_{8t}}{p^{inl}_{8t}})} + \underset{(9.74)}{0.0070 t}$$

$$R^2 = 0.96; \quad DW = 1.49$$

$$\hat{b}_{9,t} = \underset{(12.84)}{0.0761} + \underset{(1.63)}{0.1152 \ln(\tfrac{p^{imp}_{9t}}{p^{inl}_{9t}})} + \underset{(12.29)}{0.0108 t}$$

$$R^2 = 0.99; \quad DW = 1.67$$

3.4.4 Das Verhalten des Produktionsmodells

Aus den so geschätzten Größen können nun die geschätzten Inputkoeffizienten $\hat{a}_{ij} = \hat{a}^{vor}_{ij} \hat{v}^{vor}_j (1 - \hat{b}_j)$ berechnet werden.

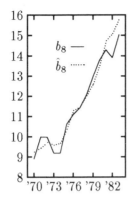 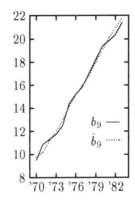

Abbildung 5: Schätzung und Prognose zweier ausgewählter Importanteile (in %)

Das Verhalten des gesamten Produktionsmodells wurde mit Hilfe von Gleichung (2) getestet. Es wurde also mit der Matrix $\hat{\mathbf{A}} = [\hat{a}_{ij}]$ der geschätzten Inputkoeffizienten die Leontief-Inverse $(\mathbf{I} - \hat{\mathbf{A}})^{-1}$ berechnet und damit und mit dem Vektor $\mathbf{f}$ der tatsächlichen Endnachfrage der Vektor $\hat{\mathbf{x}}$ der geschätzten Produktion:

$$\hat{\mathbf{x}}_t = (\mathbf{I} - \hat{\mathbf{A}}_t)^{-1} \cdot \mathbf{f}_t$$

Die Anpassung und Prognosegüte sind äußerst zufriedenstellend, wie die Beispiele aus Abbildung 6 zeigen.[6]

4 Simulationsexperimente

Der Hauptzweck des Modells ist die Abschätzung der ökonomischen Wirkungen politischer Maßnahmen [Frohn et al. (1990)]. Dazu sind Modelleingriffe an etlichen Stellen des Modells möglich. Zum Beispiel kann

- die Investitionsstruktur geändert werden,
- das Investitionsvolumen vergrößert werden, wobei die Kosten auf unterschiedliche Weise auf die Kunden überwälzt werden können,
- das Konsumentenverhalten verändert werden, usw.

---

[6] Hier wurde wieder über den Zeitraum 1970 bis 1981 geschätzt und über den Zeitraum 1982 bis 1983 prognostiziert. Es werden die *inländischen* Produktionswerte gezeigt.

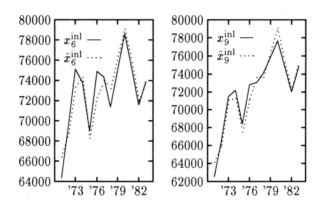

Abbildung 6: Schätzung und Prognose zweier ausgewählter Produktionswerte (in Mill. DM)

Es wird dabei stets im Schätzzeitraum simuliert, weil die Aussagewerte der Simulationsexperimente nicht durch unnötig große Prognosefehler verringert werden sollen.

In einer der mit dem Bielefelder Modell durchgeführten Simulationen wurde beispielsweise angenommen, die Umweltschutzinvestitionen der Produzenten erhöhten sich aufgrund gesetzlicher Vorgaben um 1 Mrd. DM p.a. Ferner wurde angenommen, daß diese zusätzlichen Investitionen, die die Produktionskapazitäten zunächst nicht verändern sollen, über 15 Jahre linear abgeschrieben werden und diese Kosten zu 50 % auf die Konsumenten überwälzt werden.

Das Simulationsexperiment ergab in diesem Fall positive Beschäftigungs- und Einkommenseffekte (ca. 20.000 zusätzliche Arbeitsplätze zu Beginn des Eingriffs), die allerdings im Zeitablauf geringer werden, wenn die Preiserhöhung zu einer Reduktion der Nachfrage und damit der Produktion führt. Der Gesamteffekt für die Variable „gesamte Beschäftigung" ist in Abbildung 7 dargestellt.

Es läßt sich im Modell auch ablesen, daß dieser Beschäftigungseffekt in den einzelnen Wirtschaftssektoren recht unterschiedlich ausfällt. In einigen Sektoren (z.B. Bergbau; Mineralölherstellung) ist er am Ende des Simulationszeitraumes negativ.

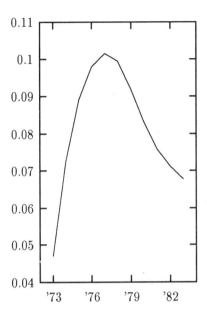

Abbildung 7: Zunahme der Beschäftigung im Simulationsexperiment (in % der gesamten Beschäftigung)

5 Fazit

Das Bielefelder ökonometrische Modell ist bisher für eine ganze Reihe von Simulationsexperimenten benutzt worden [siehe z.B. Blazejczak/Edler (1993)]. Die rekursive Modellstruktur gestattet es, die Auswirkungen der Effekte im Modellzusammenhang nachzuvollziehen. Insbesondere gelingt es im Produktionsteil, mit der Annahme variabler, preisabhängiger Inputkoeffizienten die Produktionsmengen der Wirtschaftssektoren recht genau aus den Endnachfragekomponenten abzuleiten.

Literatur

A.P. Barten (1969), Maximum Likelihood Estimation of a Complete System of Demand Equations. European Economic Review 1, 7 – 73.

A.P. Barten (1977), The Systems of Customer Demand Functions Approach: A Review, in: M.D. Intriligator, Frontiers of Quantitative Economics, Vol. III A, 23 – 58.

J. Blazejczak, D. Edler (Hrsg.) (1993), Beschäftigungswirkungen des Umweltschutzes, Texte des Umweltbundesamtes, Berlin.

L.R. Christensen, D.W. Jorgenson, L. J. Lau (1973), Transcendental Logarithmic Production Frontiers, Review of Economics and Statistics, 55, 28 – 45.

A. Deaton (1977), Involuntary Saving through Unanticipated Inflation, American Economic Review, 67, 899 – 910.

A. Deaton, J. Muellbauer (1980), An Almost Ideal Demand System, American Economic Review, 70, 312 – 326.

R. Friedmann, J. Frohn (1984), Ein Konzept zur quantitativen Erfassung wirtschaftlicher Effekte von Umweltschutzmaßnahmen, Zeitschrift für Umweltpolitik, 7, 189 – 207.

J. Frohn, R. Friedmann, M. Laker (1988), Ein Simulationsmodell zur Analyse ökonomischer Effekte von Umweltschutzmaßnahmen, Diskussionspapier der Fakultät für Wirtschaftswissenschaften der Universität Bielefeld, Nr. 177.

J. Frohn, R. Friedmann, M. Laker (1989), Ein disaggregiertes ökonometrisches Modell für die Bundesrepublik Deutschland zur Erfassung ökonomischer Wirkungen umweltpolitischer Maßnahmen, Texte des Umweltbundesamtes, Berlin.

J. Frohn, A. Bockermann, A. Faust (1990), Zur Berücksichtigung konkreter umweltpolitischer Maßnahmen im 'Bielefelder Modell', Diskussionspapier der Fakultät für Wirtschaftswissenschaften, Universität Bielefeld, Nr. 214.

W. Meißner, E. Hödl (1977), Positive ökonomische Effekte des Umweltschutzes, Berichte des Umweltbundesamtes, Berlin.

W. Meißner, E. Hödl (1982), Möglichkeiten und Voraussetzungen zur stärkeren Berücksichtigung umweltverbessernder Maßnahmen bei konjunktur- und wachstumsfördernden Programmen von Bund und Ländern, Frankfurt a.M., Wuppertal.

R.S. Preston (1972), The Wharton Annual and Industry Forecasting Model, Philadelphia.

A. Ryll, D. Schäfer (1986), Bausteine für eine monetäre Umweltberichterstattung, Zeitschrift für Umweltpolitik, 9, 105 – 135.

D. Schäfer (1986), Anlagevermögen für Umweltschutz, Wirtschaft und Statistik, 3/1986, 214 – 223.

D. Schäfer, C. Stahmer (1989), Input-Output Model for the Analysis of Environmental Protection Activities, Economoic Systems Research 1, 203 – 228.

C. Stahmer (1988), Zeitreihen von Input-Output-Tabellen des Statistischen Bundesamtes, Papier für das 7. Starnberger Kolloquium zur Weiterentwicklung der Volkswirtschaftlichen Gesamtrechnungen.

Statistisches Bundesamt, Statistisches Jahrbuch, Wiesbaden, verschiedene Jahre.

Statistisches Bundesamt, Konten und Standardtabellen, Fachserie 18, Reihe 1, verschiedene Jahre.

J.L. Swoffort, G.A.Whitney (1994), A Revealed Preference Test for Weakly Separable Utility Maximization with Incomplete Adjustment, Journal of Econometrics, 60, 235 – 249.

„Optimale" Wirtschaftspolitik für die neunziger Jahre: Eine quantitative Analyse

Reinhard Neck und Sohbet Karbuz

Fakultät für Wirtschaftswissenschaften, Universität Bielefeld, Postfach 10 01 31, 33501 Bielefeld

Zusammenfassung. Im Rahmen eines Ansatzes der quantitativen Wirtschaftspolitik werden optimale fiskalpolitische und geldpolitische Maßnahmen für die Periode 1993 bis 2000 für die österreichische Volkswirtschaft berechnet. Dabei wird eine wirtschaftspolitische Zielfunktion unter den Beschränkungen, die durch ein makroökonometrisches Modell gegeben sind, minimiert. Die exogenen Variablen des Modells werden durch Zeitreihenmethoden prognostiziert. Mit Hilfe des Algorithmus der stochastischen Kontrolle OPTCON werden approximativ optimale stabilisierungspolitische Maßnahmen für die neunziger Jahre berechnet. Diese werden mit den Ergebnissen einer Simulation verglichen, die man aufgrund einer Projektion (Fortschreibung) der exogenen Variablen des Modells erhält. Die Resultate zeigen, daß durch den Optimierungsansatz die wirtschaftspolitischen Ziele in Österreich deutlich besser erreicht werden können als aufgrund der Projektion der wirtschaftspolitischen Instrumentvariablen.

Schlüsselwörter. quantitative Wirtschaftspolitik, ökonometrische Modelle, Simulation, Kontrolltheorie, Finanzpolitik, Geldpolitik

1 Fragestellung

Eine wichtige Aufgabe der theoretischen oder wissenschaftlichen Wirtschaftspolitik besteht darin, den praktischen Wirtschaftspolitikern, also den wirtschaftspolitischen Entscheidungsträgern (Regierung, Notenbank usw.) Beratungsdienste bei der Konzipierung wirtschaftspolitischer Maßnahmen anzubieten. Dabei wird davon ausgegangen, daß der wirtschaftspolitische Entscheidungsträger bestimmte gegebene Zielsetzungen verfolgt, die er in einem bestimmten Sinn bestmöglich, also „optimal" erreichen möchte. Die Theorie der Wirtschaftspolitik hat dann in dieser Sicht die Aufgabe, den wirtschaftspolitischen Entscheidungsträger darüber zu informieren, wie er seine Maßnahmen setzen muß, um seine eigenen Ziele optimal zu verwirklichen. Dabei sind qualitative Informationen über die Richtung des Instrumenteneinsatzes im allgemeinen nicht ausreichend. Vielmehr wird der Wirtschaftspolitiker in der Praxis im allgemeinen auch quantitative

Informationen über den Einsatz seiner Instrumente sowie über deren Auswirkungen auf die wirtschaftspolitischen Zielgrößen benötigen.

Ein Beispiel dafür stellt die aktuelle Diskussion über die Budgetpolitik in Österreich dar. Es besteht im allgemeinen Übereinstimmung bei den politischen Entscheidungsträgern darüber, daß in der gegenwärtigen Situation ein gewisses Ausmaß an Budgetkonsolidierung erforderlich ist. Dabei müssen jedoch auch Auswirkungen derartiger budgetpolitischer Maßnahmen auf andere wirtschaftspolitische Ziele und Nebeneffekte einer solchen Politik berücksichtigt werden. Ebenso müssen die Zusammenhänge zwischen der Finanzpolitik und der Geldpolitik beachtet werden, und die Auswirkungen unterschiedlicher Kombinationen von Geld- und Fiskalpolitik auf andere gesamtwirtschaftliche Zielgrößen müssen analysiert werden. Quantitative Informationen über die Auswirkungen der Stabilisierungspolitik auf Wachstum, Beschäftigung, Preisniveau, Leistungsbilanz und Budgetdefizit werden bei der Planung optimaler finanz- und geldpolitischer Maßnahmen benötigt. Überdies müssen dabei intertemporale Zielkonflikte, also Auswirkungen auf den Zielerreichungsgrad zu verschiedenen Zeitpunkten, sowie die Tatsache berücksichtigt werden, daß die Wirkungen auf die wirtschaftspolitisch relevanten Zielgrößen durch Unsicherheit charakterisiert sind. Ein Ansatz, mit dem derartige Fragestellungen behandelt werden können, wird von der Theorie der quantitativen Wirtschaftspolitik geliefert.

2 Der Ansatz der quantitativen Wirtschaftspolitik

Die quantitative Wirtschaftspolitik, die theoretisch von Tinbergen (1952, 1956) und Theil (1958, 1964) begründet wurde, verwendet zur Ableitung von Politikempfehlungen ökonometrische Modelle. Ein ökonometrisches Modell ist eine vereinfachte Darstellung der wichtigsten Zusammenhänge zwischen wirtschaftlichen Größen. Zu den Gleichungen eines solchen Modells gehören neben Definitionsgleichungen insbesondere Verhaltensgleichungen, die aufgrund theoretischer Überlegungen spezifiziert und mit Hilfe empirischer Daten mit ökonometrischen Verfahren geschätzt werden.

Ein solches ökonometrisches Modell beinhaltet Beziehungen zwischen exogenen Variablen, die nicht durch das Modell erklärt werden und als Inputs in das Modell eingehen, und endogenen Variablen, die durch das Modell erklärt werden, also Outputs des Modells sind. Zu den exogenen Variablen gehören die nichtkontrollierbaren exogenen Variablen, die vom wirtschaftspolitischen Entscheidungsträger nicht beeinflußt werden können, und die wirtschaftspolitischen Instrumentvariablen, die unter der Kontrolle des wirtschaftspolitischen Entscheidungsträgers stehen. Die endogenen Variablen sind entweder Zielvariablen im engeren Sinn, das sind Variablen, die vom wirtschaftspolitischen Entscheidungsträger bewertet werden, oder irrelevante Variablen, die keinen Zielcharakter haben. Neben den Zielvariablen im engeren Sinn können auch Instrumentvariablen vom wirtschaftspolitischen Entscheidungsträger bewertet werden. Man spricht dann von Zielvariablen im weiteren Sinn. Sie stellen die Argumente der wirtschaftspolitischen Zielfunktion dar. Dabei handelt es sich um eine Bewertungsfunktion der Zustände des wirtschaftlichen Systems, die der wirtschaftspolitische Entscheidungsträger spezifiziert. Das Problem der quantitativen Wirtschaftspolitik mit flexiblen Zielen besteht in der Optimierung dieser wirtschaftspolitischen Zielfunktion unter den durch das ökonometrische Modell gegebenen Nebenbedingungen.

In der vorliegenden Arbeit wird diese Vorgangsweise der quantitativen Wirtschaftspolitik anhand der Bestimmung der optimalen Stabilisierungspolitik für Österreich in den neunziger Jahren illustriert. Dazu werden numerisch optimale Werte fiskal- und geldpolitischer Instrumentvariablen bestimmt, die eine intertemporale wirtschaftspolitische Zielfunktion unter der Nebenbedingung eines ökonometrischen Modells minimieren. Das Modell, das wir FINPOL2 nennen, ist ein makroökonometrisches Modell der österreichischen Volkswirtschaft von mittlerer Größe. Endogene Variablen sind unter anderem die wichtigsten Zielvariablen der österreichischen Wirtschaftspolitik, wie die Arbeitslosenquote, die Inflationsrate, die Wachstumsrate des realen BIP, der Leistungsbilanzsaldo und das Budgetdefizit; sie operationalisieren die Ziele, die im „magischen Fünfeck" (Vollbeschäftigung, Preisstabilität, Wirtschaftswachstum, außenwirtschaftliches Gleichgewicht, Budgetausgleich) miteinander verbunden sind. Als wirtschaftspolitische Zielfunktion der österreichischen Wirtschaftspolitik für die Jahre 1993 bis 2000 unterstellen wir eine quadratische Verlustfunktion, die Abweichungen der Zielvariablen von ihren erwünschten Werten in diesem Zeitraum „bestraft". Die nichtkontrollierbaren exogenen Variablen werden für diesen Zeitraum mit Hilfe von zeitreihenanalytischen Verfahren prognostiziert. Damit können wir die optimalen stabilisierungspolitischen Maßnahmen für diesen Zeitraum numerisch bestimmen. Natürlich hängen diese optimalen Politiken vom ökonometrischen Modell, von der wirtschaftspolitischen Zielfunktion und von den prognostizierten Werten der exogenen Variablen ab. Wenn sich eines dieser Elemente des Problems der quantitativen Wirtschaftspolitik ändert, ändern sich im allgemeinen auch die Werte der optimalen wirtschaftspolitischen Instrumentvariablen. Die Abhängigkeit der optimalen Politiken von diesen Elementen des Problems kann durch Sensitivitätsanalyse untersucht werden.

3 FINPOL2: Ein ökonometrisches Modell der österreichischen Volkswirtschaft

Unser Modell FINPOL2 beruht auf der theoretischen Grundlage eines traditionellen keynesianischen makroökonomischen Ansatzes im Sinne der gebräuchlichen Modelle vom Typ IS - LM/gesamtwirtschaftliche Nachfrage - gesamtwirtschaftliches Angebot. Die stochastischen Verhaltensgleichungen für die Nachfrageseite beinhalten eine Konsumfunktion, eine Investitionsfunktion, eine Importfunktion und eine Zinssatzgleichung, die als reduzierte Form eines Geldmarktmodells zu interpretieren ist. Die Preise werden weitgehend durch Variablen der gesamtwirtschaftlichen Nachfrage bestimmt. Das Ungleichgewicht auf dem Arbeitsmarkt, das durch die Differenz zwischen

Arbeitslosen und offenen Stellen gemessen wird, hängt in dem Modell von der Wachstumsrate des realen BIP und von der Inflationsrate ab, was mit dem Gesetz von Okun und der Phillipskurve begründet werden kann. Die wichtigsten Zielvariablen der österreichischen Wirtschaftspolitik, wie das reale BIP (seine Wachstumsrate), die Ungleichgewichtsvariable für den Arbeitsmarkt (die mit der Arbeitslosenquote in Beziehung steht), die Inflationsrate, die Leistungsbilanz und das Verhältnis des Bundesnettobudgetdefizits zum BIP werden durch das Modell erklärt. Als wirtschaftspolitische Instrumentvariablen dienen für die Geldpolitik die Geldmenge, für die Fiskalpolitik die Nettoausgaben und die Einnahmen des Bundeshaushalts.

Das Modell ist dynamisch und nichtlinear. Die einzelnen Gleichungen wurden zunächst mit der gewöhnlichen Methode der kleinsten Quadrate (OLS) einzeln geschätzt und verschiedenen Spezifikationstests unterworfen. Anschließend wurde das Gesamtmodell in verschiedenen Varianten unter Verwendung von simultanen Schätzmethoden für die Periode 1965 bis 1992 geschätzt. Dabei wurden Jahresdaten verwendet, die aus der Datenbank des Österreichischen Instituts für Wirtschaftsforschung (WIFO) entnommen wurden. Als Preisbasis dient das Jahr 1983. Im folgenden werden die Variablen des Modells und die Modellgleichungen mit den geschätzten Parametern aufgrund einer Schätzung mit der dreistufigen Methode der kleinsten Quadrate (3SLS) wiedergegeben. Für die Schätzung und Simulation des Modells wurde das Programmpaket PC TSP, Version 4.2B benützt. Die Zahlen in den Klammern unter den geschätzten Koeffizienten bezeichnen die geschätzten Standardabweichungen; R^2 ist das Bestimmtheitsmaß, SE der geschätzte Standardfehler der Gleichung.

Variablen des Modells FINPOL2

Endogene Variablen

CR_t realer privater Konsum
IR_t reale Brutto-Anlageinvestitionen
MR_t reale Importe von Gütern und Dienstleistungen
R_t nomineller Zinssatz
YR_t reales Brutto-Inlandsprodukt zu Marktpreisen
VR_t reale gesamtwirtschaftliche Nachfrage
PV_t allgemeines Preisniveau (Deflator der gesamtwirtschaftlichen Nachfrage)
YDR_t reales persönlich verfügbares Einkommen
$PV\%_t$ Inflationsrate
RR_t realer Zinssatz
DVR_t Veränderung der realen gesamtwirtschaftlichen Nachfrage
$M1R_t$ reales Geldangebot
PMV_t relativer Preis der Importe i.w.S.
PY_t inländisches Preisniveau (Preisindex des BIP zu Marktpreisen)
UN_t Überschußangebot auf dem Arbeitsmarkt (Arbeitslose minus offene Stellen in Prozent des Angebots an Unselbständigen)

YR%$_t$ Wachstumsrate des realen BIP zu Marktpreisen
LBR$_t$ Leistungsbilanz (reale Exporte minus Importe i.w.S.)
AR$_t$ reale autonome Ausgaben
GR$_t$ realer öffentlicher Konsum
TR$_t$ reale Nettoeinnahmen des öffentlichen Sektors (einschließlich Sozialversicherungsbeiträgen usw., minus Subventionen)
PG$_t$ Deflator des öffentlichen Konsums
V$_t$ nominelle gesamtwirtschaftliche Nachfrage
G$_t$ nomineller öffentlicher Konsum
T$_t$ nominelle Nettoeinnahmen des öffentlichen Sektors
NDEF$_t$ Nettodefizit des Bundeshaushalts
DEF%$_t$ Nettodefizit des Bundeshaushalts in Prozent des BIP
Y$_t$ nominelles BIP zu Marktpreisen

Wirtschaftspolitische Instrumentvariablen

M1$_t$ nominelles Geldangebot M1
NEX$_t$ laufende Nettoausgaben des Bundeshaushalts
BIN$_t$ laufende Einnahmen des Bundeshaushalts

Nichtkontrollierbare exogene Variablen

XR$_t$ reale Exporte von Gütern und Dienstleistungen
IIR$_t$ Lagerveränderung und Statistische Differenz
PM$_t$ Importpreisniveau (Deflator der Importe i.w.S.)

Gleichungen des Modells FINPOL2

$$CR_t = 0{,}345155\ CR_{t-1} + 0{,}604355\ YDR_t - 1{,}91861\ RR_t + 6{,}26009$$
$$\qquad (0{,}139572) \qquad (0{,}127050) \qquad (0{,}944712) \quad (5{,}6969)$$

$$R^2 = 0{,}997862 \quad SE = 6{,}70768 \tag{1}$$

$$IR_t = 0{,}970833\ IR_{t-1} + 0{,}238801\ DVR_t - 0{,}09329\ RR_t + 3{,}68206$$
$$\qquad (0{,}026631) \qquad (0{,}043006) \qquad (0{,}872846) \quad (6{,}41455)$$

$$R^2 = 0{,}984262 \quad SE = 7{,}45326 \tag{2}$$

$$MR_t = 0{,}570458\ MR_{t-1} + 0{,}149839\ VR_t - 2{,}04020\ PMV_t + 165{,}510$$
$$\qquad (0{,}119041) \qquad (0{,}045866) \qquad (0{,}853397) \qquad (105{,}538)$$

$$R^2 = 0{,}993367 \quad SE = 13{,}966 \tag{3}$$

$$R_t = 0{,}445313\ R_{t-1} - 0{,}014505\ M1R_t + 0{,}003191\ YR_t + 0{,}292588\ PV\%_t + 2{,}36974$$
$$\qquad (0{,}098056) \qquad (0{,}008326) \qquad (0{,}001103) \qquad (0{,}0504) \qquad (0{,}906205)$$

$$R^2 = 0{,}718822 \quad SE = 0{,}513938 \tag{4}$$

$$YR_t = CR_t + IR_t + GR_t + AR_t - MR_t \tag{5}$$

$$VR_t = YR_t + MR_t \tag{6}$$

$$PV_t = (YR_t / VR_t) \cdot PY_t + (MR_t/VR_t) \cdot PM_t \tag{7}$$

$$YDR_t = YR_t - TR_t \tag{8}$$

$$PV\%_t = ((PV_t - PV_{t-1}) / PV_{t-1}) \cdot 100 \tag{9}$$

$$RR_t = R_t - PV\%_t \tag{10}$$

$$DVR_t = VR_t - VR_{t-1} \tag{11}$$

$$M1R_t = (M1_t / PV_t) \cdot 100 \tag{12}$$

$$PMV_t = (PM_t / PV_t) \cdot 100 \tag{13}$$

$$\begin{aligned} PY_t = &\ 0{,}885015\ PY_{t-1} + 0{,}011583\ YR_t + 0{,}054469\ PM_t - 4{,}38011 \\ &\ (0{,}022966) \quad\quad (0{,}002299) \quad\quad (0{,}018965) \quad\quad (1{,}17554) \\ &\ R^2 = 0{,}999357 \quad SE = 0{,}776081 \end{aligned} \tag{14}$$

$$\begin{aligned} UN_t = &\ 0{,}781583\ UN_{t-1} - 0{,}301303\ YR\%_t - 0{,}139465\ PV\%_t + 2{,}11278 \\ &\ (0{,}077379) \quad\quad (0{,}043862) \quad\quad (0{,}065196) \quad\quad (0{,}453448) \\ &\ R^2 = 0{,}952863 \quad SE = 0{,}387583 \end{aligned} \tag{15}$$

$$YR\%_t = ((YR_t - YR_{t-1}) / YR_{t-1}) \cdot 100 \tag{16}$$

$$LBR_t = XR_t - MR_t \tag{17}$$

$$AR_t = XR_t + IIR_t \tag{18}$$

$$GR_t = (G_t / PG_t) \cdot 100 \tag{19}$$

$$TR_t = (T_t / PY_t) \cdot 100 \tag{20}$$

$$\begin{aligned} PG_t = &\ 0{,}807972\ PG_{t-1} + 0{,}012474\ VR_t + 0{,}095288\ PV_t - 7{,}19726 \\ &\ (0{,}061011) \quad\quad (0{,}002502) \quad\quad (0{,}063163) \quad\quad (2{,}26063) \\ &\ R^2 = 0{,}999249 \quad SE = 1{,}0154 \end{aligned} \tag{21}$$

$$V_t = VR_t \cdot PV_t / 100 \tag{22}$$

$$\begin{aligned} G_t = &\ 0{,}015509\ VR_t + 0{,}390547\ NEX_t + 0{,}940945\ PV_t - 42{,}3105 \\ &\ (0{,}00639) \quad\quad (0{,}015794) \quad\quad (0{,}100442) \quad\quad (4{,}97803) \\ &\ R^2 = 0{,}999299 \quad SE = 2{,}75699 \end{aligned} \tag{23}$$

$$\begin{aligned} T_t = &\ 0{,}312527\ T_{t-1} + 0{,}586164\ BIN_t + 0{,}177604\ YR_t - 91{,}6238 \\ &\ (0{,}092795) \quad\quad (0{,}078936) \quad\quad (0{,}030921) \quad\quad (19{,}4193) \\ &\ R^2 = 0{,}998325 \quad SE = 7{,}939 \end{aligned} \tag{24}$$

$$NDEF_t = NEX_t - BIN_t \tag{25}$$

$$DEF\%_t = (NDEF_t / Y_t) \cdot 100 \tag{26}$$

$$Y_t = YR_t \cdot PY_t / 100 \tag{27}$$

4 Modellsimulation für die neunziger Jahre

Mit dem numerisch geschätzten Modell ist es möglich, unter gegebenen Annahmen für die Inputs (exogenen Variablen) Werte der endogenen Modellvariablen auch für zukünftige Zeitperioden zu simulieren. Damit können beispielsweise Hinweise auf die quantitativen Reaktionen der österreichischen Volkswirtschaft - unter der Voraussetzung, daß das geschätzte Modell auch in Zukunft gültig bleibt - auf unterschiedliche weltwirtschaftliche und nationale wirtschaftspolitische Entwicklungen erhalten werden; beispielsweise könnte man die Auswirkungen von Rückgängen der weltwirtschaftlichen Nachfrage, die sich in Exporteinbrüchen ausdrücken würden, mit Hilfe des Modells simulieren. Für unsere Zwecke ist die Berechnung einer Simulation von Interesse, die die Auswirkungen einer Fortschreibung der bisherigen Entwicklung der exogenen Variablen darstellt. Zu diesem Zweck benötigen wir Projektionen (Prognosen) der nichtkontrollierbaren exogenen Variablen und der Instrumentvariablen für den uns interessierenden Zeitraum, in unserem Fall die Jahre 1993 bis 2000. Dabei verwenden wir Extrapolationen dieser Variablen, die wir aus linearen stochastischen Zeitreihenmodellen des ARMA-Typs berechnen. Diese Modellklasse erlaubt die relativ einfache Berechnung von Fortschreibungen von Zeitreihen, die auch für kurz- und mittelfristige Prognosen brauchbare Ergebnisse liefern. Nach verschiedenen versuchsweisen Spezifikationen im Sinne des Ansatzes von Box und Jenkins (1976), wobei die üblichen diagnostischen Prüfmethoden verwendet wurden, entschieden wir uns für folgende Modellierung: Für das Geldangebot ($M1_t$) wurde ein ARMA (2,1)-Prozeß, für die laufenden Nettoausgaben des Bundeshaushalts (NEX_t) ein ARMA (2,1)-Prozeß, für die laufenden Einnahmen des Bundeshaushalts (BIN_t) ein ARMA (2,2)-Prozeß, für das Importpreisniveau (PM_t) ein ARMA (1,1)-Prozeß, für die realen Exporte von Gütern und Dienstleistungen (XR_t) ein ARMA (2,3)-Prozeß und für die Lagerhaltungsvariable IIR_t ein AR (1)-Prozeß verwendet.

Die Projektionen der Instrumentvariablen, die sich aufgrund dieser Zeitreihenmodelle ergeben, beinhalten ein stetiges und relativ maßvolles Wachstum der wirtschaftspolitischen Instrumentvariablen. Beispielsweise wächst die Geldmenge $M1_t$ jährlich um 5 bis 6 Prozent. Die Projektion für die fiskalpolitischen Variablen impliziert, daß das Bundesbudgetdefizit ($NDEF_t$) stabilisiert wird und von 70,3 Milliarden Schilling 1993 auf 60,5 Milliarden Schilling im Jahr 2000 zurückgeht. Angesichts aktueller Budgetprognosen erscheint dies als eine sehr optimistische Vorhersage. Die Entwicklung der Variablen, die von der Weltwirtschaft bestimmt werden (PM_t und XR_t) ist sogar noch optimistischer: Der Importpreisindex PM_t wächst nur etwa um 1 Prozent oder weniger pro Jahr; die Exporte dagegen wachsen real um 5 bis 7 Prozent pro Jahr (XR_t). Für die Variable IIR_t erhält man positive abnehmende Werte. In einem gewissen Ausmaß kann man diese Extrapolationen auch durch die Erwartungen der Wirtschaftsforscher rechtfertigen, die sich auf expansive Mengeneffekte und dämpfende Preiseffekte aufgrund eines Beitritts Österreichs zur Europäischen Union 1995 gründen. Allerdings muß darauf hingewiesen werden, daß diese Projektionen keinerlei theoretische oder zusätzliche empirische Information über die zukünftigen Entwicklungen der österreichischen Volkswirtschaft beinhalten, sondern ausschließlich aus der vergangenen Entwicklung der entsprechenden Zeitreihen resultieren.

Verwendet man die soeben dargestellten Projektionen aller exogenen Variablen aufgrund der Zeitreihenmodelle als Input für das Modell und simuliert es dynamisch über die Jahre 1993 bis 2000, so erhält man dynamische Prognosen für die endogenen Variablen des Modells. Dieses Szenario dient als Vergleichsmaßstab für die im folgenden berechneten optimalen Politiken. Es kann als Ergebnis der Fortsetzung der bisherigen Geld- und Fiskalpolitik sowie der bisherigen weltwirtschaftlichen Entwicklungen interpretiert werden. Die Ergebnisse der Projektion der Instrumentvariablen und der Simulation für die wichtigsten Zielvariablen der österreichischen Wirtschaftspolitik sind in Tabelle 1 dargestellt; die Resultate für die anderen Modellvariablen können auf Anfrage zur Verfügung gestellt werden.

Tabelle 1. Projektion der Instrumentvariablen und Simulation der „Hauptzielvariablen"

Jahr	$M1_t$	NEX_t	BIN_t	$PV\%_t$	UN_t	$YR\%_t$	LBR_t	$DEF\%_t$
1993	318,606	698,067	627,727	1,606	6,584	-1,073	-2,467	3,575
1994	336,990	742,229	673,814	2,286	5,604	4,434	26,617	3,245
1995	355,402	787,368	717,833	2,779	3,884	7,372	47,454	2,975
1996	375,266	835,620	767,266	2,782	3,276	4,925	48,349	2,694
1997	396,046	885,821	818,224	2,985	2,595	5,517	51,552	2,434
1998	418,061	938,909	873,143	3,059	2,215	4,978	50,802	2,171
1999	441,264	994,498	930,966	3,163	1,886	5,035	50,233	1,919
2000	465,770	1053,056	992,592	3,252	1,618	5,027	48,768	1,669

Wie man sieht, prognostiziert dieses Projektionsszenario für 1993 eine Fortsetzung der Rezession des Jahres 1992: Die Wachstumsrate des realen BIP ($YR\%_t$) ist negativ, die (mit UN_t direkt in Verbindung stehende) Arbeitslosenquote ist außergewöhnlich hoch, die Leistungsbilanz (LBR_t) weist ein Defizit auf, die Inflationsrate ($PV\%_t$) ist relativ gering, und das Verhältnis des Nettodefizits des Bundeshaushalts zum BIP ($DEF\%_t$) ist hoch. Im Jahr 1994 beginnt jedoch eine Periode relativ starken Wachstums, das deutlich über jenem liegt, das während der achtziger Jahre im Durchschnitt erzielt wurde. Insbesondere für das Jahr 1995 wird eine sehr hohe Wachstumsrate des realen BIP prognostiziert. Die

Überschußangebotsvariable für den Arbeitsmarkt (UN_t) fällt kontinuierlich, wobei die Inflation nur leicht ansteigt. Die Leistungsbilanz weist, insbesondere ab 1995, deutliche Überschüsse auf, und die Defizitvariable $DEF\%_t$ fällt über den gesamten Projektionszeitraum. Anzumerken ist, daß die für 1993 und 1994 bisher verfügbaren Daten tendenziell diese Vorhersagen unseres Modells bestätigen. Wie alternative Simulationen zeigen, sind die optimistischen Prognosen für die folgenden Jahre hauptsächlich durch die günstigen Aussichten der weltwirtschaftlichen Entwicklung bedingt, die durch die Zeitreihenextrapolationen für die österreichischen realen Exporte und die österreichischen Importpreise ausgedrückt werden. Das durch diese Simulation dargestellte Szenario scheint also keinen wirtschaftspolitischen Handlungsbedarf nahezulegen.

5 Annahmen für die Optimierungsexperimente

Die nächste Aufgabe besteht in der Berechnung der „optimalen" Geld- und Finanzpolitik für die neunziger Jahre mit Hilfe des ökonometrischen Modells FINPOL2 im Rahmen eines Ansatzes der quantitativen Wirtschaftspolitik. Dabei handelt es sich um das Problem der Optimierung einer intertemporalen Zielfunktion durch einen (hypothetischen) wirtschaftspolitischen Entscheidungsträger unter den durch das ökonometrische Modell gegebenen Nebenbedingungen, wobei verschiedene Arten von Unsicherheit berücksichtigt werden können. Ein derartiges intertemporales Optimierungsproblem ist Gegenstand der stochastischen Theorie der optimalen Kontrolle. Diese Theorie ist bereits in verschiedenen Untersuchungen zur Bestimmung optimaler wirtschaftspolitischer Maßnahmen mit ökonometrischen Modellen eingesetzt worden [z.B. Chow (1975, 1981), Kendrick (1981)]. In der vorliegenden Untersuchung verwenden wir den Algorithmus OPTCON, der von Matulka und Neck (1992) entwickelt wurde. Mit diesem Algorithmus können Näherungslösungen von stochastischen Problemen der optimalen Kontrolle mit quadratischen Zielfunktionen und nichtlinearen multivariablen dynamischen Systemen bei additiver und Parameterunsicherheit bestimmt werden.

Es wird vorausgesetzt, daß die intertemporale wirtschaftspolitische Zielfunktion folgende Gestalt hat:

$$L = \frac{1}{2}\sum_{t=1}^{T}\begin{bmatrix} \mathbf{x}_t - \tilde{\mathbf{x}}_t \\ \mathbf{u}_t - \tilde{\mathbf{u}}_t \end{bmatrix}' \mathbf{W}_t \begin{bmatrix} \mathbf{x}_t - \tilde{\mathbf{x}}_t \\ \mathbf{u}_t - \tilde{\mathbf{u}}_t \end{bmatrix}, \tag{28}$$

$$\mathbf{W}_t = \alpha^{t-1}\mathbf{W}, \ t = 1,\ldots,T. \tag{29}$$

Dabei bezeichnet $\mathbf{x}_t$ den Vektor der endogenen Variablen des dynamischen wirtschaftlichen Systems; $\mathbf{u}_t$ den Vektor der wirtschaftspolitischen Instrumentvariablen; $\tilde{\mathbf{x}}_t$ und $\tilde{\mathbf{u}}_t$ bezeichnen erwünschte („ideale") Niveaus der endogenen und der Instrumentvariablen, und T bezeichnet die letzte Periode des endlichen Planungshorizonts. Die Matrix $\mathbf{W}_t$, die als symmetrisch und positiv semidefinit angenommen wird, enthält die Gewichte, die den Abweichungen der jeweiligen endogenen und Instrumentvariablen von ihren erwünschten Werten zugeordnet werden. α ist der Diskontfaktor der Zielfunktion; wir setzen hier $\alpha = 1$, das heißt, die Gewichtungsmatrix wird als in der Zeit konstant angenommen.

Für das vorliegende Problem wird wieder ein Planungshorizont von 1993 bis 2000 vorausgesetzt. Bei den wirtschaftspolitischen Zielvariablen im weiteren Sinn, deren Abweichungen von erwünschten Werten durch die Zielfunktion (durch die Zuweisung von positiven Gewichten in der Matrix $\mathbf{W}_t$) bestraft wird, unterscheiden wir zwei Kategorien: Zunächst gehen wir davon aus, daß fünf sogenannte „Hauptzielvariablen" bei der Bewertung der Ergebnisse der österreichischen Wirtschaft von direkter politischer Relevanz sind. Diese sind die bereits genannten Elemente des „magischen Vielecks": die Inflationsrate ($PV\%_t$), die Überschußangebotsvariable für den Arbeitsmarkt (UN_t) als Maß für die unfreiwillige Arbeitslosigkeit, die Wachstumsrate des realen Brutto-Inlandsprodukts ($YR\%_t$), der reale Leistungsbilanzsaldo (LBR_t) und das Nettodefizit des Bundeshaushalts, gemessen als Prozentsatz des BIP ($DEF\%_t$). Für die erwünschten („idealen") Werte dieser Variablen werden folgende Annahmen getroffen: Der erwünschte Wert der Inflationsrate ist 2%, der erwünschte Wert der Wachstumsrate des realen BIP ist 3,5%, und die erwünschten Werte der Überschußangebotsvariable für den Arbeitsmarkt und des Leistungsbilanzsaldos sind 0. Die erwünschten Werte der Defizitvariable werden, ausgehend vom historischen Wert von 3,27% 1992, in jedem Jahr um 0,3 Prozentpunkte reduziert, bis auf 0,87% im Jahr 2000. Der hypothetische wirtschaftspolitische Entscheidungsträger für die neunziger Jahre hat also das Ziel, Gleichgewicht auf dem Arbeitsmarkt und außenwirtschaftliches Gleichgewicht zu erreichen. Er sieht eine mäßige positive Inflationsrate als erwünscht an, was mit den hohen Inflationsraten der Vergangenheit begründet werden kann, die vollständige Preisstabilität als unrealistisches Ziel erscheinen lassen. Der erwünschte Wert der realen Wachstumsrate liegt über dem Durchschnitt der letzten zwanzig Jahre, entspricht aber in etwa der durchschnittlichen Wachstumsleistung der österreichischen Volkswirtschaft nach dem Zweiten Weltkrieg. Bezüglich des Budgetdefizits wird angenommen, daß eine allmähliche Konsolidierung angestrebt wird.

Als zweite Kategorie von Zielvariablen im weiteren Sinn führen wir sogenannte „Nebenziele" ein. Diese beinhalten folgende Variablen: realer privater Konsum (CR_t), reale private Brutto-Anlageinvestitionen (IR_t), reale Importe von Gütern und Dienstleistungen (MR_t), nomineller Zinssatz (R_t), reales BIP (YR_t), reale gesamtwirtschaftliche Nachfrage (VR_t), inländisches Preisniveau (PY_t), Preisniveau des öffentlichen Konsums (PG_t), nomineller öffentlicher Konsum (G_t), nominelle Nettoeinnahmen des öffentlichen Sektors (T_t), sowie die wirtschaftspolitischen Instrumentvariablen Geldangebot ($M1_t$), Nettoausgaben des Bundeshaushalts (NEX_t) und laufende Einnahmen des Bundeshaushalts (BIN_t). Für die erwünschten Werte dieser „Nebenzielvariablen" (Ausnahme: R_t) gehen wir von ihren historischen Werten des Jahres 1992 aus und postulieren erwünschte Wachstumsraten von 3,5% über den gesamten Planungshorizont für alle realen Variablen, erwünschte Wachstumsraten von 2% für die Preisniveauvariablen und erwünschte Wachstumsraten von 5,5% für die nominellen Variablen. Für den Zinssatz nehmen wir einen erwünschten konstanten Wert von 7% für alle Jahre an. Die Aufnahme dieser „Nebenzielvariablen" in die wirtschaftspolitische Zielfunktion hat zwei Gründe: Einerseits soll dadurch das Ziel des hypothetischen wirtschaftspolitischen Entscheidungsträgers zum Ausdruck kommen, die Volkswirtschaft in dem Sinn zu stabilisieren, daß relativ „glatte" Wachstumspfade für die realen und nominellen Variablen erzielt werden; man kann dies als eine Art „gleichgewichtiges Wachstum" der gesamten Nachfrage und ihrer Bestandteile interpretieren. Andererseits dient diese Vorgangsweise als Ersatz für die Einführung von Ungleichungsbeschränkungen für die endogenen Variablen und die Instrumentvariablen; damit sollen starke Schwankungen dieser Variablen verhindert werden, die in der Realität nicht möglich sind, in diesem Modellansatz aber sonst auftreten könnten.

Die Gewichtungsmatrix W_t wird als Diagonalmatrix angenommen. In der Hauptdiagonale stehen an den Stellen, die den „Hauptzielvariablen" entsprechen, Gewichte von 10, und an den Stellen, die den „Nebenzielvariablen" entsprechen, Gewichte von 1. Die anderen endogenen Variablen werden nicht bestraft (erhalten Gewichte von 0) und werden daher als irrelevante Variablen betrachtet. Zahlreiche Experimente mit unterschiedlichen Annahmen über die Werte der Gewichte haben gezeigt, daß die „optimalen" wirtschaftspolitischen Maßnahmen sich nicht sehr stark ändern, wenn man einzelne Gewichte in gewissen Grenzen variiert.

Der Algorithmus OPTCON, der zur Berechnung der „optimalen" Wirtschaftspolitik verwendet wird, verlangt, daß folgende Elemente des Problems der quantitativen Wirtschaftspolitik angegeben werden: eine Darstellung des dynamischen Systems (in unserem Fall des ökonometrischen Modells FINPOL2) in einer sogenannten Zustandsraumform, Anfangswerte der endogenen Variablen, ein tentativer Zeitpfad für die Instrumentvariablen, die Erwartungswerte und die Kovarianzmatrix der stochastischen Parameter des Modells, die in den Modellgleichungen auftreten, die Kovarianzmatrix der additiven Störglieder des dynamischen Systems, die Gewichtungsmatrix der Zielfunktion und die erwünschten Pfade der endogenen Variablen und der wirtschaftspolitischen Instrumentvariablen. Ferner wird angenommen, daß die Werte der nichtkontrollierbaren exogenen Variablen für alle Jahre des Planungshorizonts im voraus bekannt sind. Für diese Variablen und für die tentativen Zeitpfade der Instrumentvariablen über die Jahre 1993 bis 2000 werden die Extrapolationen dieser Variablen verwendet, die aufgrund der im vorigen Abschnitt beschriebenen ARMA-Zeitreihenmodelle berechnet wurden. Es werden also die gleichen Projektionen für die nichtkontrollierbaren exogenen Variablen verwendet wie für das Simulationsszenario; die Werte der wirtschaftspolitischen Instrumente werden jedoch durch den Algorithmus endogen als unter der gegebenen Zielfunktion optimal bestimmt.

6 Ergebnisse der Optimierungsexperimente

Mit der zuvor spezifizierten wirtschaftspolitischen Zielfunktion und dem ökonometrischen Modell FINPOL2 wurden zwei Optimierungsexperimente durchgeführt: In einer deterministischen Optimierung wurde angenommen, daß alle geschätzten Parameter des ökonometrischen Modells genau bekannt sind. Unsicherheit kommt dabei nur in den additiven Fehlergliedern der Modellgleichungen zum Ausdruck, die jedoch die optimalen Werte der Instrumentvariablen und die daraus resultierenden Werte der endogenen Variablen nicht beeinflussen. Die optimalen Werte der Instrumentvariablen und der „Hauptzielvariablen", die sich bei dieser deterministischen Optimierung ergeben, werden in Tabelle 2 dargestellt. Dagegen werden in einem stochastischen Optimierungsexperiment die geschätzten Modellparameter als unsicher (als Zufallsvariablen) betrachtet, und ihre geschätzte Kovarianzmatrix, die man aufgrund der dreistufigen Methode der kleinsten Quadrate erhält, wird bei der Berechnung der optimalen Wirtschaftspolitik voll berücksichtigt. Die Ergebnisse dieses Optimierungsexperiments finden sich in Tabelle 3, wobei wir uns auch hier wieder auf die Instrumentvariablen und die „Hauptzielvariablen" beschränken.

Tabelle 2. Optimale Werte der Instrumentvariablen und der „Hauptzielvariablen" (deterministische Optimierung)

Jahr	$M1_t$	NEX_t	BIN_t	$PV\%_t$	UN_t	$YR\%_t$	LBR_t	$DEF\%_t$
1993	326,892	734,641	581,421	2,063	4,807	1,996	-22,144	7,196
1994	340,949	769,752	639,456	2,597	4,112	4,632	-7,253	5,671
1995	355,651	789,774	698,940	2,753	3,454	4,943	9,858	3,644
1996	373,033	833,577	746,124	2,658	3,428	3,365	12,669	3,282
1997	390,509	870,066	806,048	2,712	3,278	3,769	22,733	2,238
1998	409,455	907,822	870,236	2,681	3,279	3,390	32,310	1,229
1999	430,907	937,960	934,985	2,692	3,245	3,502	44,772	0,091
2000	457,717	959,630	974,370	2,838	2,920	4,423	55,274	-0,416

Man sieht unmittelbar, daß die Unterschiede zwischen den Werten der Instrumentvariablen beziehungsweise den daraus resultierenden Werten der Zielvariablen bei den beiden Experimenten sehr gering sind. Die volle Berücksichtigung der Unsicherheit der Parameter des ökonometrischen Modells führt also zu einer optimalen Politik, die sich nur sehr wenig von jener unterscheidet, die man aufgrund eines rein deterministischen Optimierungsansatzes erhält. Dieses Resultat, das durch zahlreiche weitere Optimierungsexperimente bestätigt wurde, deutet darauf hin, daß die Unsicherheit der geschätzten Parameter des ökonometrischen Modells für die Gestaltung der optimalen Wirtschaftspolitik kein allzu großes Problem darstellt.

Tabelle 3. Optimale Werte der Instrumentvariablen und der „Hauptzielvariablen"
(stochastische Optimierung)

Jahr	M1$_t$	NEX$_t$	BIN$_t$	PV%$_t$	UN$_t$	YR%$_t$	LBR$_t$	DEF%$_t$
1993	326,768	737,491	578,554	2,098	4,721	2,267	-22,936	7,442
1994	339,900	769,138	640,722	2,585	4,120	4,389	-7,919	5,585
1995	354,465	787,776	700,849	2,724	3,529	4,726	9,944	3,493
1996	372,107	834,411	745,503	2,660	3,450	3,485	12,915	3,339
1997	389,416	869,633	806,577	2,705	3,302	3,750	23,166	2,207
1998	408,408	908,032	869,839	2,684	3,279	3,451	32,677	1,249
1999	429,693	938,576	936,298	2,690	3,248	3,493	45,132	0,070
2000	456,251	957,613	983,276	2,784	3,032	4,085	56,884	-0,728

Von besonderem Interesse ist ein Vergleich der optimalen Wirtschaftspolitik und ihrer Ergebnisse mit jenen der Fortführung (Extrapolation) der bisherigen Wirtschaftspolitik, also mit dem Szenario der Projektion und der daraus resultierenden Simulation. In den Abbildungen 1 bis 8 sind die Zeitpfade der wirtschaftspolitischen Instrumentvariablen und der „Hauptzielvariablen", die sich aufgrund der Projektion und der darauf beruhenden Simulation einerseits und aufgrund der (deterministischen und stochastischen) Optimierung andererseits ergeben, dargestellt. Man sieht daraus, daß trotz des bereits recht optimistischen Bildes bezüglich der zukünftigen Entwicklungen der österreichischen Volkswirtschaft, das sich aufgrund der Projektion ergibt, noch Möglichkeiten zu einer Verbesserung durch einen optimalen Entwurf des Einsatzes der Stabilisierungspolitik bestehen.

Im einzelnen kann man sehen, daß die optimale Geldpolitik und insbesondere die optimale Finanzpolitik stärker antizyklisch eingesetzt werden, als es im Simulationsszenario der Fall ist. Dabei werden durch die optimalen wirtschaftspolitischen Maßnahmen die Zeitpfade der endogenen Variablen „geglättet", das heißt, die „Hauptzielvariablen" schwanken weniger stark als im Simulationsszenario. So kann etwa die Rezession des Jahres 1993 durch eine expansive Geldpolitik und insbesondere Fiskalpolitik deutlich gemildert werden. 1993 und auch noch 1994 sind die Nettoausgaben des Bundesbudgets deutlich höher und die Einnahmen des Bundesbudgets deutlich niedriger als in der Projektion; gleiches gilt im Vergleich zu den erwünschten Werten dieser Variablen. Auch das Geldangebot ist höher als in der Projektion. Als Ergebnis dieser Politik erhält man eine positive Wachstumsrate und eine deutlich niedrigere Arbeitslosenquote (Überschußangebot auf dem Arbeitsmarkt) bei nur geringfügig erhöhter Inflation, aber deutlich höhere Defizite der Leistungsbilanz und des Bundesbudgets als in der Simulationslösung. Die optimale Stabilisierungspolitik setzt ihren expansiven Kurs auch 1994 fort, wobei die Auswirkungen auf die Zielvariablen in die gleiche Richtung weisen. 1995 und 1996 sind die Werte der wirtschaftspolitischen Instrumentvariablen jenen der

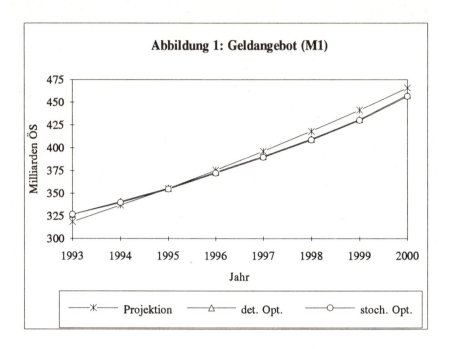

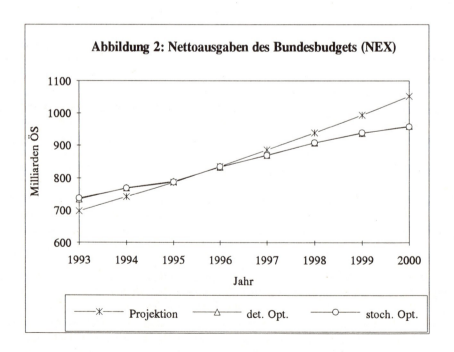

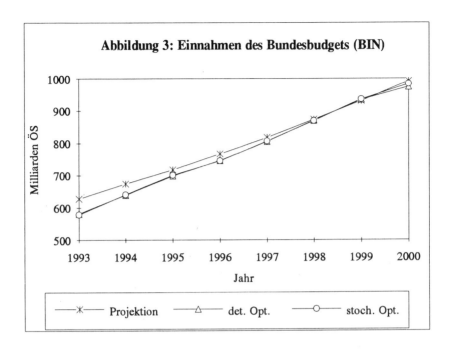

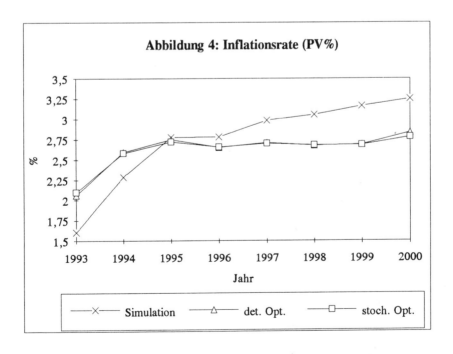

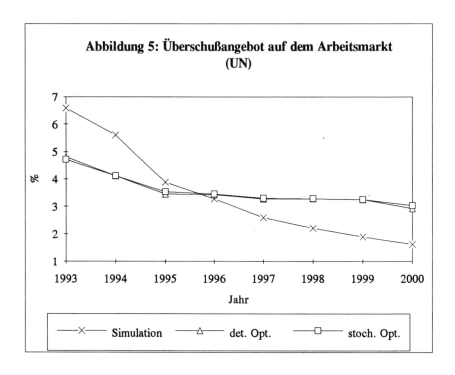

Abbildung 5: Überschußangebot auf dem Arbeitsmarkt (UN)

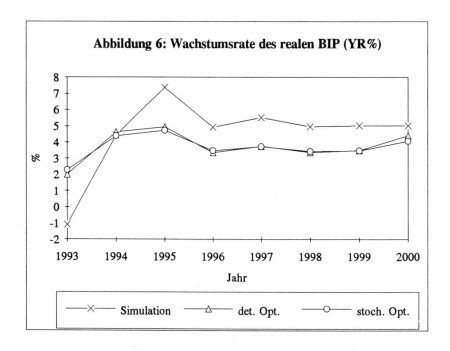

Abbildung 6: Wachstumsrate des realen BIP (YR%)

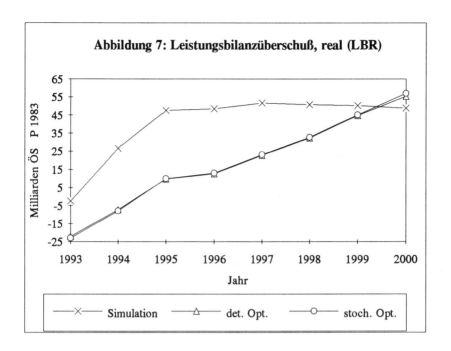

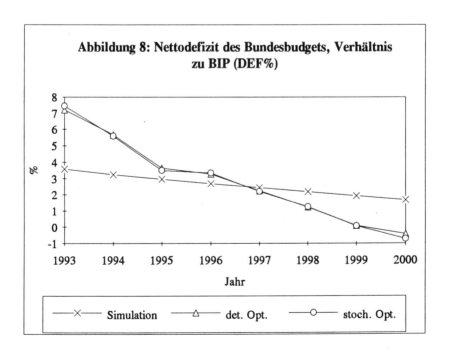

Projektion sehr nahe; die Steuerpolitik wirkt noch expansiver. Ab 1997 werden die optimale Geldpolitik und die optimale Staatsausgabenpolitik im Vergleich zur Projektion deutlich restriktiver eingesetzt. Als Folge davon ergeben sich niedrigeres Wachstum, höhere Arbeitslosigkeit und niedrigere Inflation als in dem Vergleichsszenario, das auf der Projektion der Instrumentvariablen beruht. Der Überschuß der Leistungsbilanz, der im Simulationsszenario bereits 1994 einsetzt, wird hier erst in dieser Periode aufgebaut. Interessant ist, daß durch die optimale Wirtschaftspolitik, trotz der expansiven Finanzpolitik der ersten Jahre mit ihrem beträchtlichen Budgetdefizit, am Ende der Periode das Bundesbudget voll konsolidiert wird und im Jahr 2000 sogar einen Überschuß aufweist. Die aktivistische Fiskalpolitik steht also nicht nur nicht im Gegensatz zum Budgetkonsolidierungsziel, sondern erleichtert noch dessen Erfüllung.

Bezüglich des Niveaus des realen Brutto-Inlandsprodukts, der gesamtwirtschaftlichen Nachfrage und ihrer Komponenten (privater Konsum, Investitionen, Importe, öffentlicher Konsum, Steuern) kann man feststellen, daß die optimalen Werte dieser Variablen in den ersten Jahren des Planungszeitraums deutlich rascher wachsen als im Simulationsszenario. Über den gesamten Zeithorizont ist dagegen das optimale Wachstum im Durchschnitt etwas geringer als in der Situation, die auf der Projektion der Instrumentvariablen beruht. Preise und Zinssatz unterscheiden sich in der optimalen Wirtschaftspolitik weniger von jenen des Simulationsszenarios, da die Geldpolitik nicht so deutlich antizyklisch eingesetzt wird wie die budgetpolitischen Instrumente. Dies kann man auch dadurch sehen, daß man die optimale Finanzpolitik bei exogener Geldpolitik berechnet, das heißt, die fiskalpolitischen Variablen (NEX_t und BIN_t) durch Optimierung bestimmt, aber für das Geldangebot ($M1_t$) die Projektionswerte verwendet. In diesem Fall erhält man ganz ähnliche Ergebnisse wie in dem hier dargestellten Fall einer endogenen (optimalen) Geldpolitik.

Um die Sensitivität der Ergebnisse der optimalen Geld- und Finanzpolitik zu überprüfen, wurde ein Reihe weiterer Optimierungsexperimente durchgeführt, wobei jeweils einzelne Annahmen variiert wurden. Aus Platzgründen kann auf diese Resultate nicht im Detail eingegangen werden. Variationen des Diskontfaktors, des Zeithorizonts und der erwünschten Werte der Zielvariablen haben im allgemeinen nur geringen Einfluß auf die optimalen wirtschaftspolitischen Maßnahmen; auch Variationen der Gewichte in der Zielfunktion wirken sich nur ab einer relativ beträchtlichen Größenordnung auf die Gestalt der optimalen Geld- und Fiskalpolitik aus. Dagegen sind die Annahmen bezüglich der nichtkontrollierbaren exogenen Variablen sehr entscheidend für die Struktur der optimalen Stabilisierungspolitik der neunziger Jahre. Beispielsweise resultieren Annahmen über ungünstige Entwicklungen bei den österreichischen Exporten (Nullwachstum) in einer optimalen Budgetpolitik, die sehr expansiv eingesetzt werden muß und daher das Budgetkonsolidierungsziel deutlich verfehlt. In jedem Fall zeigt sich jedoch, daß die optimalen stabilisierungspolitischen Maßnahmen immer stärker antizyklisch eingesetzt werden als die extrapolierten Werte der Instrumentvariablen und daß dadurch Schwankungen und Abweichungen der Zielvariablen im engeren Sinn von ihren erwünschten Werten tendenziell verringert werden können.

7 Abschließende Bemerkungen

In dieser Arbeit wurde dargestellt, wie im Rahmen eines Ansatzes der quantitativen Wirtschaftspolitik ein makroökonometrisches Modell der österreichischen Volkswirtschaft dazu dienen kann, optimale geld- und fiskalpolitische Maßnahmen für die Jahre 1993 bis 2000 bei gegebener Zielfunktion hypothetischer wirtschaftspolitischer Entscheidungsträger zu berechnen. Durch den Vergleich der Ergebnisse der deterministischen und der stochastischen Optimierung mit jenen einer Simulation, bei der die Werte der wirtschaftspolitischen Instrumentvariablen extrapoliert wurden, konnte gezeigt werden, daß die optimale Wirtschaftspolitik stärker antizyklisch und aktivistisch ausgerichtet ist als eine Fortschreibung der bisherigen Wirtschaftspolitik und dadurch Konjunkturschwankungen dämpfen und Abweichungen von Zielvariablen von deren erwünschten Werten reduzieren kann. Wenn dies tatsächlich eine Zielsetzung der praktischen Wirtschaftspolitik darstellt, kann die Verwendung eines solchen Ansatzes der quantitativen Wirtschaftspolitik und kontrolltheoretischer Methoden dazu dienen, den wirtschaftspolitischen Entscheidungsträgern und ihren Beratern neue Einsichten in die Möglichkeiten einer Verbesserung ihrer Politikgestaltung zu liefern. Es ist jedoch ein beträchtlicher weiterer Forschungsaufwand, insbesondere im Hinblick auf die Verbesserung bestehender ökonometrischer Modelle, erforderlich, ehe wirtschaftspolitische Empfehlungen abgeleitet werden können, die direkt und unmittelbar für praktische wirtschaftspolitische Entscheidungen eingesetzt werden können.

Literatur

G.E.P. Box, G.M. Jenkins (1976), Time Series Analysis: Forecasting and Control, 2. Aufl., San Francisco.
G.C. Chow (1975), Analysis and Control of Dynamic Economic Systems, New York.
G.C. Chow (1981), Econometric Analysis by Control Methods, New York.
D. Kendrick (1981), Stochastic Control for Economic Models, New York.
J. Matulka, R. Neck (1992), OPTCON: An Algorithm for the Optimal Control of Nonlinear Stochastic Models. Annals of Operations Research 37, 375 - 401.
H. Theil (1958), Economic Forecasts and Policy, Amsterdam.
H. Theil (1964), Optimal Decision Rules for Government and Industry, Amsterdam.
J. Tinbergen (1952), On the Theory of Economic Policy, Amsterdam.
J. Tinbergen (1956), Economic Policy: Principles and Design, Amsterdam.

Transformationen in statistischen Modellen

Andreas Handl

Fakultät für Wirtschaftswissenschaften, Universität Bielefeld, Postfach 10 01 31, 33501 Bielefeld

Zusammenfassung. Transformationen sind ein wichtiges Werkzeug des Statistikers. In der Arbeit wird dargestellt, wie Transformationen benutzt werden können, um eine geeignete funktionale Form im Regressionsmodell zu bestimmen. Neben den klassischen parametrischen werden auch nichtparametrische Transformationen betrachtet. Außerdem wird auf die Analyse der transformierten Daten eingegangen.

Schlüsselwörter. Datenanalyse, Statistik, Regressionsmodell, Transformationen, parametrische Transformationen, nichtparametrische Transformationen

1 Ziele von Transformationen

Statistische Verfahren beruhen auf speziellen Annahmen. So wird im linearen Regressionsmodell unterstellt, daß der Erwartungswert der zu erklärenden Variable linear in den Parametern ist, die Verteilung der Störterme symmetrisch ist und die Varianz der Störterme konstant ist.

Sind eine oder mehrere Annahmen verletzt, so stehen dem Statistiker eine Reihe von Möglichkeiten offen.

- Er kann ein Verfahren anwenden, das für den zugrundeliegenden Tatbestand besser geeignet ist. Dies setzt aber voraus, daß er zum einen weiß, wie die Annahmen verletzt sind, und zum anderen auch für den vorliegenden Fall ein geeignetes Verfahren kennt.
- Er kann von vornherein ein Verfahren anwenden, das nicht so stark auf Abweichungen von den Annahmen reagiert. Solche Verfahren werden robust genannt.
- Er kann ein Verfahren anwenden, das ohne starke Annahmen auskommt. Man spricht von nichtparametrischen Verfahren.
- Er kann die Daten so transformieren, daß sie in der neuen Form den Annahmen genügen.

Mit dem letzten Punkt wollen wir uns im folgenden beschäftigen, wobei die Transformationen unter dem Aspekt der Suche einer funktionalen Form im Regressionsmodell gesehen werden.

Wir gehen also von folgender Situation aus:
Gesucht sind Transformationen $g(Y), f_1(x_1), \ldots, f_k(x_k)$, so daß gilt

$$g(Y) = \beta_0 + \beta_1 f_1(X_1) + \ldots + \beta_k f_k(X_k) + \varepsilon,$$

wobei Y die zu erklärende Variable, $X_1, \ldots, X_k$ die erklärenden Variablen sind, und ε die üblichen Annahmen erfüllt.

Wie die nachstehenden Beispiele für den Fall einer erklärenden Variable zeigen, kann es nötig sein, entweder nur die zu erklärende Variable oder nur die erklärende Variable oder aber beide Variablen zu transformieren.

Das erste Beispiel stammt aus dem Buch von Montgomery/Peck (1992). Hier muß nur die zu erklärende Variable transformiert werden.

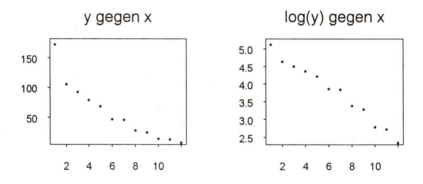

Das zweite Beispiel ist ebenfalls dem Buch von Montgomery/Peck (1992) entnommen. Hier führt die Transformation der erklärenden Variable zu einem linearen Zusammenhang.

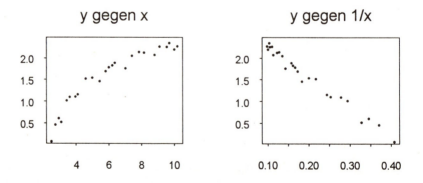

Im dritten Beispiel, das aus Weisberg (1985) stammt, müssen beide Variablen transformiert werden.

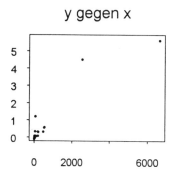 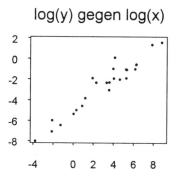

Es zeigt sich also, daß unter Umständen beide Variablen transformiert werden müssen.

Noch komplizierter wird die Situation im Falle von mehr als einer erklärenden Variable. Kann man bei einer erklärenden Variable oft allein durch Betrachten des Streudiagramms eine geeignete Transformation finden, so muß man bei mehreren erklärenden Variablen kompliziertere Verfahren anwenden. Im folgenden soll an Hand eines Datensatzes ein Überblick über Verfahren zur Bestimmung geeigneter Transformationen gegeben werden.

2 Ein Datensatz

Der folgende Datensatz ist zu finden bei Hand et al. (1994).
Die Variablen sind
- minimale Januartemperatur in Fahrenheit in 56 Städten der USA,
- Breitengrad,
- Längengrad.

Es soll der funktionale Zusammenhang zwischen der zu erklärenden Variable Temperatur und den erklärenden Variablen Breite(ngrad) und Länge(ngrad) bestimmt werden.

Wir erstellen zuerst die Streudiagramme aller Paare von Variablen.

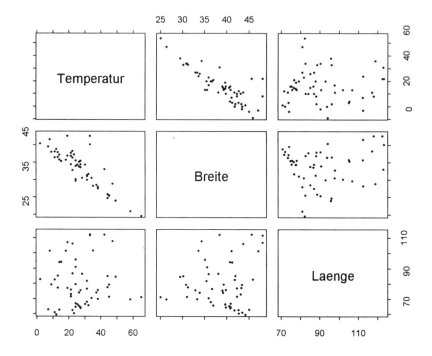

Zwischen Temperatur und Breite existiert offensichtlich ein linearer Zusammenhang mit negativer Steigung, während der Zusammenhang zwischen Temperatur und Länge nicht so einfach zu erkennen ist. Einem Plot aller paarweisen Streudiagramme ist nicht der Zusammenhang zwischen allen drei Variablen zu entnehmen. Hierzu bedarf es subtilerer Techniken.

3 Parametrische Transformationen

Der klassische Ansatz zur Bestimmung einer geeigneten Transformation stammt von Box/Cox (1964). Diese schlugen als Klasse von Transformationen der zu erklärenden Variable Y vor:

$$g(y, \lambda) = \begin{cases} (y^\lambda - 1)/\lambda & \text{für } \lambda \neq 0 \\ \ln(y) & \text{für } \lambda = 0 \end{cases}$$

Box/Cox (1964) gehen von folgendem Modell aus:

$$g(y, \lambda) = \beta_0 + \beta_1 x_1 + \beta_2 x_2 + \ldots + \beta_k x_k + \varepsilon,$$

wobei ε normalverteilt ist. Unter dieser Annahme kann der Likelihoodschätzer von λ bestimmt werden [siehe dazu z.B. Atkinson (1985)].

Im Modell $g(Temperatur, \lambda) = \beta_0 + \beta_1 Breite + \beta_2 Länge + \varepsilon$ lautet der M-L-Schätzer von λ: $\hat{\lambda} = 0{,}92$.

Das 95-Prozent Konfidenzintervall für λ lautet: [0,62, 1,22]. Der Likelihood-Ratio-Test auf Transformation kommt also zum Niveau $\alpha = 0{,}05$ zum Ergebnis, daß die zu erklärende Variable nicht transformiert werden sollte.

Eine Übersicht über weitere Tests auf Transformationen ist zu finden bei Atkinson/Lawrance (1989), die die unterschiedlichen Tests in einer Simulationsstudie vergleichen.

Die Analyse der erklärenden Variablen ist nicht so einfach.

Beschränkt man sich auf monotone Transformationen, so kann man auf einen Vorschlag von Box/Tidwell (1962) zurückgreifen.

Diese schlagen folgende Klasse von Transformationen der erklärenden Variablen vor:

$$f(x, \alpha) = \begin{cases} x^\alpha & \text{für } \alpha \neq 0 \\ \ln(x) & \text{für } \alpha = 0 \end{cases}$$

Sie geben ein approximatives Verfahren zur Bestimmung von α an. Dieses ist sehr ausführlich beschrieben bei Montgomery/Peck (1992).

Wendet man dieses Verfahren auf den Datensatz an, so erhält man den Schätzwert -0,62 für den Transformationsparameter der Variable Breite und den Schätzwert 29 für den Transformationsparameter der Variable Länge. Der zweite Schätzwert ist völlig unsinnig, ein Umstand, der bei der Box-Tidwell-Transformation sehr häufig beobachtet wird [siehe dazu auch Weisberg (1985)].

Bei der Box-Tidwell-Transformation wird unterstellt, daß eine monotone Transformation der erklärenden Variablen zu einer besseren Anpassung führt. Dies muß jedoch nicht immer der Fall sein. Einen Hinweis auf eine Transformation der erklärenden Variablen liefern partielle Residuenplots. Sie wurden von Ezekiel (1924) eingeführt. Beim partiellen Residuenplot der Variable x_j zeichnet man $y - \hat{\beta}_0 - \sum_{i \neq j} \hat{\beta}_i x_i$ gegen x_j. Unter bestimmten Bedingungen zeigt sich die gesuchte Transformation der Variable im Verlauf des partiellen Residuenplots. Eine systematische Analyse partieller Residuenplots ist zu finden bei Cook (1993).

Die partiellen Residuenplots der beiden Variablen haben folgende Gestalt:

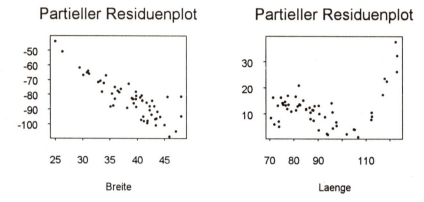

Die Variable Breite sollte nicht transformiert werden, während für die Variable Länge eine nicht monotone Transformation gewählt werden sollte. Diese Vermutung wird im nächsten Abschnitt bestätigt werden.

4 Nichtparametrische Transformationen

4.1 Glätter

(X,Y) sei eine zweidimensionale Zufallsvariable mit Verteilungsfunktion $F(x,y)$. Soll Y durch eine Funktion von X prognostiziert werden, so ist die im Sinne des mittleren quadratischen Fehlers beste Wahl der Funktion gegeben durch $f(X) = E(Y|X)$ [siehe dazu z.B. Rice (1988)].

In der Regel ist die gemeinsame Verteilung von X und Y nicht bekannt. Die naheliegende nichtparametrische Schätzung von $E(Y|X = x)$ ist das arithmetische Mittel der in x beobachteten Werte von Y. Dieses ist aber nur dann ein sinnvoller Schätzer, wenn in x mehr als ein Wert von Y beobachtet wurde. Unterstellt man aber, daß die Funktion $g(x)$ glatt ist, so kann man das arithmetische Mittel an der Stelle x ersetzen durch den Mittelwert der Realisationen von Y in einer Umgebung von x. Man spricht dann von einem running mean.

Die Anzahl der Beobachtungen, die bei der Berechnung des Mittelwerts benutzt werden, bestimmt nun die Glattheit der Schätzung. In der Regel wird eine symmetrische Umgebung gewählt, d.h. es werden die jeweils k nächsten Beobachtungen unterhalb und oberhalb von x in die Berechnung einbezogen.

Wie die nachfolgenden Abbildungen zeigen, wird die Schätzung mit wachsender Anzahl von Beobachtungen immer glatter.

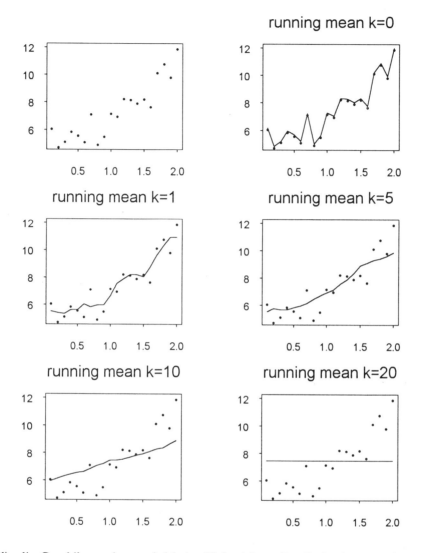

Wie die Graphiken zeigen, wird beim Einbeziehen aller Beobachtungen der bedingte Erwartungswert an allen Stellen durch den Mittelwert aller Beobachtungen geschätzt.

Verfahren zur Bestimmung des optimalen Wertes von k sind zu finden bei Hastie/Tibshirani (1990).

Das Verhalten des running mean ist am Rande des Definitionsbereichs der erklärenden Variable schlecht. Es gibt nun eine Vielzahl von Verfahren, die diesen Nachteil nicht aufweisen.

Statt der Mittelung der Beobachtungen in der Nähe von x kann man auch nach der Methode der Kleinsten Quadrate eine Gerade durch die Punktewolke in der Umgebung von x legen und als Schätzung des bedingten Erwartungswerts den zu *x* gehörenden Punkt auf der Gerade wählen. Man spricht in diesem Fall von einem running line Schätzer.

Die folgenden Graphiken zeigen das Verhalten des running line bei unterschiedlichen Werten von *k*.

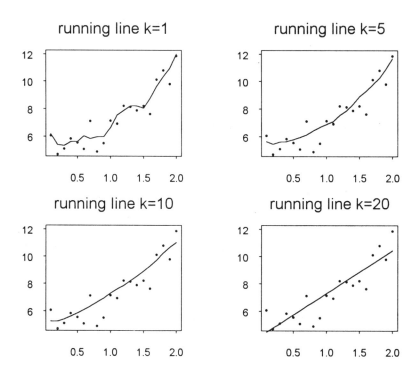

Wie die Graphiken zeigen, ist der running line Schätzer bei Einbeziehung aller Beobachtungen gleich der nach der Methode der Kleinsten Quadrate gewonnenen Gerade.

Von Cleveland wurde ein Schätzer vorgeschlagen, bei dem Beobachtungen, die näher bei *x* liegen, mit einem stärkeren Gewicht in die Schätzung der Gerade eingehen. Dies führt zu einer gewichteten Kleinst-Quadrate-Schätzung. Eine detaillierte Beschreibung dieses Schätzers, der auch LOESS (local regression) genannt wird, ist bei Cleveland (1993) zu finden.

Weitere Glätter werden beschrieben, analysiert und verglichen bei Hastie/Tibshirani (1990) und Härdle (1990).

4.2 ACE bei einer erklärenden Variable

Glätter sind das geeignete Werkzeug bei der nichtparametrischen Transformation einer Variable. Wie wir aber gesehen haben, ist es oft notwendig, beide Variablen zu transformieren.

Gesucht sind also Schätzer von $g(y)$ und $f(x)$ im Modell $g(Y) = f(X) + \varepsilon$, so daß $E((g(Y) - f(X))^2)$ minimal wird. Ohne Nebenbedingung hat dieses Problem die Lösung $f(x) = 0$ für alle x und $g(y) = 0$ für alle y. Um zu verhindern, daß dies geschieht, wird eine der beiden Variablen standardisiert. Es werden also die Nebenbedingungen

$E(g(Y)) = 0$

und

$Var(g(Y)) = 1$

berücksichtigt.

Wie wir im letzten Abschnitt gesehen haben, ist für festes $g(y)$ die im Sinne des mittleren quadratischen Fehlers beste Transformation von X gegeben durch $f(X) = E(g(Y)|X)$.

Entsprechend ist für festes $f(x)$ die beste Transformation von Y gegeben durch $g(Y) = E(f(X)|Y)$.

Von Breiman/Friedman (1985) wurde nun vorgeschlagen, diesen Sachverhalt zu benutzen, um die Transformationen von X und Y iterativ zu bestimmen. Dies führt zu folgender Iterationsfolge:

Standardisiere Y

$f^{(1)}(X) = E(Y|X)$

$g^{(1)}(Y) = E(f^{(1)}(X)|Y)$

Standardisiere $g(Y)$

$f^{(2)}(X) = E(g^{(1)}(Y)|X)$

$g^{(2)}(Y) = E(f^{(2)}(X)|Y)$

$\vdots$

Standardisiere $g(Y)$

$f^{(j)}(X) = E(g^{(j-1)}(Y)|X)$

$g^{(j)}(Y) = E(f^{(j)}(X)|Y)$

Das Verfahren wird auch ACE (Alternating Conditional Expectations) genannt.

Bei der Datenanalyse werden die bedingten Erwartungswerte durch Glätter geschätzt.

Die nachfolgenden Graphiken zeigen die geschätzten Transformationen der Variablen im Modell

$$g(Temperatur) = f(Breite) + \varepsilon$$

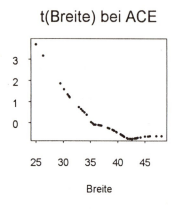

und im Modell

$$g(Temperatur) = f(Laenge) + \varepsilon$$

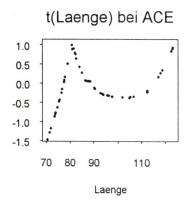
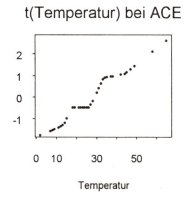

In beiden Fällen wurde die Transformation von Temperatur so bestimmt, daß sie monoton ist [siehe dazu Friedman/Tibshirani (1984)].

4.3 AVAS bei einer erklärenden Variable

Von Tibshirani (1988) wurde eine nichtparametrische Transformation vorgeschlagen, bei der gleichzeitig Additivität und Varianzstabilisierung erreicht werden soll. Deshalb wird sie AVAS (Additivity and Variance Stabilisation) genannt.
Tibshirani geht von folgendem Modell aus:

$$E(g(Y)|X) = f(X)$$

und

$$Var(g(Y)|f(X)) = c$$

Die Schätzung von $g(Y)$ basiert auf der varianzstabilisierenden Transformation.

Ist Y eine Zufallsvariable mit Erwartungswert $E(Y) = \mu$ und Varianz $Var(Y) = V(\mu)$, so ist die approximative varianzstabilisiernde Transformation gegeben durch $g(t) = \int_0^t \frac{c}{V(\mu)} d\mu$.

Dies sieht man folgendermaßen:

Wir linearisieren $g(Y)$ um μ, d.h. $g(Y) = g(\mu) + g'(\mu)(Y - \mu)$.

Also gilt approximativ $Var(g(\mu)) = g'(\mu)^2 Var(Y) = g'(\mu)^2 V(\mu)$.

Da gelten soll $Var(g(\mu)) = c^2$, gilt $g'(\mu) = \frac{c}{\sqrt{V(\mu)}}$.

Tibshirani schlägt nun vor, für festes $f(X)$ die Transformation $g(Y)$ folgendermaßen zu schätzen:
Ausgangspunkt sei eine Transformation $h(Y)$.
Für diese werde die Varianzfunktion $v(u) = Var(h(Y)|f(X) = u)$ bestimmt.
Die varianzstabilisierende Transformation erhält man dann durch

$$g(t) = \int_0^t \frac{c}{v(u)} du.$$

Tibshirani schlägt vor, diese Vorgehensweise zu iterieren, wobei $v(u)$ und $g(t)$ geeignet geschätzt werden müssen.

Die Transformation $f(X)$ erhält man bei gegebenem $g(Y)$ wie beim ACE.

Die nachfolgenden Graphiken zeigen die geschätzten Transformationen der Variablen im Modell

$$g(Temperatur) = f(Breite) + \varepsilon$$

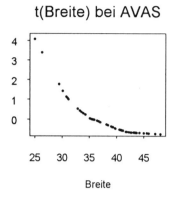

und im Modell

$$g(Temperatur) = f(Laenge) + \varepsilon$$

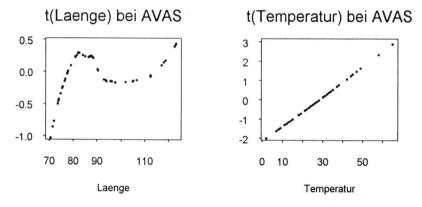

Die von AVAS und ACE gefundenen Transformationen sind, wie die Graphiken zeigen, sehr ähnlich.

4.4 ACE und AVAS mit mehreren erklärenden Variablen

Bisher haben wir die nichtparametrischen Transformationen nur für den Fall einer erklärenden Variable betrachtet.

Bei mehreren erklärenden Variablen $X_1, X_2, ..., X_k$ werden also Transformationen $g(Y)$, $f_1(X_1)$, $f_2(X_2)$, ..., $f_k(X_k)$ gesucht, so daß gilt:

$$g(Y) = f_1(X_1) + ... + f_k(X_k) + \varepsilon$$

beziehungsweise

$$E(g(Y)|X_1,\ldots,X_k) = f_1(X_1) + \ldots + f_k(X_k)$$

und

$$Var(g(Y)|f_1(X_1) + \ldots + f_k(X_k)) = c \ .$$

Die Transformation $g(Y)$ wird wie bei einer erklärenden Variable bestimmt.

Die Transformationen $f_1(X_1), f_2(X_2), \ldots, f_k(X_k)$ werden mit Hilfe des Backfitting-Algorithmus bestimmt:

Gegeben

$$f_1(X_1), \ldots, f_{i-1}(X_{i-1}), f_{i+1}(X_{i+1}), \ldots, f_k(X_k)$$

und

$$g(Y)$$

wird

$$f_i(X_i)$$

bestimmt durch

$$f_i(X_i) = E(g(Y) - f_1(X_1) - \ldots - f_{i-1}(X_{i-1}) - f_{i+1}(X_{i+1}) - \ldots - f_k(X_k)|X_i) \ .$$

Dieses Verfahren wird iteriert, wobei wiederum die bedingten Erwartungswerte durch Glätter geschätzt werden.

Eine detaillierte Analyse des Backfitting-Algorithmus ist zu finden bei Hastie/Tibshirani (1990).

Für den Datensatz liefern ACE und AVAS folgende geschätzte Transformationen:

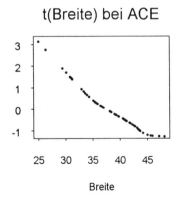
t(Breite) bei ACE

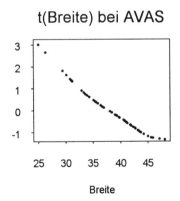
t(Breite) bei AVAS

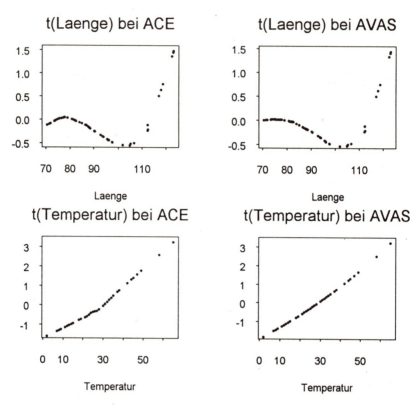

Die von AVAS und ACE gefundenen empirischen Transformationen sind sehr ähnlich.

Die Graphiken legen nahe, die Variablen Breite und Temperatur nicht zu transformieren, während man in der Variable Länge ein Polynom dritten Grades ansetzen sollte.

5 Die Analyse der transformierten Daten

Nachdem geeignete Transformationen gefunden wurden, soll in der Regel das Modell analysiert werden, d.h. es sollen Konfidenzintervalle aufgestellt und Tests durchgeführt werden. Wie man dabei vorzugehen hat, ist jedoch sehr umstritten. Wie bei jeder auf Datenbasis getroffenen Modellwahl stellt sich nämlich die Frage, ob bei der Analyse des Modells berücksichtigt werden soll, daß dieses auf der Basis der Daten gefunden wurde.

Bei der Transformation der zu erklärenden Variable wurde dieses Problem zum ersten Mal von Bickel/Doksum (1981) angesprochen. Diese wiesen darauf hin, daß die Varianzen der Parameterschätzungen beträchtlich größer sind, wenn man berücksichtigt, daß die Transformation empirisch bestimmt wurde. Die bis dahin übliche Vorgehensweise, die zu erklärende Variable mit dem geschätzten Parameter zu transformieren und dann die klassischen

Konfidenzintervalle aufzustellen und Tests durchzuführen, war demnach nicht adäquat. Der Artikel von Bickel/Doksum (1981) führte zu einer regen Diskussion, die von Box/Cox (1982), Doksum/Wong (1983) und Hinkley/Runger (1984) geführt wurde.

Das angesprochene Problem beschränkt sich natürlich nicht nur auf die Transformation der zu erklärenden Variable. Wie Hurvich/Tsai (1990) mit Hilfe einer Simulationsstudie aufzeigen, beeinflußt die datengestützte Modellwahl bei der Wahl einer nichtmonotonen Transformation der erklärenden Variable durch Polynome die Entscheidungen der nachfolgenden Tests. Hurvich/Tsai (1990) schlagen vor, die Daten aufzuteilen. Der eine Teil wird dann für die Modellsuche und der andere für die Modellwahl benutzt. Diese Vorgehensweise ist aber nur dann möglich, wenn man genug Daten hat.

Wurde die Transformation nichtparametrisch bestimmt, so kann man die gefundenen Transformationen benutzen, um für jede der Variablen eine geeignete funktionale Form der Transformation zu bestimmen, und dann das gefundene Modell mit den üblichen regressionsanalytischen Methoden analysieren. Man kann aber auch mit den gefundenen Transformationen eine nichtparametrische Analyse durchführen.

Beginnen wir mit der ersten Vorgehensweise.

Der einfachste Fall liegt hier vor, wenn die geschätzten Transformationen eindeutige Hinweise auf das gesuchte Modell liefern. So zeigen die Graphiken der durch AVAS und ACE gewonnenen Transformationen beim oben betrachteten Beispiel, daß die Variablen Temperatur und Breite nicht transformiert werden sollten und für die Variable Länge ein kubisches Polynom angesetzt werden sollte.

Vielfach kann die geeignete funktionale Form einer Transformation nicht durch bloßes Betrachten des Transformationsplots erkannt werden. Einen systematischen Ansatz zur Bestimmung der funktionalen Form, der eine Idee von Mosteller/Tukey (1977) aufgreift, haben De Veaux/Steele (1989) vorgeschlagen. Diese Transformationen kann man dann bei der weiteren Analyse verwenden, wobei man natürlich berücksichtigen sollte, daß die Transformationen empirisch gewonnen wurden.

Wenden wir uns nun den Möglichkeiten einer nichtparametrischen Analyse des gefundenen Modells zu. ACE und AVAS bieten keine Möglichkeit der Inferenz. Man kann aber die durch ACE und AVAS gefundenen Transformationen der zu erklärenden Variable für die weitere Analyse im Rahmen eines GAM (kurz für Generalized Additive Model) folgendermaßen benutzen:

Es wird zunächst mit Hilfe des Verfahrens von De Veaux/Steele (1989) eine geeignete funktionale Form für die Transformation $g(Y)$ der zu erklärenden Variablen bestimmt. Die so gewonnene Variable $Y^* = g(Y)$ wird dann als erklärende Variable in einem GAM benutzt:

$$Y^* = f_1(X_1) + \ldots + f_k(X_k) + \varepsilon.$$

Tests können dann so durchgeführt werden, wie es in Chambers/Hastie (1992) beschrieben wird.

Literatur

A.C. Atkinson (1985), Plots,Transformations and Regression, Oxford.
A.C. Atkinson, A. J. Lawrance (1989), A Comparison of Asymptotically Equivalent Test Statistics for Regression Transformation. Biometrika 76, 223-229.
P.J. Bickel, K.A. Doksum (1981), An Analysis of Transformations Revisited. Journal of the American Statistical Association 76, 296-311.
G.E.P. Box, D.R. Cox (1964), An Analysis of Transformations. Journal of the Royal Statistical Society B 26, 211-252.
G.E.P. Box, D.R. Cox (1982), An Analysis of Transformations Revisited, Rebutted. Journal of the American Statistical Association 77, 209-210.
G.E.P. Box, P. W. Tidwell, (1962), Transformation of the Independent Variables. Technometrics 4, 531-550.
L. Breiman, J.Friedman (1985), Estimating Optimal Transformations for Multiple Regression and Correlation. Journal of the American Statistical Association 80, 580-619.
J.M. Chambers, T.J. Hastie (1992), Statistical Models in S, Pacific Grove.
W.S. Cleveland (1993), Visualizing Data, New Jersey.
R.D. Cook (1993), Exploring Partial Residual Plots. Technometrics 35, 351-362.
R.D. De Veaux, J.M. Steele (1989), ACE Guided Transformation Method for Estimation of the Coefficient of Soil Water Diffusivity. Technometrics 31, 91-98.
K.A. Doksum, C. Wong (1983), Statistical Tests Based on Transformed Data. Journal of the American Statistical Association 78, 411-417.
M. Ezekiel (1924), A Method for Handling Curvilinear Correlation for any Number of Variables. Journal of the American Statistical Association 19, 431-453.
J. Friedman, R. Tibshirani (1984), The Monotone Smoothing of Scatterplots. Technometrics 26, 243-250.
D.J. Hand, F. Daly, A.D. Lunn, K.J. McConway, E. Ostrowski (1994), Small Data Sets, London.
W. Härdle (1990), Applied Nonparametric Regression, Cambridge.
T.J. Hastie, R. Tibshirani (1990), Generalized Additive Models, London.
D.V. Hinkley, G. Runger (1984), The Analysis of Transformed Data. Journal of the American Statistical Association 79, 302-320.
C.M. Hurvich, C. Tsai (1990), The Impact of Model Selection on Inference in Linear Regression. American Statistician 44, 214-217.
D.C. Montgomery, E.A. Peck (1992), Introduction to Linear Regression Analysis, 2nd ed., New York.
F. Mosteller, J.W. Tukey (1977), Data Analysis and Regression, Reading.
J.A. Rice (1988), Mathematical Statistics and Data Analysis, Pacific Grove.
R. Tibshirani (1988), Estimating Transformations for Regression via Additivity and Variance Stabilisation. Journal of the American Statistical Association 83, 394-405.
S. Weisberg (1985), Applied Linear Regression, 2nd ed., New York.

Die ökonomischen Auswirkungen der Universität Bielefeld auf die Stadt

Joachim Frohn,[1] Stefan Niermann[2] und Ute Niermann[1]

[1] Fakultät für Wirtschaftswissenschaften, Universität Bielefeld, Postfach 10 01 31, 33501 Bielefeld

[2] Institut für Quantitative Wirtschaftsforschung, Universität Hannover, Königsworther Platz 1, 30167 Hannover

Zusammenfassung. In der vorliegenden Arbeit werden die Beschäftigungs- und Einkommenseffekte abgeschätzt, die durch die Universität in Bielefeld regional induziert werden. Diese Schätzungen erfolgen auf der Grundlage einer Input-Output-orientierten Wirkungskettenanalyse unter besonderer Berücksichtigung der spezifischen regionalen Wirtschaftsstruktur. Die Berechnungen ergeben, daß allein in Bielefeld durch die Universität über 6.000 Arbeitsplätze geschaffen werden.

Schlüsselwörter. Regionalökonomik, Beschäftigungseffekte, Einkommenseffekte, Universität Bielefeld, Input-Output-Rechnung

1 Einleitung

Von der Universität geht eine Vielzahl von wirtschaftlichen, sozialen und kulturellen Wirkungen auf die Region aus. Ziel dieser Arbeit ist es, die regionalen Wirkungen der Universität Bielefeld und ihrer Folgeeinrichtungen (Oberstufenkolleg, Staatshochbauamt, Studentenwerk und AStA) auf die Stadt in wirtschaftlicher Hinsicht zu untersuchen. Dazu sind folgende Aspekte zu betrachten:

Die Universität als Nachfrager nach Waren und Dienstleistungen: Inwieweit wirken die Ausgaben der Universität und der Hochschulbevölkerung als Nachfrage nach Waren und Dienstleistungen in Bielefeld und somit als Stimulator der wirtschaftlichen Tätigkeit in der Stadt und in der Region?

Die Universität als Arbeitgeber: Mit 3.017 Arbeits- und Ausbildungsplätzen gehört die Universität zu den größten Arbeitgebern in der Region. Da diese Arbeitsplätze in Zeiten wirtschaftlicher Rezessionen kaum anfällig sind, wirkt die Universität stabilisierend auf den regionalen Arbeitsmarkt.

Die Universität als entscheidungsrelevanter Faktor bei der Ansiedlung von Gewerbe- und Dienstleistungsunternehmen: Durch die Arbeit des Zentrums für Wissenschaft und berufliche Praxis, durch praxisbezogene Projekte der Fakultäten, durch Beratertätigkeiten und Engagement der Hochschulangehörigen im kommunalpolitischen Bereich, durch Praktika der Studierenden etc. gehen von der Universität Innovationen auch für die Wirtschaft aus.

Ein Großteil der Absolventen ist bemüht, in der Region Ostwestfalen-Lippe zu bleiben. Leider bietet der regionale Arbeitsmarkt momentan noch kein ausreichend differenziertes Arbeitsangebot dafür.

Langfristig sind jedoch Veränderungen in der Wirtschaftsstruktur in und um Bielefeld feststellbar.

Die Auswirkungen der Universität auf den kommunalen Haushalt: Hier sei kurz auf die direkten Einkommensteueranteile der Universitätsbeschäftigten, die durch die Universität als Nachfrager entstandenen Einkommen- und Gewerbesteuereinnahmen, die anteilsmäßig in den Etat der Stadt fließen, sowie auf die universitätsbedingten Anteile an den Schlüssel- und Bedarfszuweisungen hingewiesen.

Entscheidender als diese finanziellen Überlegungen ist in diesem Zusammenhang jedoch die Verbesserung des Dienstleistungsangebotes: das Angebot von Bildungsleistungen (auch im Bereich der Erwachsenen- und Weiterbildung), die Erweiterung des öffentlichen Nahverkehrs, das Kulturangebot, das Bibliothekswesen etc. All diese Aspekte erhöhen die Attraktivität Bielefelds sowohl für die Bevölkerung als auch für die Unternehmen und verbessern damit das Image der Stadt.

Diese Analyse beschränkt sich auf die Erfassung der quantifizierbaren ökonomischen Auswirkungen der Universität auf die Stadt Bielefeld - also auf die Erfassung der tatsächlichen Arbeits- und Ausbildungsplätze an der Universität und ihren Folgeeinrichtungen - sowie die auf die Existenz der Universität zurückführbaren Ausgaben mit ihren Beschäftigungs- und Einkommenseffekten. Da nicht quantifizierbare Auswirkungen, wie z.B. Attraktivität, innovative Einflüsse etc. keine Berücksichtigung finden und darüber hinaus die Annahmen so getroffen sind, daß es sich bei den Schätzungen um Untergrenzen für die tatsächlichen Beschäftigungswirkungen handelt, müssen die tatsächlichen Auswirkungen höher eingeschätzt werden, als sie in dieser Arbeit zahlenmäßig zum Ausdruck kommen.

Die zentrale Frage der Untersuchung lautet: Wieviele Arbeitsplätze werden in Bielefeld durch die Existenz der Universität verursacht?

Von Interesse sind hierbei einerseits die durch die Universität direkt geschaffenen Arbeitsplätze. Andererseits treten die Universität, deren Beschäftigte und die Studierenden auch in Bielefeld als Nachfrager nach Waren und Dienstleistungen auf. Diese zusätzliche Nachfrage und die dafür erforderlichen Vorleistungen schaffen darüber hinaus eine zu bestimmende Anzahl von Arbeitsplätzen in Bielefeld.

Bevor das zur Klärung dieser Frage verwendete Modell vorgestellt wird, muß noch kurz auf die Datenbasis und die getroffenen Annahmen eingegangen werden.

2 Datenbasis und Annahmen

Bei der Analyse der durch die Universität verursachten Nachfragewirkungen muß bestimmt werden, in welcher Höhe Nachfrage entsteht, welcher Anteil davon in Bielefeld ausgegeben wird und in welche Wirtschaftsbereiche diese Ausgaben fließen.

Hierbei sind die Sachausgaben der Universität, die Ausgaben der Beschäftigten und die Ausgaben der Studierenden die wichtigsten Nachfrageposten. Daneben werden in der Studie auch die Nachfrage nach medizinischen Dienstleistungen der Universitätsbevölkerung und die Ausgaben der Gäste berücksichtigt, die im Zusammenhang mit der Universität Bielefeld besuchen.

An der Universität sind direkt 3.017 Arbeitnehmer beschäftigt. Für diese Beschäftigten konnten sowohl die Wohnorte als auch die Brutto- und die verfügbaren Nettoeinkommen erhoben werden.

Um die Nachfrage, die von diesen Beschäftigten in Bielefeld ausgelöst wird, schätzen zu können, wurden folgende Annahmen getroffen:
- Beschäftigte, die in Bielefeld wohnen, konsumieren in Bielefeld.
- Beschäftigte, die nicht in Bielefeld wohnen, konsumieren während der Vorlesungszeit – also die Hälfte des Jahres – in Bielefeld.
- Beschäftigte, die außerhalb Ostwestfalen-Lippes wohnen, haben über das gesamte Jahr einen Zweitwohnsitz in Bielefeld. Die Miete dafür muß ganzjährig aufgebracht werden.

Detaillierte Angaben zur Einkommmensverwendung verschiedener Verbrauchergruppen können der Einkommens- und Verbrauchsstichprobe, die von den Statistischen Ämtern erhoben wird, entnommen werden. Die Verbrauchergruppen werden dabei durch das Bruttoeinkommen, den Status sowie durch die Anzahl der Kinder und Verdiener im Haushalt charakterisiert. Leider liegen keine Informationen über die Haushalte, in denen die Universitätsangehörigen leben, vor. Der einzige Anhaltspunkt ist das ermittelte Bruttoeinkommen. Daher ist hinsichtlich des Ausgabeverhaltens der Universitätsbeschäftigten wie folgt verfahren worden: Für alle Einkommensbereiche mit einem Bruttoeinkommen von weniger als 5.400 DM wurde die Ausgabenstruktur der mittleren Verbrauchergruppe der Einkommens- und Verbrauchsstichprobe angesetzt, für jene mit einem Einkommen von mehr als 5.400 DM die Ausgabenstruktur der gehobenen Verbrauchergruppe. Es ist klar, daß durch diese Festlegung Fehleinschätzungen des Ausgabeverhaltens auftreten werden. Dieser Fehler betrifft aber lediglich die anteilsmäßige Aufteilung der Ausgaben auf die einzelnen Verwendungszwecke und nicht die Ausgabevolumina. Deshalb kann davon ausgegangen werden, daß die Ergebnisse dieser Arbeit durch diesen Fehler nur marginal beeinflußt werden.[1]

Weitere Nachfrageeffekte werden durch die Studierenden ausgelöst. Neben der Anzahl der Studenten und Studentinnen waren deren Herkunftsregionen bekannt. Das mittlere Ausgabevolumen und dessen Verwendungen wurden aus der 13. Sozialerhebung des Deutschen Studentenwerkes abgeleitet.

Demnach gibt ein Student pro Monat ca. 1.165 DM für die Lebenshaltung aus. Zusätzlich fallen außerordentliche Ausgaben an: Einrichtung / Renovierung der Wohnung, Ausgaben für das Auto, größere Lernmittel, Reisen etc. Es wird angenommen, daß 1993 92 % der Studierenden im Mittel derartige Ausgaben in Höhe von 2.423 DM hatten.

Bezüglich der regionalen Wirkung der Ausgaben wurden folgende Annahmen getroffen:
- Studierende, die aus Bielefeld stammen, konsumieren das gesamte Ausgabevolumen in Bielefeld.
- Studierende, die aus Ostwestfalen-Lippe außerhalb von Bielefeld stammen, konsumieren während der Vorlesungszeiten lediglich einen Tagessatz von ca. 15 DM in Bielefeld. Hinzu kommen noch die Ausgaben für das Semesterticket: 140 DM / Jahr.
- Studierende, die aus anderen Regionen außerhalb Ostwestfalen-Lippes stammen, konsumieren die Hälfte des Jahres in Bielefeld.

Einen weiteren großen Nachfragekomplex bilden die Sachausgaben der Universität. Für jede Ausgabe konnte anhand der Postleitzahl des Lieferanten die Nachfragewirkung regional zugeordnet werden. Im Gegensatz zu den meisten Untersuchungen dieser Art handelt es sich bei der hier vorliegenden um eine Totalerhebung. Die regionale Differenzierung der Ausgaben erfolgt in Bielefeld, sonstiges Ostwestfalen-Lippe und sonstiges Bundesgebiet.

Nicht berücksichtigt werden Zahlungen, die regional nicht zugeordnet werden können, wie z.B. Reisekosten, Zölle, Steuern, Post- und Fernmeldegebühren.

Für jede nach Bielefeld geflossene Ausgabe wurde zusätzlich die liefernde Wirtschaftsbranche bestimmt.

Zur Schätzung der Nachfrage nach medizinischen Dienstleistungen wurden Auskünfte über die durchschnittlichen Ausgabenwerte der pflichtversicherten Mitglieder bei verschiedenen Krankenkassen eingeholt. In Abstimmung mit der amtlichen Statistik[2] wurde dann für Beschäftigte ein gemittelter Reinausgabewert von 2.880 DM / Jahr und für Studierende von 2.592 DM / Jahr angesetzt. Es wurde angenommen, daß Hochschulangehörige aus Bielefeld ganzjährig medizinische Dienstleistungen in Bielefeld nachfragen. Studierende und Beschäftigte, die außerhalb von Ostwestfalen-Lippe wohnen, fragen die Hälfte des Jahres medizinische Dienstleistungen in Bielefeld nach. Für Beschäftigte aus Bielefeld wurde außerdem der Familienmantel berücksichtigt.

---

[1] Eine ähnliche Vorgehensweise wird auch in Studien zur regionalen Wirkung anderer Universitäten angewandt. Vgl. u.a. Giese et al. (1982).
[2] Vgl. Statistisches Landesamt Nordrhein-Westfalen (1993, 482).

Der dafür zugrunde gelegte Familienmultiplikator wurde als Quotient aus Einwohnern und Haushalten in Bielefeld geschätzt und beträgt 2,17455.[3]

Den letzten Komplex der durch die Universität induzierten Nachfrage in Bielefeld bilden die Gäste der Universität. Der Schätzung der Anzahl der Gäste und ihrer Aufenthaltsdauer in der Stadt liegen Auskünfte des Verkehrsvereins Bielefeld, des Verbandes des Hotel- und Gaststättenwesens und des Zentrums für interdisziplinäre Forschung (ZiF) zugrunde. Daraus ergeben sich für 1993 insgesamt 9.922 Besuchstage, die Gäste im Zusammenhang mit der Universität in Bielefeld verweilten. Es wird angenommen, daß ein Gast pro Tag ca. 200 DM ausgibt: 100 DM für Übernachtung, 70 DM für Verpflegung und 30 DM für sonstiges.

3 Das Modell

Die Beschäftigungs- und Einkommenseffekte bestehen zum einen aus den Effekten, die aufgrund der Umsatzwirksamkeit der Ausgaben induziert werden, und zum anderen aus den Effekten, die aufgrund der Vorleistungen, die für die nachgefragten Güter und Dienstleistungen in Bielefeld erbracht werden müssen, induziert werden.

Zur Schätzung der umsatzwirksamen Beschäftigungs- und Einkommenseffekte wurden die Ausgaben mit branchenspezifischen Koeffizienten, die die Relation zwischen Beschäftigten und Umsatz ausdrücken, multipliziert.

Die vorleistungsbedingten Effekte wurden über ein zweistufiges Input-Output-Modell ermittelt, wobei in der ersten Stufe des Modells die für die in Bielefeld nachgefragten Güter und Dienstleistungen erforderlichen Vorleistungen für das gesamte Bundesgebiet geschätzt wurden. Die zweite Stufe dient der Schätzung der in Bielefeld erbrachten Anteile dieser für die Befriedigung der Bielefelder Nachfrage erforderlichen gesamten Vorleistungen.

Das so induzierte Einkommen schafft in einer weiteren Wirkungsrunde wiederum Nachfrage, die weitere Beschäftigungs- und Einkommenseffekte in Bielefeld auslösen.

3.1 Die Beschäftigungseffekte aufgrund der Umsatzwirksamkeit der Ausgaben

Liegen die in Bielefeld wirkenden Nachfrageströme nach Branchen differenziert vor, so kann unter Verwendung von branchenspezifischen Arbeitsplatzkoeffizienten die Beschäftigungswirkung dieser Nachfrageströme geschätzt werden.

Bei diesen Koeffizienten handelt es sich um Quotienten, die für die jeweiligen Wirtschaftsbereiche das Verhältnis zwischen Beschäftigtenzahl und Umsatz

---

[3] Vgl. Landesamt für Datenverarbeitung und Statistik Nordrhein-Westfalen (1993, 12, 17).

ausdrücken. Die durch die Ausgaben induzierten Arbeitsplätze können demnach auf der Grundlage folgender Gleichung geschätzt werden:

$$U_j^{Uni} \cdot \left(\frac{B_j}{U_j}\right) = AP_j$$

mit: U_j Umsatz in Branche j,

U_j^{Uni} durch die Universität induzierter Umsatz in Branche j,

B_j Beschäftigte in Branche j,

AP_j durch diese Ausgaben induzierte Arbeitsplätze in Branche j.

Die daraus resultierenden Einkommenseffekte lassen sich dann aus den so geschätzten Arbeitsplätzen und den jeweiligen Durchschnittseinkommen ableiten:

$$AP_j \cdot DE_j = E_j$$

mit: DE_j Durchschnittseinkommen in Branche j,

E_j durch die Ausgaben induziertes Einkommen in Branche j.

Bei den Ausgaben der Beschäftigten ist aus der Erhebung nur die Aufteilung der Ausgaben auf die verschiedenen Verwendungszwecke bekannt. Deshalb ist eine Umrechnung der Ausgaben, die auf die verschiedenen Verwendungszwecke (Miete, Ernährung, Bekleidung, Freizeit etc.) entfallen, auf die verschiedenen Wirtschaftsbereiche, in denen sie umsatzwirksam werden, notwendig.

3.2 Die Beschäftigungswirkungen aufgrund der Vorleistungen

Die bisher ermittelten Effekte umfassen lediglich die auf die Umsätze in den jeweiligen Branchen zurückführbaren Arbeitsplätze bzw. Einkommen. Noch nicht erfaßt sind hierbei die in den Waren und Dienstleistungen enthaltenen Vorleistungen.

Im Gegensatz zu früheren Studien werden die Vorlieferbeziehungen hier explizit berücksichtigt und mit Hilfe einer Input-Output-Analyse geschätzt.

Grundlage dafür bildet das offene statische Leontief-Modell, das es ermöglicht, die gesamten Vorleistungen, die innerhalb einer Volkswirtschaft für eine bestimmte Endnachfrage erbracht werden, zu schätzen.

Bezeichnet **y** den Vektor der Endnachfrage der Universität, **x** den Vektor des zur Befriedigung dieser Nachfrage erforderlichen Aufkommens an Gütern und

Dienstleistungen und **A** die Matrix der Inputkoeffizienten, dann ergeben sich die Vorleistungen **Ax** bekanntlich aus der Beziehung

$$\mathbf{x} = \mathbf{Ax} + \mathbf{y} \Leftrightarrow \mathbf{x} = (\mathbf{I} - \mathbf{A})^{-1}\mathbf{y}.$$

Die Anwendung der Input-Output-Rechnung setzt voraus, daß die betrachtete Nachfrage entsprechend den produzierenden Bereichen und nicht wie bisher entsprechend der Umsatzwirkung auf die verschiedenen Wirtschaftsbranchen aufgeschlüsselt wird. Das bedeutet, daß an dieser Stelle für alle Ausgaben ein Konversionsschritt durchgeführt werden muß: Im Bereich der Sachausgaben muß eine Umbuchung der gehandelten Güter auf die produzierenden Bereiche erfolgen. Die Ausgaben für den privaten Verbrauch werden entsprechend der vom Statistischen Bundesamt erstellten Konversionsmatrix umgerechnet.

Für die vorliegende Untersuchung heißt das, daß damit die Vorleistungen, die insgesamt für die in Bielefeld entstehenden Nachfrageströme notwendig sind, geschätzt werden können. In welcher Region innerhalb der Bundesrepublik dabei welche Auswirkungen zu verzeichnen sind, geht aus dem Leontief-Modell jedoch nicht hervor.

Um die Auswirkungen der Vorleistungserstellung auf Bielefeld zu modellieren, wird angenommen, daß sich die Unternehmen in Bielefeld ebenso stark auf regional nähere Lieferanten konzentrieren wie die Universität Bielefeld. D.h. es wird angenommen, daß der Anteil der Lieferungen, die die Bielefelder Unternehmen aus Bielefeld beziehen, dem Anteil der Universitätsausgaben entspricht, der bzgl. aller Universitätsausgaben nach Bielefeld fließt: ca. 27 %.[4]

Jedoch hat jede Region eine spezifische Branchenstruktur, so daß diese regionale Verteilung sich nicht in allen Branchen gleich auswirken wird; d.h. in Branchen, die im Bielefelder Raum stärker als durchschnittlich vertreten sind, wird sicher mehr als durchschnittlich gekauft. Um dies zu berücksichtigen, wird ein branchenspezifischer Gewichtungsfaktor r_j mit $0 \leq r_j \leq \dfrac{1}{0{,}27}$ gebildet. r_j wird dabei über die relative Wirtschaftskraft der j-ten Branche in Bielefeld bestimmt:

$$r_j = \frac{BWS_j^{Bi} / BWS_j^{D}}{BWS^{Bi} / BWS^{D}}$$

mit: BWS_j^{Bi} Bruttowertschöpfung der Branche j in Bielefeld,

BWS_j^{D} Bruttowertschöpfung der Branche j in Deutschland,

BWS^{Bi} Bruttowertschöpfung in Bielefeld (alle Branchen),

BWS^{D} Bruttowertschöpfung in Deutschland (alle Branchen).

---

[4]Vgl. Niermann (1994).

Damit lassen sich die in Bielefeld wirksamen Vorleistungen wie folgt schätzen:

$$V_j^{Bi} = V_j^D \cdot \frac{A^{Bi}}{A^D} \cdot r_j$$

mit:
- V_j^{Bi} Vorleistungen in Branche j, die in Bielefeld erstellt werden,
- V_j^D Vorleistungen in Branche j, die in der gesamten Bundesrepublik erstellt werden,
- A^{Bi} Ausgaben der Universität, die nach Bielefeld geflossen sind,
- A^D Ausgaben der Universität, die insgesamt in die Bundesrepublik geflossen sind,
- r_j Gewichtungsfaktor, der den Einfluß der regionalen Wirtschaftsstruktur berücksichtigt.

Unter Verwendung der branchenspezifischen Arbeitsplatzkoeffizienten und der Durchschnittseinkommen lassen sich die Beschäftigungs- und Einkommenseffekte dieser in Bielefeld erbrachten Vorleistungen bestimmen.

3.3 Die Beschäftigungseffekte aufgrund weiterer Wirkungsrunden

Das auf dieser Basis geschätzte induzierte Einkommen schafft wiederum Nachfrage. Um diese schätzen zu können, wird angenommen, daß 80 % der Bruttoeinkommen in Bielefeld verbleiben. Nach Abzug der Steuern und Sparvolumina ergibt sich daraus das verfügbare Einkommen, das in Bielefeld ausgegeben wird. Analog zu den oben betrachteten Nachfrageströmen wird der in Bielefeld verbleibende Betrag entsprechend der Umsatzwirkung der verschiedenen Verwendungszwecke auf die verschiedenen Wirtschaftsbranchen aufgeteilt und schafft entsprechend den branchenspezifischen Arbeitsplatzkoeffizienten wiederum Arbeitsplätze. Hinzu kommen noch die Beschäftigungseffekte aufgrund der hierzu erforderlichen Vorleistungen.

So sind die Wirkungen über mehrere Runden zu verfolgen und daraus der Gesamteffekt der induzierten Arbeitsplätze und des damit verbundenen Einkommens abzuleiten.

Die Struktur des gesamten Modells wird in Abbildung 1 nochmals veranschaulicht.

4 Empirische Ergebnisse

Die Modellrechnungen ergeben, daß durch die Nachfragewirkungen der Universität, ihrer Folgeeinrichtungen, der Beschäftigten, der Gäste und der

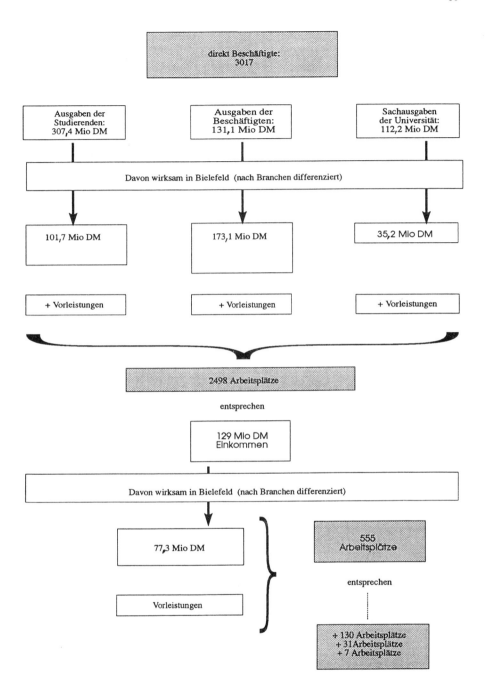

Abbildung 1: Schematische Darstellung des Modells

Studierenden aufgrund der Umsatzwirkung in der ersten Wirkungsrunde 1.880 Arbeitsplätze in Bielefeld geschaffen werden.

Der größte Teil der Arbeitsplätze ist auf die Ausgaben der Studierenden zurückzuführen: 844 Arbeitsplätze (in erster Linie im Dienstleistungsbereich). Durch diese Arbeitsplätze entsteht Einkommen in Höhe von 94,4 Mio DM. Die detaillierten Ergebnisse können der Tabelle 1 entnommen werden.

Tabelle 1. Direkte Beschäftigungs- und Einkommenseffekte

Branche	Nachfrage-wirkung (in Mio DM)	Arbeits-platz-koeff.	Beschäft.-wirkungen	Einkommens-effekte (in Tsd. DM)
Land- und Forstwirtschaft	0,254	7,81	2,0	72,4
Energie und Wasser	12,940	2,35	31,6	2.919,0
Bergbau	0	2,62	0,0	0,0
Chemische Erzeugnisse	0,507	2,12	1,1	95,4
Mineralöl	0,035	2,36	0,0	0,9
Kunststoff / Gummi	0,102	3,78	0,4	23,2
Eisen / Stahl	0,214	2,65	0,6	37,7
Maschinenbau / Fahrzeuge	0,672	3,55	2,4	176,8
Elektrotechnik / Elektronik	1,396	4,28	6,0	393,3
Holz / Papier / Textil	1,021	3,27	3,3	176,2
Nahrung / Genuß	0,645	2,34	1,5	72,7
Bau	9,347	6,76	63,1	3.504,2
Handel	128,342	4,05	519,7	26.143,7
Verkehr / Post	37,983	9,04	343,4	20.246,6
sonstige markt-bestimmte Dstlstg.	151,427	4,63	885,0	39.285,3
nichtmarktbest. Dstlstg.	2,199	9,23	20,3	1.214,2
Gesamt	347,594		1.880,0	94.361,7

Bei den oben angegebenen Beschäftigungs- und Einkommenseffekten sind die Vorleistungen noch nicht berücksichtigt.

Die Input-Output-Rechnung ergibt, daß für die Befriedigung der im Zusammenhang mit der Universität in Bielefeld nachgefragten Güter und Dienstleistungen insgesamt Vorleistungen in Höhe von 555 Mio DM erforderlich sind.[5] Besonders stark wirken sich die Vorleistungen im Bereich der sonstigen marktbestimmten Dienstleistungen (252 Mio DM) und im verarbeitenden Gewerbe (175 Mio DM) aus.

Um den Anteil der in Bielefeld erbrachten Vorleistungen zu bestimmen, werden die oben definierten Gewichtungsfaktoren r_j verwendet. Ihre Berechnung zeigt, daß Bielefeld im Bereich des verarbeitenden Gewerbes und im Bereich der nichtmarktbestimmten Dienstleistungen strukturstark ist, während die Land- und Forstwirtschaft eine sehr untergeordnete Rolle spielt. Nach diesem Modell werden in Bielefeld Vorleistungen in Höhe von 146,2 Mio DM erbracht.

Die in diesem Zusammenhang geschätzten 617 Arbeitsplätze implizieren ein Bruttoeinkommen von 34,6 Mio DM. Die detaillierten Ergebnisse sind in Tabelle 2 dargestellt.

Tabelle 2. Effekte der Vorleistungen

Branche	Gew.faktor r_j	Vorlstg. aus Bielefeld (in Mio DM)	induzierte Arbeitsplätze	induziertes Einkommen (in Mio DM)
Land- und Forstwirtsch.	0,189	0,814	6,36	0,232
Energie, Wasser; Bau	0,687	9,917	49,81	3,105
Verarb. Gewerbe	1,170	56,510	176,75	11,697
Handel, Verkehr	0,960	13,024	63,15	3,354
sonst. marktbest. Dstlg.	0,899	62,504	289,56	14,318
nichtmarktbest. Dstlg.	1,166	3,445	31,80	1,902
Gesamt		146,214	617,00	34,607

Aufgrund der umsatz- und vorleistungsbedingten Effekte der ersten Wirkungsrunde werden neben den 3.017 Arbeitsplätzen, die die Universität unmittelbar als Arbeitgeber ausweist, weitere 2.498 Arbeitsplätze in Bielefeld induziert. Diese repräsentieren ein Bruttoeinkommen von ca. 129 Mio DM.

---

[5]Den Schätzungen wurde die vom Statistischen Bundesamt erstellte Input-Output-Tabelle 1990 zu Anschaffungspreisen zugrunde gelegt. Diese Tabelle wurde vom Statistischen Bundesamt bisher nicht veröffentlicht, kann dort aber angefordert werden. Vgl. auch Niermann (1994, 109 - 118).

Tabelle 3. Erstrundeneffekte

Folgewirkungen	induzierte Arbeitsplätze	induziertes Bruttoeinkommen
umsatzbedingt	1.880	94,362 Mio DM
vorleistungsbedingt	617	34,607 Mio DM
Gesamt:	2.498	128,969 Mio DM

Auch dieses Einkommen wird wieder weiterverwendet - schafft also wieder Nachfrage. Diese Nachfrage impliziert wiederum Beschäftigungs- und Einkommenseffekte, die ihrerseits wiederum Nachfrage schaffen etc.

Unter Berücksichtigung der Annahme, daß 80% der induzierten Bruttoeinkommen in Bielefeld verbleiben, und nach Abzug der Steuern ergibt sich daraus ein in Bielefeld wirksames Nachfragevolumen in Höhe von 77,309 Mio DM. Zusammen mit den hierfür benötigten Vorleistungen werden durch diesen Umsatz in Bielefeld weitere 555 Arbeitsplätze geschaffen.

Auf das durch diese Arbeitsplätze induzierte Einkommen wird das Modell erneut angewendet, bis die Beschäftigungseffekte verebben. Die Effekte der einzelnen Wirkungsrunden werden in Tabelle 4 bzw. in Abbildung 2 dargestellt.

Tabelle 4. Gesamte Beschäftigungs- und Einkommenseffekte

	induzierte Arbeitsplätze	induziertes Bruttoeinkommen
An der Universität Beschäftigte	3.017	185,850 Mio DM
1. Wirkungsrunde	2.498	128,969 Mio DM
2. Wirkungsrunde	555	30,248 Mio DM
3. Wirkungsrunde	130	7,094 Mio DM
4. Wirkungsrunde	31	1,664 Mio DM
5. Wirkungsrunde	7	0,390 Mio DM
Gesamt	6.237	354,215 Mio DM

Die volle Wirkung der Ausgaben wird also nach fünf Wirkungsrunden erreicht. Da die Universität Bielefeld bereits seit 25 Jahren existiert, anfangs stark expandierende, in den letzten Jahren eine relativ konstante Nachfrage ausgelöst hat, überlagern sich die Effekte der verschiedenen Jahre, so daß die induzierten Arbeitsplätze aller Wirkungsrunden in einem Jahr wirksam werden.

5 Fazit

Nach den hier durchgeführten Schätzungen sind ca. 6.000 Arbeitsplätze in Bielefeld auf die Existenz der Universität zurückführbar. Das entspricht einem Bruttoeinkommen von 354 Mio DM.

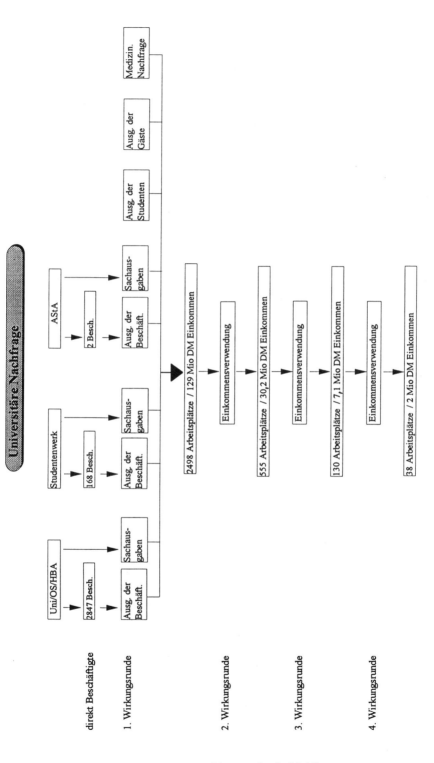

Abbildung 2: Die Wirkungsrunden des Modells

Bei ca. 170.000 Erwerbstätigen in Bielefeld bedeuten diese Ergebnisse, daß ca. 4 % aller Arbeitsplätze in Bielefeld durch die Universität geschaffen werden.

Sehr wesentlich ist dabei, daß die universitären Ausgaben relativ unabhängig von konjunkturellen Schwankungen getätigt werden. Das bedeutet, daß die Universität insgesamt eine nicht zu unterschätzende stabilisierende Wirkung auf den regionalen Arbeitsmarkt besitzt.

Unberücksichtigt bleiben mußten bei der gesamten Analyse alle von der Universität ausgelösten qualitativ wirkenden Impulse, die die Attraktivität Bielefelds sowohl für die Bevölkerung als auch für die Unternehmen erhöhen und damit indirekt auch die Wirtschaftskraft der Stadt beeinflussen. Ihre Bedeutung kann nicht hoch genug eingeschätzt werden.

Literatur

G. Engelbrecht, G. Küppers, J. Sonntag (1978), Regionale Wirkungen von Hochschulen, Schriftenreihe „Raumordnung" des Bundesministeriums für Raumordnung, Bauwesen und Städtebau: Raumordnung, Bonn.

U. Freund, G. Zabel (1978), Regionale Wirkungen der Wirtschaftsförderung, Schriftenreihe „Raumordnung" des Bundesministeriums für Raumordnung, Bauwesen und Städtebau: Raumordnung, Bonn.

E. Giese, G. Aberle, L. Kaufmann (1982), Wechselwirkungen zwischen Hochschule und Hochschulregion - Fallstudie Justus-Liebig-Universität, Band II, Gießen.

P. Kellermann (1982), Universität und Umland, Klagenfurt.

H. Knepel, G. Poser (1978), Regionalwirtschaftliche Bedeutung der Technischen Hochschule Darmstadt - Analyse der Sachmittel und Personalausgaben, Darmstadt.

Landesamt für Datenverarbeitung und Statistik in Nordrhein-Westfalen (1993), Kreisstandardzahlen 1993, Düsseldorf.

U. Niermann (1994), Die ökonomischen Auswirkungen der Universität Bielefeld auf die Stadt – eine Input-Output-orientierte empirische Analyse, Diplomarbeit, Bielefeld.

U. Scheele (1986), Hochschulstabilisierung und Regionalentwicklung, Oldenburg.

C. Stahmer (1990), Input-Output-Tabellen 1990, Wirtschaft und Statistik, 5/1994, 329-342.

Statistisches Bundesamt (1992), Volkswirtschaftliche Gesamtrechnungen, Fachserie 18, Reihe 1.3, Konten und Standardtabellen, Wiesbaden.

Statistisches Bundesamt (1993), Statistisches Jahrbuch für die Bundesrepublik Deutschland, Wiesbaden.

Statistisches Bundesamt (1994), Input-Output-Tabelle zu Anschaffungspreisen 1990, Wiesbaden.

Statistisches Bundesamt (1994), Input-Output-Tabellen, Wiesbaden.

Statistisches Bundesamt (1994), Käufe der privaten Haushalte im Inland 1990 nach Gütergruppen und Verwendungszwecken, Wiesbaden.

Statistisches Landesamt Nordrhein-Westfalen (1993), Statistisches Jahrbuch Nordrhein-Westfalen 1993, Düsseldorf.

W.-D. Webler (1984), Hochschule und Region - Wechselwirkungen, Weinheim - Basel.

Gesamtwirtschaftliche Dynamik: einfach oder komplex?

Peter Flaschel und Klaus Reimer

Universität Bielefeld, Fakultät für Wirtschaftswissenschaften, Postfach 100 131, 33501 Bielefeld

Zusammenfassung. Die vorliegende Arbeit beschäftigt sich mit der Frage einer adäquaten Modellierung gesamtwirtschaftlicher Dynamik. Dabei wird eine Vorgehensweise, die Aussagen über makroökonomische Größen, wie etwa die Beschäftigung, aus der isolierten Betrachtung eines Teilmarktes gewinnt, als unzulässig verworfen. Daneben werden Modelle, die auf der Basis einer einzigen makrodynamischen Beziehung zu komplexer (chaotischer) Dynamik führen, als empirisch irrelevant betrachtet. Stattdessen wird ein gesamtwirtschaftliches Modell vorgeschlagen, welches alle relevanten Sektoren abbildet. Verschiedene, simultan agierende Reaktionsmuster führen dabei zwar zu einer komplizierten Interaktion ökonomischer Variablen, nicht notwendig jedoch zu komplexer Dynamik. Auf die für das Stabilitätsverhalten relevanten Parameter wird ausführlich eingegangen.

Schlüsselwörter. monetäres Wachstum, kleine offene Volkswirtschaften, komplexe Dynamik

1 Einleitung

Aussagen über die Dynamik makroökonomischer Größen, wie etwa die Beschäftigung, lassen sich aus sehr unterschiedlichen Modellansätzen entwickeln. Am einen Ende der Skala steht eine Vorgehensweise, in der im Rahmen einer ceteris paribus-Argumentation nur ein spezifischer Markt, z.B. der Arbeitsmarkt, betrachtet wird. Eine solche Vorgehensweise wird in Abschnitt 2 untersucht. An einem anderen Ende der Skala stehen aus der Mathematik entnommene Modelle, die zu komplexer Dynamik führen. In Abschnitt 3 wird ein solches Modell vorgestellt, in dem es auf der Basis nur einer Differenzengleichung zu chaotischer Dynamik kommt. Als Alternative zu solchen Modellierungen wird im Abschnitt 4 zugunsten makroökonomischer Modelle argumentiert, in denen alle relevanten Sektoren enthalten sind, und die vielschichtige, teils stabilisierende und teils destabilisierende, ökonomische Reaktionsmuster aufweisen. Als ein Beispiel wird ein Keynes-Metzler-Modell monetären Wachstums einer kleinen offenen Volkswirtschaft vorgestellt. Abschnitt 5 faßt dann die wesentlichen Ergebnisse noch einmal zusammen.

2 Gesamtwirtschaftliche Dynamik und der Arbeitsmarkt: so einfach?

Vielfach wird die Beziehung zwischen gesamtwirtschaftlicher Dynamik und dem Arbeitsmarkt als einfach lösbar angesehen. So finden sich etwa bei Engels (1984, 7-8) die beiden folgenden Aussagen:

> An fast allen Märkten sinkt der Absatz, wenn die Preise steigen. Wenn Bananen ... teurer werden, dann werden weniger Bananen ... abgesetzt. Für Arbeit gilt dasselbe. Wenn die Löhne steigen, dann sinkt die Nachfrage nach Arbeitskräften. ... Vollbeschäftigung wird hergestellt, wenn die Löhne „richtig" sind.

> Es gibt also zwei Wege zur Überwindung der Arbeitslosigkeit. Entweder wird die Arbeitsproduktivität bei gegebenen Arbeitskosten erhöht oder die Arbeitskosten werden bei gegebener Produktivität gesenkt. ... Soll die Arbeitslosigkeit schnell beseitigt werden, dann müssen die Arbeitskosten sinken.

Das erste Zitat gibt dabei eine Diagnose der Ursache von Arbeitslosigkeit und das zweite Zitat eine daraus abgeleitete Therapie an. Die Annahme hinsichtlich gesamtwirtschaftlicher Prozesse ist dabei überaus einfach: Arbeitslosigkeit wird als reines Phänomen des Arbeitsmarktes verstanden, weshalb von Wechselwirkungen mit anderen Märkten abstrahiert wird. Nun wird auf dem Arbeitsmarkt jedoch nur der Nominallohn bestimmt, die für die Beschäftigung relevante Größe ist hingegen der Reallohn. Unterstellen wir einen negativen Zusammenhang zwischen Reallohn und Beschäftigung, so muß zur Gültigkeit der von Engels postulierten negativen Beziehung zwischen Nominallohn und Beschäftigung noch gelten, daß Nominal- und Reallohn sich stets gleichgerichtet verändern. Dies ist jedoch keineswegs automatisch gegeben, sondern es muß im Rahmen einer gesamtwirtschaftlichen Theorie gezeigt werden. Neben dem Arbeitsmarkt muß dabei (zumindest) noch der Gütermarkt betrachtet werden, über den sich das Preisniveau bestimmt. Angenommen die tatsächliche Produktion und damit die Beschäftigung ist in einem keynesianischen Sinne durch die (zu geringe) aggregierte Nachfrage festgelegt. Nehmen die Firmen die herrschenden Nominallöhne als Datum und setzen die Preise dergestalt, daß die durch die aggregierte Nachfrage bereits festgelegte Grenzproduktivität der Arbeit dem Reallohn entspricht, so haben wir ein Beispiel, in dem die von Engels vorgeschlagene Therapie nicht greift. Sinkende Nominallöhne bewirken hier nämlich sinkende Preise bei unveränderten Reallöhnen und unveränderter Beschäftigung. Diese Argumentation gilt, solange die Rückwirkungen sinkender Preise auf Zinsen, Konsum u.a.m. als gering (oder träge) unterstellt werden können. Ist dies nicht der Fall, so ist der Zugriff auf ein größeres gesamtwirtschaftliches Modell unvermeidbar.

Dies verdeutlicht, daß es einen entscheidenden Unterschied zwischen dem Bananen- und dem Arbeitsmarkt gibt. Bei ersterem ist eine isolierte Betrachtung des spezifischen Marktes zulässig, da die Rückwirkungen über andere Märkte vernachlässigt werden können. Diese ceteris paribus-Argumentation läßt sich aus den geschilderten Gründen für den Arbeitsmarkt dagegen nicht verwenden.

Neben diesen formaltheoretischen Einwänden stellt sich mit Blick auf die Empirie ein weiteres Problem. Der bisher unterstellte negative Zusammenhang zwischen der Höhe des Reallohns und dem Beschäftigungsniveau läßt sich dort nämlich nicht eindeutig nachweisen. Wenn überhaupt ein zyklisches Verhalten des Reallohns zu erkennen ist, dann eher ein prozyklisches, d.h. in Zeiten hoher Beschäftigungsraten ist auch das Reallohnniveau vergleichsweise hoch.[1]

Zusammenfassend läßt sich festhalten, daß Arbeitslosigkeit ein gesamtwirtschaftliches Problem ist. Diagnosen und daraus abgeleitete Therapien, die sich allein am Arbeitsmarkt orientieren, greifen deshalb in extremer Weise zu kurz.

3 Gesamtwirtschaftliche Dynamik und der Arbeitsmarkt: so komplex?

Im vorangegangenen Abschnitt haben wir ein Beispiel für einfache Anpassungsmuster am Arbeitsmarkt behandelt. Wenden wir uns jetzt einem Beispiel zu, das sehr komplexes Arbeitsmarktverhalten zuläßt. So liefert uns eine leichte Modifikation des verteilungskonfliktorientierten Wachstumsmodells von Pohjola (1981) die beiden folgenden Gleichungen:

$$\frac{V_{t+h} - V_t}{hV_t} = \beta_v(\omega_0 - \omega_t) \quad (1)$$

$$\omega_t = \omega_0 + \beta_\omega(V_t - 1), \quad (2)$$

wobei h die Schrittweite angibt und β_v sowie β_ω positive Parameter sind. Gleichung (1) besagt, daß die Veränderungsrate des Beschäftigungsgrades V negativ vom laufenden Reallohn ω abhängt. Liegt der aktuelle Reallohn dabei oberhalb des gleichgewichtigen Reallohns ω_0, so sinkt die Beschäftigungsrate. Dies kann man damit begründen, daß die Unternehmen in einer solchen Situation Investitionen und damit letztendlich Beschäftigung redüzieren. Die umgekehrte Argumentation ergibt sich für $\omega_t < \omega_0$. Gleichung (2)

---
[1] Siehe hierzu z.B. Mankiw (1992, 296).

beschreibt eine statische Reallohn–Phillips–Kurve, wonach der aktuelle Reallohn um so höher ausfällt, je höher die aktuelle Beschäftigungsrate ist. Liegt diese Rate über dem natürlichen Niveau, welches hier der Einfachheit halber als eins angenommen wurde, so ist der aktuelle Reallohn größer als der Gleichgewichtsreallohn ω_0. Ist die Beschäftigungsrate entsprechend kleiner als eins, so ist der momentane Reallohn unterhalb des Gleichgewichtswertes. Aus den beiden Gleichungen ergibt sich damit für die zeitliche Entwicklung des Beschäftigungsgrades

$$V_{t+h} = h\beta_v\beta_\omega V_t \left(\frac{1 + h\beta_v\beta_\omega}{h\beta_v\beta_\omega} - V_t\right) \qquad (3)$$

Gleichung (3) ist vom Typ der logistischen Gleichung (siehe z.B. Strogatz (1994, III.10)),[2] und für $h\beta_v\beta_\omega \geq 2,56...$ resultiert chaotisches Verhalten. Charakteristisch ist dabei die extreme Sensitivität der Dynamik in bezug auf Anfangsbedingungen, welche man in den beiden linken Grafiken in Abbildung 1 erkennen kann. Hier wurde die Schrittlänge h auf eins gesetzt und $\beta_v\beta_\omega = 2,72$ angenommen. Als Startwerte für die Beschäftigungsrate wurden winzige Abweichungen vom Gleichgewichtsniveau eins nach oben bzw. nach unten gewählt. Man sieht, daß der Zeitpfad der Beschäftigungsrate in den beiden Fällen schließlich vollkommen unterschiedlich verläuft, und daß keine Rückkehr in Richtung auf das Gleichgewichtsniveau erfolgt. Daneben fallen die extrem starken Schwankungen der Beschäftigung von Periode zu Periode auf. Wie man aus der Zeichnung rechts oben in Abbildung 1 erkennt, sind nicht nur die Änderungsraten der Beschäftigung, sondern ebenfalls die des Reallohns extrem. Anders als beispielsweise bei der Betrachtung von Insektenpopulationen sind solch extreme Veränderungsraten bei ökonomischen Variablen in der Realität jedoch nicht zu beobachten.

Ursächlich für die extremen Veränderungsraten im betrachteten Modell ist, daß sich Beschäftigungsrate und Reallohn nur einmal pro Periode (= Jahr) in synchronisierter Weise anpassen. In der Realität werden sich beide Größen hingegen mehr oder weniger kontinuierlich verändern. Trägt man dem Rechnung, so verändert sich das Modellverhalten qualitativ. Läßt man beispielsweise eine halbjährliche Synchronisierung von Beschäftigung und Reallohn zu ($h = 1/2$), so tritt kein chaotisches Verhalten mehr auf. Vielmehr ist aus der Grafik rechts unten in Abbildung 1 ersichtlich, daß das System dann gedämpfte Schwingungen aufweist, d.h. nach einem Schock erfolgt eine asymptotische Annäherung an das Gleichgewicht. Selbst ein sehr starker Schock (im Beispiel wurde die Beschäftigungsrate um zwanzig Prozent geschockt) wird jetzt sehr rasch abgebaut. Schon fünf Perioden später sind Beschäftigungsrate und Reallohn ihren Gleichgewichtswerten wieder sehr nah.

---

[2]Transformation mittels $V_t = \frac{1 + h\beta_v\beta_\omega}{h\beta_v\beta_\omega} z_t$ ergibt $z_{t+h} = (1 + h\beta_v\beta_\omega)z_t(1 - z_t)$.

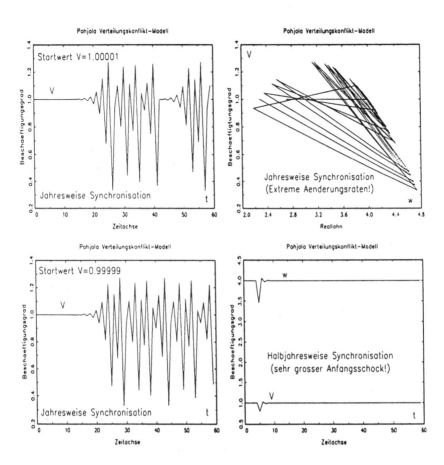

Abbildung 1: Komplexe (chaotische) Dynamik einfachster Wachstumsratenmodelle bei extrem verzögerter Synchronisation der Beschäftigungseffekte

Ein weiteres Problem hat dieses Modell mit dem im vorigen Abschnitt vorgestellten gemeinsam: Das zugrundeliegende ökonomische Modell ist ebenfalls zu einfach, da Rückwirkungen auf und von anderen Märkten nicht berücksichtigt werden. Faßt man die bisherigen Ergebnisse zusammen, so sollte eine vernünftige makroökonomische Modellierung neben dem Arbeitsmarkt noch andere Märkte explizit betrachten, und sie sollte nicht zu extremen Veränderungsraten ökonomischer Variablen führen. Genau dies leistet das im folgenden Abschnitt vorgestellte Modell, in dem es trotz minimaler Lags durch die Vielschichtigkeit der Reaktionsmuster zu komplizierter Interaktion, aber konjunkturell gesehen noch zu einfachen dynamischen Mustern kommt.

4 Gesamtwirtschaftliche Dynamik am Beispiel eines Keynes-Metzler-Modells monetären Wachstums

In diesem Abschnitt werden grundlegende gesamtwirtschaftliche Reaktionsmuster vorgestellt, die in der Realität simultan wirken. Grundlage ist dabei ein Keynes-Metzler-Modell monetären Wachstums in der Variante einer kleinen offenen Volkswirtschaft.[3] Die formale Beschreibung des Modells, welches alle im folgenden beschriebenen Teileffekte enthält, befindet sich im Anhang. Hier beschränken wir uns auf eine verbale Argumentation.

Ein erstes Reaktionsmuster ergibt sich aus der Offenheit der Ökonomie. Angenommen die Terms of Trade verändern sich ausgehend von ihrem Gleichgewichtsniveau durch einen exogenen Schock, z.B. durch eine Preiserhöhung im Ausland. Bei normalem Verhalten bewirkt dies eine Erhöhung des Außenbeitrags. Dadurch steigt wiederum der Auslastungsgrad der inländischen Produktion und die Inflationsrate wächst. Aufgrund der gesunkenen Realkasse geht dies mit einem steigenden Inlandszins einher. War im Ausgangszustand die Zinsparität erfüllt, so ist sie es jetzt nicht mehr. Vielmehr bringen Finanzanlagen im Inland verglichen mit denen im Ausland jetzt eine höhere Rendite. Dieses Renditegefälle wird über eine erwartete Abwertung der inländischen Währung wieder geschlossen, welche bei perfekter Voraussicht mit einer tatsächlichen Abwertung einhergeht. Die Gesamtwirkung auf die Terms of Trade ist damit nicht eindeutig, da gestiegene Inlandspreise und die erfolgte Abwertung gegenläufig wirken. Im Anhang wird gezeigt, daß wenn man die genannte Dynamik von den übrigen Differentialgleichungen isoliert, das resultierende Gleichgewicht ein Sattelpunkt ist. Das bedeutet, daß mit Ausnahme von zwei stabilen Ästen das Gleichgewicht nach einem Schock nicht wieder erreicht wird. Die Wechselkursdynamik wirkt demnach im allgemeinen destabilisierend.

Ein zweites Reaktionsmuster ergibt sich aus der Arbeitsmarktdynamik, auf die in den beiden vorherigen Abschnitten schon eingegangen wurde. Angenommen der Reallohn steigt aufgrund eines exogenes Schocks über das Gleichgewichtsniveau. Grundsätzlich wirken dann ein Kosten- und ein Kaufkrafteffekt gegeneinander. Dominiert ersterer, dann sinkt zum einen die Beschäftigungsrate und in der Folge die Lohninflation. Zum anderen sinkt auch die Kapazitätsauslastung, was wiederum dämpfend auf die Preisinflation wirkt. Damit verändern sich jedoch Lohn- und Preisinflation gleichgerichtet, und die Gesamtwirkung auf den Reallohn ist mithin nicht eindeutig. Dieses Ergebnis bekommt man auch, wenn man davon ausgeht, daß der Kaufkrafteffekt dominiert — nur daß in diesem Falle die Beschäftigungsrate sowie die Kapazitätsauslastung ansteigen, was sowohl die Lohn- als auch die Preisinflation anheizt. Im Anhang wird die Arbeitsmarktdynamik isoliert analysiert und gezeigt, daß

---

[3]Das Modell baut auf einem entsprechenden Modell einer geschlossenen Volkswirtschaft aus Chiarella und Flaschel (1994) auf.

je nachdem welcher der beiden genannten Effekte dominiert, entweder erhöhte Nominallohnflexibilität stabilisierend und erhöhte Preisflexibilität destabilisierend wirkt oder umgekehrt. Dies läßt sich auch gut aus Abbildung 2 erkennen. Dort wird das Stabilitätsverhalten des Gesamtsystems grafisch dargestellt. Zur Vermeidung der Sattelpunkteigenschaft des Steady–States wurde hierbei durch den Übergang zur geschlossenen Volkswirtschaft die Terms of Trade–Dynamik ausgeblendet. Ferner wurde aus Vereinfachungsgründen die Rückwirkung der Entwicklung der Staatsverschuldung auf die anderen Dynamiken ausgeschaltet. Ausgehend vom Basisparametersatz wurde in der Grafik links oben das Stabilitätsverhalten in Abhängigkeit von der Preisflexibilität β_p und der Lohnflexibilität β_w abgebildet.[4] Dabei gibt die schattierte Fläche den Bereich stabiler Steady–States an. Bei den gewählten Parameterwerten wirkt erhöhte Preisflexibilität offensichtlich stabilisierend und erhöhte Lohnflexibilität destabilisierend. Ferner erkennt man, daß bei sehr kleinen bzw. sehr großen Werten für beide Anpassungsparameter die Hopfbifurkation *vom subkritischen Typ* ist, d.h. ein stabiler Korridor verschwindet, während im mittleren Wertebereich die Hopfbifurkation *vom superkritischen Typ* ist, d.h. es entsteht ein stabiler Grenzzyklus, wenn man den gepunkteten Bereich verläßt.[5]

Mit Blick auf Güter- und Geldmarkt erhält man ein weiteres grundlegendes Reaktionsmuster. Genauer wirken dort zwei Effekte simultan. Angenommen die erwartete Inflationsrate steigt durch einen Schock. Dies regt aufgrund des gesunkenen erwarteten Realzinses die Investitionstätigkeit an (Mundell-Effekt). In der Folge steigen die Auslastung des Produktionspotentials und die Beschäftigung, was wiederum die Inflationsrate ansteigen läßt. Dies hat dann zur Folge, daß die Inflationserwartungen nach oben korrigiert werden. Dieser Effekt wirkt für sich genommen mithin destabilisierend. Dem steht jedoch ein für sich genommen stabilisierender Effekt gegenüber. Steigende Preise bewirken nämlich wegen der gesunkenen Realkasse einen Zinsanstieg, der die Investitionstätigkeit bremst. Damit ergeben sich in der Folge gegenläufige Wirkungen zum oben genannten Effekt: Die tatsächliche und die erwartete Inflationsrate sinken. Im Anhang wird diese Teildynamik von den restlichen Differentialgleichungen isoliert. Es zeigt sich dort, daß eine Erhöhung des Anpassungsparameters der adaptiven Erwartungen, β_{π_1}, destabilisierend wirkt, während der Einfluß einer erhöhten Preisflexibilität (β_p) nicht eindeutig ist. Für das gesamte Modell in der Variante der geschlossenen Ökonomie ist das Stabilitätsverhalten in Abhängigkeit von β_{π_1} und β_p aus der mittleren Grafik auf der linken Seite von Abbildung 2 ersichtlich. Bei den gewählten Parame-

---

[4] Die Basiswerte der Parameter sind $s_c = 0,8$; $\delta = 0,1$; $n = \mu = \mu_1 = 0,05$; $t^n = 0,3$; $h_1 = 0,1$; $h_2 = 0,2$; $x = 2$; $y = 1$; $\kappa_1 = \kappa_2 = 0,5$; $i_1 = 0,25$; $i_2 = 0,5$; $\beta_w = 0,2$; $\beta_p = 1$; $\beta_{\pi_1} = 0,22$; $\beta_{\pi_2} = 0,5$; $\beta_{N^d} = 0,1$; $\beta_N = 0,2$; $\beta_{Y^e} = 0,75$. Zur Bedeutung der Symbole siehe Anhang.

[5] Die Werte oben rechts in der Grafik geben an, daß beispielsweise für $\beta_p = 2,5$ bei $\beta_w = 0,36$ eine Hopfbifurkation stattfindet.

terwerten wirkt eine Erhöhung der Preisflexibilität offensichtlich stabilisierend. Die auftretenden Hopfbifurkationen sind hier jeweils vom superkritischen Typ.

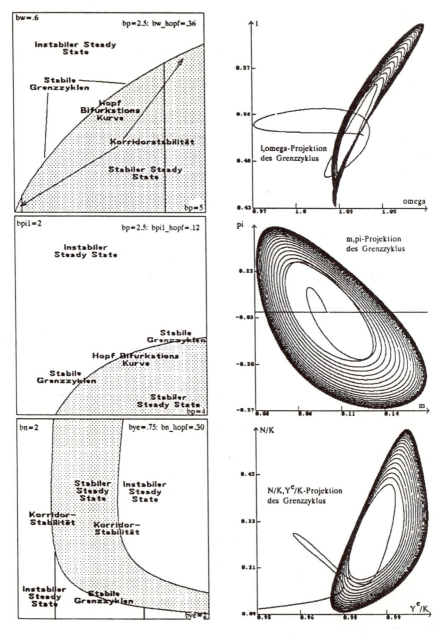

Abbildung 2: Hopfbifurkationskurven, stabile Grenzzyklen und stabile Korridore: reale, monetäre und Lageranpassungs–Teilstrukturen (Projektionen)

Schließlich resultiert aus der Lagerhaltung der Unternehmen ein weiteres grundlegendes Reaktionsmuster. Angenommen die aggregierte Güternachfrage übersteigt in der Ausgangslage die tatsächliche Produktion. Diese Lücke wird durch ungeplanten Lagerabbau geschlossen. In der Folge werden die Firmen zum einen ihre Absatzerwartungen nach oben korrigieren, und zum anderen planen sie höhere Lagerinvestitionen zur Auffüllung des Lagerbestandes. Beides erhöht schließlich den tatsächlichen Output der Firmen. Unklar ist nun, ob dadurch die ursprüngliche Überschußnachfrage am Gütermarkt in ein Überschußangebot, und eine daraus resultierende Lagerbestandszunahme, umschlägt oder nicht. Selbst wenn dies der Fall ist, bedeutet es nicht zwingend auch einen stabilisierenden Effekt der Lagerdynamik. Vielmehr ist nicht ausgeschlossen, daß wechselnde Lagerbestandszu- und -abnahmen im Zeitablauf eine immer größere Amplitude aufweisen. Entscheidend für das Stabilitätsverhalten sind dabei die Höhe des Anpassungsparameters der geplanten Lagerinvestitionen, β_N, und die Höhe des Anpassungsparameters der Nachfrageerwartungen, β_{Y^e}. So wird im Anhang gezeigt, daß wenn man die Lagerdynamik von den übrigen Differentialgleichungen isoliert, eine geringe Reagibilität der geplanten Lagerinvestitionen (niedriges β_N) einen stabilen Steady-State sichert. Ist β_N demgegenüber hinreichend groß, dann folgt für hinreichend starke Anpassungen der Nachfrageerwartungen (hohes β_{Y^e}), daß das Gleichgewicht instabil ist. Wie aus der Grafik unten links in Abbildung 2 ersichtlich ist, stellt sich die Situation für das gesamte sechsdimensionale System der geschlossenen Volkswirtschaft bei den angenommenen Parameterwerten komplizierter dar. Auch hier kennzeichnet der schattierte Bereich wieder die stabilen Steady-States. Der nordöstliche Bereich stimmt mit den eben gemachten Aussagen für die isolierte Teildynamik überein. Interessanterweise gibt es zusätzlich noch die Möglichkeit von Instabilität, wenn entweder β_N oder β_{Y^e} oder beide hinreichend niedrig sind. Im Bereich zwischen den beiden vertikalen Linien sind die Hopfbifurkationen dabei vom superkritischen, in allen anderen Fällen dagegen vom subkritischen Typ.

Aus den vorangegangenen Aussagen ist ersichtlich, daß es Parameterwerte gibt, für die im sechsdimensionalen System der geschlossenen Ökonomie ein stabiler Grenzzyklus resultiert. Ein solcher Grenzzyklus ist in den Grafiken auf der rechten Seite von Abbildung 2 in drei jeweils zweidimensionalen Projektionen abgebildet. Bei der Simulation wurden dabei folgende Änderungen gegenüber den oben genannten Basiswerten der Parameter vorgenommen: $\beta_w = 0,45$; $\beta_p = 2,5$ und $\beta_{N^d} = 0,3$.

Im Gesamtmodell laufen die beschriebenen Reaktionsmuster simultan ab, so daß die Interaktion zwischen verschieden Größen mithin recht kompliziert ist. Trotzdem ergeben sich noch wohlbekannte makroökonomische Zusammenhänge. Siehe hierzu Abbildung 3. Dort wurde das sechsdimensionale System der geschlossenen Volkswirtschaft durch eine zehnprozentige Erhöhung des Arbeitsangebots aus dem Steady-State gestoßen. Oben links erkennt man dann die Trajektorie bezüglich Inflationsrate, Arbeitslosenrate und freien

Produktionskapazitäten im dreidimensionalen Raum; die drei anderen Bilder sind jeweils zweidimensionale Projektionen. Bedenkt man, daß die freien Kapazitäten (Unterauslastung 'Kapital') die Anspannung am Gütermarkt reflektieren, so spiegelt der negative Zusammenhang in der Grafik oben rechts die Nachfragesoginflation wider. Ferner kann man aus der Arbeitslosenrate (Unterauslastung 'Arbeit') die Anspannung am Arbeitsmarkt mit ihren Folgen für die Lohndynamik ablesen. Der negative Zusammenhang in der Grafik unten links beschreibt somit die Kostendruckinflation. Schließlich erkennt man aus der Grafik unten rechts den positiven Zusammenhang von Kapazitätsauslastung und Beschäftigungsgrad. Das Verhältnis zwischen diesen Größen ist dabei relativ konstant, was Okuns Gesetz nahekommt.

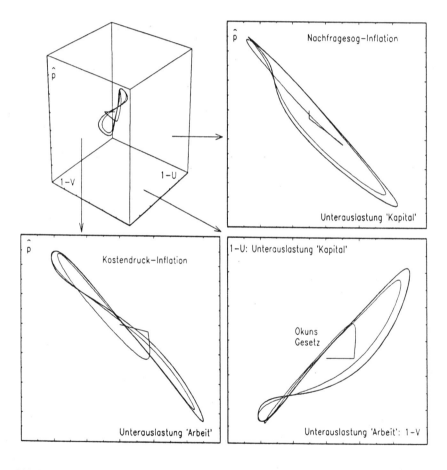

Abbildung 3: Zur (wenig komplexen) Interaktion von Preisinflation, Kapazitätsauslastung und Beschäftigungsgrad

5 Fazit

Wir haben uns zunächst ein Beispiel einfacher gesamtwirtschaftlicher Dynamik angeschaut. Dieses zeichnete sich dadurch aus, daß für die interessierende Größe der Beschäftigung nur der Arbeitsmarkt zur Erklärung herangezogen wurde. Eine solche Vorgehensweise ist jedoch viel zu einfach, da relevante Rückwirkungen von anderen Märkten, im betrachteten Beispiel insbesondere vom Gütermarkt, aus der Analyse ausgeblendet werden. Analoge Kritik trifft auch auf das zweite betrachtete Beispiel zu. Dort kam es im einem verteilungskonfliktorientierten Wachstumsmodell auf der Basis einer einzigen dynamischen Beziehung zu komplexer (chaotischer) Dynamik. Die resultierenden extremen Schwankungen ökonomischer Größen von einer Periode zur anderen stehen jedoch im Widerspruch zu Beobachtungen in der Realität. Zudem verschwindet die chaotische Dynamik, wenn man zuläßt, daß sich ökonomische Variablen mehr oder weniger kontinuierlich anpassen.

Stattdessen sollte gesamtwirtschaftliche Dynamik mithilfe von Modellen analysiert werden, die zum einen alle relevanten Sektoren der Volkswirtschaft beinhalten, um die Rückwirkungen von anderen Märkten mitberücksichtigen zu können. Zum anderen sollte sich das Modell durch eine Vielschichtigkeit ökonomischer Reaktionsmuster auszeichnen. Als Beispiel wurde ein Keynes-Metzler-Modell monetären Wachstums in der Variante einer kleinen offenen Volkswirtschaft vorgestellt. Mit der Wechselkurs-, der Arbeitsmarkt-, der Lager- sowie der Geld- und Gütermarktdynamik wurden Teildynamiken vorgestellt, die je nach konkreter Parameterkonstellation stabilisierend oder destabilisierend wirken. Trotz der komplizierten Interaktion zwischen verschiedenen ökonomischen Variablen ergaben Simulationen für die geschlossene Volkswirtschaft wohlbekannte makroökonomische Zusammenhänge.

Anhang

A Symbolliste

Die folgende Symbolliste enthält nur inländische Variablen und Parameter. Ausländische Größen („Rest der Welt") sind analog definiert und mit '*' gekennzeichnet.

1. Statisch und dynamisch endogene Variablen:

$B > 0$ einheimische Bonds, von denen Inländer B_1 und Ausländer B_1^* halten (Index d: Nachfrage)

$B_2 \geq 0$ von Inländern gehaltene ausländische Bonds (Index d: Nachfrage)

$C_1 > 0$ Konsum des inländischen Gutes

$C_2 \geq 0$	Konsum des ausländischen Gutes
$e > 0$	Wechselkurs (inländische Währungseinheiten pro ausländischer Währungseinheit)
$E > 0$	Aktien (Index d: Nachfrage)
$G > 0$	Staatsausgaben
I	geplante (= realisierte) Anlageinvestitionen
$\mathcal{I} \geq 0$	geplante Lagerinverstitionen
$K > 0$	Kapitalstock
$L > 0$	Arbeitsangebot
$L^d > 0$	Beschäftigung
$M > 0$	Geldangebot (Index d: Nachfrage)
$N > 0$	Lagerbestand (Index d: gewünscht)
$p > 0$	Preisniveau
$p_e > 0$	Aktienkurs
$r > 0$	Nominalzins (Preis der Bonds $p_b = 1$)
$S_p > 0$	private Ersparnis
S_f	Ersparnis der Firmen (= Y_f, Einkommen der Firmen)
S_g	staatliche Ersparnis
$T > 0$	Steueraufkommen
$U > 0$	Kapazitätsauslastung
$V = L^d/L > 0$	Beschäftigungsrate
$w > 0$	Nominallohnsatz
$W > 0$	reales Vermögen
$Y > 0$	Output
$Y^p > 0$	Produktionspotential
$Y^d > 0$	Güternachfrage
$Y^e > 0$	erwartete Güternachfrage
$\Delta Y^e = Y^e - Y^d$	Erwartungsfehler am Gütermarkt
$Y_c^D > 0$	verfügbares Einkommen der Kapitalisten
$\eta = p/(ep^*) > 0$	realer Außenwert
$\nu = N/K > 0$	Lager-Kapital-Verhältnis
π	erwartete Inflationsrate
$\rho^e > 0$	erwartete Profitrate (vor Steuern)
$\omega > 0$	Reallohnsatz

2. Parameter:

$h_{1,2} > 0$	Geldnachfrageparameter
$i_{1,2} > 0$	Investitionsparameter
$n > 0$	natürliche Wachstumsrate
$s_c \in [0,1]$	Sparquote (aus Profiten und Zinseinkünften)
$x > 0$	Arbeitsproduktivität
$y > 0$	tatsächliche Kapitalproduktivität
$y^p > 0$	potentielle Kapitalproduktivität

$\beta_w > 0$ — Lohnanpassungsparameter
$\beta_p > 0$ — Preisanpassungsparameter
$\beta_{\pi_{1,2}} > 0$ — Anpassungsparameter der Inflationserwartungen
$\beta_N > 0$ — Anpassungsparameter der geplanten Lagerinvestitionen
$\beta_{N^d} > 0$ — gewünschtes Verhältnis von Lagerbestand und erwartetem Absatz
$\beta_v > 0$ — Anpassungsparameter der Beschäftigungsrate
$\beta_{Y^e} > 0$ — Anpassungsparameter der Nachfrageerwartungen
$\gamma_c \in [0, 1]$ — Anteil des inländischen Gutes am Konsum der Kapitalisten
$\delta > 0$ — Abschreibungsrate
$\kappa_{w,p} \in [0,1], \kappa_w \kappa_p \neq 1$ — Gewichte lang- und kurzfristiger Inflation ($\kappa = (1 - \kappa_w \kappa_p)^{-1}$)
$\mu > 0$ — Wachstumsrate des Geldangebots
$\mu_1 > 0$ — Staatsausgabenparameter
$\tau \in (0, 1)$ — Steuersatz

3. Mathematische Notation:

$\dot{x}$ — Zeitableitung der Variablen x
$\hat{x}$ — Wachstumsrate von x
l', l_w — totale und partielle Ableitungen
r_o — Steady-State-Wert von r
$y = Y/K$, etc. — reale Größen in intensiver Form
$m = M/(pK)$, etc. — nominale Größen in intensiver Form

B Das Modell

1. Definitionen (Entlohnung und Vermögen):

$$\omega = w/p, \quad \rho^e = (Y^e - \delta K - \omega L^d)/K \quad \text{(A 1)}$$
$$W = (M + B_1 + eB_2 + p_e E)/p, \quad p_b = p_{b^*} = 1 \quad \text{(A 2)}$$

2. Haushalte:

$$W = (M^d + B_1^d + eB_2^d + p_e E^d)/p \quad \text{(A 3)}$$
$$M^d = h_1 pY + h_2 pK(1-\tau)(r_o - r) \quad \text{(A 4)}$$
$$Y_c^D = (1-\tau)(\rho^e K + rB_1/p) + e(1-\tau^*)r^* B_2/p \quad \text{(A 5)}$$
$$C_1 = \omega L^d + \gamma_c(\eta)(1-s_c) Y_c^D, \quad \gamma_c' < 0 \quad \text{(A 6)}$$

$$C_2 = \eta(1-\gamma_c(\eta))(1-s_c)Y_c^D \tag{A 7}$$
$$S_p = s_c Y_c^D = (\dot{M}^d + \dot{B}_1^d + e\dot{B}_2^d + p_e \dot{E}^d)/p \tag{A 8}$$
$$\hat{L} = n \tag{A 9}$$

3. Firmen (Produzenten und Investoren):

$$Y^p = y^p K, \ U = Y/Y^p = y/y^p \tag{A 10}$$
$$L^d = Y/x, \ V = L^d/L = Y/(xL) \tag{A 11}$$
$$I = i_1((1-\tau)\rho^e - ((1-\tau)r - \pi))K + i_2(U-1)K$$
$$\quad + nK \tag{A 12}$$
$$Y = Y^e + \mathcal{I} \tag{A 13}$$
$$\dot{Y}^e = nY^e + \beta_{Y^e}(Y^d - Y^e) \tag{A 14}$$
$$\mathcal{I} = nN^d + \beta_N(N^d - N), \ N^d = \beta_{N^d}Y^e \tag{A 15}$$
$$\dot{N} = Y - Y^d = \mathcal{I} + \Delta Y^e \tag{A 16}$$
$$\Delta Y^e = Y^e - \delta K - C_1 - C_1^* - I - G = Y^e - Y^d \tag{A 17}$$
$$Y_f = S_f = Y - Y^e = \mathcal{I} \tag{A 18}$$
$$p_e \dot{E}/p = I + \Delta Y^e = I + (\dot{N} - \mathcal{I}) \tag{A 19}$$
$$\hat{K} = I/K \tag{A 20}$$

4. Staat (Regierung und Zentralbank):

$$T = \tau(\rho^e K + rB/p), \ B = B_1 + B_1^* \tag{A 21}$$
$$G = T - rB/p + \mu_1 M/p, \ \mu_1 > \mu \tag{A 22}$$
$$S_g = T - rB/p - G \ [= -(\dot{M} + \dot{B})/p, \text{ siehe unten}] \tag{A 23}$$
$$\dot{M} = \mu M \tag{A 24}$$
$$\dot{B} = pG + rB - pT - \dot{M} = (\mu_1 - \mu)M \tag{A 25}$$

5. Gleichgewichtsbedingungen für die Finanzmärkte:

$$M = M^d = h_1 pY + h_2 pK(1-\tau)(r_o - r),$$
$$B = B_1^d + B_1^{d*}, \ E = E^d, \ B_2 = B_2^d \tag{A 26}$$
$$p_e E = (1-\tau)\rho^e pK/((1-\tau)r - \pi) \tag{A 27}$$
$$\dot{M} = \dot{M}^d, \ \dot{B} = \dot{B}_1^d + \dot{B}_1^{d*}, \ \dot{B}_1 = \dot{B}_1^d, \ \dot{B}_1^* = \dot{B}_1^{d*}, \ \dot{E} = \dot{E}^d,$$
$$\dot{B}_2 = \dot{B}_2^d \tag{A 28}$$
$$(1-\tau)r = (1-\tau^*)r^* + \hat{e} \tag{A 29}$$

6. Ungleichgewicht auf dem Gütermarkt:

$$Y^e \neq C_1 + C_1^* + I + \delta K + G = Y^d \quad [\Delta Y^e \neq 0] \quad (A\,30)$$

7. Lohn-Preis-Sektor (Anpassungsgleichungen):

$$\hat{w} = \beta_w(V-1) + \kappa_w \hat{p} + (1-\kappa_w)\pi \quad (A\,31)$$
$$\hat{p} = \beta_p(U-1) + \kappa_p \hat{w} + (1-\kappa_p)\pi \quad (A\,32)$$
$$\dot{\pi} = \beta_{\pi_1}(\hat{p}-\pi) + \beta_{\pi_2}(\mu - n - \pi) \quad (A\,33)$$

8. Ausländische Daten:

$$r^*, \hat{p}^* = \text{const.} \quad (A\,34)$$
$$c_1^* = c_1^*(\eta), \quad c_1^{*\prime} < 0 \quad (A\,35)$$

Der erste Abschnitt liefert die Definitionen des Reallohnsatzes, der erwarteten Profitrate sowie des realen Vermögens. Letzteres setzt sich aus der Geldmenge, dem Aktienbestand und den von Inländern gehaltenen inländischen (B_1) sowie ausländischen Bonds (B_2) zusammen. Bonds haben dabei einen konstanten, auf eins normierten, Preis und einen variablen Zins (r bzw. r^*).

Es werden zwei Typen von Haushalten unterschieden: Arbeiter sparen nicht und konsumieren nur das inländische Gut; Kapitalisten zahlen auf ihre Profit- und in- sowie ausländischen Zinseinkünfte Steuern. Vom ihnen verbleibenden verfügbaren Einkommen Y_c^D sparen sie entsprechend der konstanten Sparquote s_c. Der Rest wird mit den Anteilen γ_c bzw. $1-\gamma_c$ für den Konsum des inländischen (C_1) bzw. des ausländischen Gutes (C_2) verwendet, wobei γ_c negativ vom realen Außenwert abhängt. Darüber hinaus legen die Kapitalisten die gewünschte Aufteilung des bestehenden Vermögens fest, wobei sie Aktien, in- und ausländische Bonds als perfekte Substitute ansehen. Die Geldnachfrage hängt dabei vom Output Y und vom Zinssatz ab. Gleichung (A 8) gibt an, daß die Ersparnisse in den vier möglichen Aktiva gehalten werden müssen. Schließlich nehmen wir an, daß die Bevölkerung exogen mit der Rate n wächst.

Abschnitt 3 beschreibt das Verhalten der Firmen. Arbeit und Kapital werden in der Produktion mit fixen Koeffizienten eingesetzt. Bei gegebenem aktuellem Kapitalstock K läßt sich so das Produktionspotential Y^p bestimmen. Die tatsächliche Produktion, Y, ergibt sich hingegen als Summe aus der erwarteten Nachfrage am Gütermarkt, Y^e, und den gewünschten Lagerinvestitionen $\mathcal{I}$. Y^e verändert sich dabei gemäß (A 14) entsprechend dem vergangenen Erwartungsfehler hinsichtlich der Güternachfrage sowie einer Trendkomponente, die das Bevölkerungswachstum berücksichtigt. Völlig analog bestimmt sich $\mathcal{I}$ aus dem tatsächlichen und dem gewünschten Lagerbestand, wobei letzterer in konstantem Verhältnis zur erwarteten aggregierten Nachfrage steht. Der Gütermarkt wird im allgemeinen nicht geräumt sein. Die tatsächliche Lagerveränderung $\dot{N}$ besteht daher aus zwei Teilen, den geplanten Lagerveränderungen $\mathcal{I}$ sowie dem Gütermarktungleichgewicht $Y^e - Y^d$, d.h. es kommt zu ungeplantem Lagerauf- oder -abbau. Aus der tatsächlichen Produktion kann man aufgrund der Annahme einer linear-limitationalen Technologie die Beschäftigung L^d, die Beschäftigungsrate V sowie die Kapazitätsauslastung U bestimmen. Hinsichtlich der Anlageinvestitionen pro Kapitaleinheit wurde angenommen, daß sie zum einen abhängen von der Differenz zwischen erwarteter Profitrate und dem erwarteten Realzins (beides nach Steuern), was das Tobinsche q in Differenzenform widerspiegelt. Daneben spielen die aktuelle Kapazitätsauslastung verglichen mit der Normalauslastung, welche aus Vereinfachungsgründen als eins angenommen wurde, sowie die natürliche Wachstumsrate n als Trendkomponente eine Rolle. Annahmegemäß tritt bei den geplanten Anlageinvestitionen keine Rationierung auf, so daß sie in voller Höhe den Kapitalstock erhöhen. Schließlich muß noch etwas über die Finanzierung der Firmen gesagt werden. Wie oben schon erwähnt, leisten diese in der Höhe von Y^e Faktorentgelte in der Form von Lohn- und Profitzahlungen an die Haushalte. Damit müssen sie jedoch, siehe (A 19), die Anlageinvestitionen sowie die Diskrepanz von erwarteter und tatsächlicher Gütermarktnachfrage finanzieren. Dieses tun sie über die Ausgabe von Aktien. Man beachte, daß die Unternehmen in Höhe der geplanten Lagerinvestitionen $\mathcal{I}$ Einkommen Y_f (= Ersparnis der Firmen S_f) haben, so daß diese *nicht* durch Aktienemissionen finanziert werden müssen.

Der Staat besteht nur aus einer Institution, die sowohl Fiskalbehörde als auch Zentralbank ist. Er erhebt eine Steuer mit konstantem Satz τ auf ausgeschüttete Profite sowie auf Zinszahlungen inländischer Bonds, d.h. nur die Kapitalisten zahlen Steuern. Man beachte, daß auch die Ausländer, die inländische Bonds halten, diese Steuer zahlen müssen. Gleichung (A 22) charakterisiert die Staatsausgaben: Sie belaufen sich der Höhe nach auf die Steuereinnahmen abzüglich der Zinszahlungen und sind außerdem an die Entwicklung der Geldmenge gekoppelt. Gleichung (A 23) ist dann die Definition der staatlichen Ersparnis, und in (A 24) steht die Budgetrestriktion des Staates: Staatsausgaben und Zinszahlungen für ausgegebene Bonds, die nicht durch das Steueraufkommen oder Geldschöpfung gedeckt sind, müssen durch die Ausgabe von Bonds finanziert werden. Wir nehmen dabei an, daß die Geldmenge exogen mit der Rate $\mu(< \mu_1)$ wächst, was zur Folge hat, daß der Staat ein permanentes Budgetdefizit aufweist, welches durch die Ausgabe neuer Bonds gedeckt wird.

Auf den Finanzmärkten unterstellen wir kontinuierliche Markträumung. (A 26) und (A 28) geben die entsprechenden Bestands- und Stromgleichgewichtsbedingungen an. Die beiden anderen Gleichungen im Abschnitt 4 sind Konsequenzen der Annahme perfekter Substitute. So muß der erwartete Nettorealzins, $(1-\tau)r - \pi$, der Ertragsrate der Aktien entsprechen. Diese Rate ergibt sich wie folgt. In jeder Periode werden die erwarteten Profite $\rho^e pK$ an die Kapitalisten ausgezahlt. Berücksichtigt man die Steuer, so ergibt sich somit eine Aktienrendite von $(1-\tau)\rho^e pK/p_e E$. Im Gegensatz dazu stellt (A 29) die Bedingung für die ungedeckte Zinsparität dar: Der inländische Nettozins muß genau um die erwartete Abwertungsrate der inländischen Währung über dem ausländischen Nettozins liegen. Unter der Annahme perfekter Voraussicht entspricht dabei die erwartete Abwertungsrate der tatsächlichen ($\hat{e}$).

In Abschnitt 6 ist noch einmal das Gütermarktungleichgewicht angegeben, und in Abschnitt 7 werden die Entwicklung von Lohnsatz, Preisniveau und Inflationserwartungen im Zeitablauf beschrieben. Die Formulierung von Lohn- und Preis-Phillips-Kurve ist dabei analog. In beiden Fällen gibt es sowohl Demand-Pull- als auch Cost-Push-Effekte. Die Lohninflation hängt dabei zum einen von der Diskrepanz zwischen tatsächlicher und natürlicher Beschäftigungsrate ab. Letztere wurde hier aus Gründen einfacher Notation auf eins gesetzt. Zum anderen wird sie von einem gewichteten Mittel von aktueller und erwarteter Inflationsrate bestimmt. Dahinter steht die Annahme, daß nicht nur momentane sondern auch erwartete zukünftige Preisveränderungen in Lohnverhandlungen eine Rolle spielen. Die Preisinflation hängt demgegenüber von der Kapazitätsauslastung als Demand-Pull-Komponente sowie von der Lohninflation als Cost-Push-Effekt ab. Vollkommen analog zur Lohninflation beeinflußt die erwartete Inflationsrate π auch die aktuelle Inflationsrate. Die Anpassung der Inflationserwartungen in (A 33) setzt sich aus einem rückwärts gerichteten ersten und einem vorwärts gerichteten zweiten Term zusammen und beinhaltet traditionelle Annahmen als Spezialfälle. Für $\beta_{\pi_2} = 0$ erhält man adaptive und für $\beta_{\pi_1} = 0$ regressive Erwartungen. Bei letzteren erwarten die Individuen, daß die Inflationsrate zu ihrem Steady-State-Niveau $\mu - n$ zurückkehrt.

Da die betrachtete Volkswirtschaft klein ist, hat sie keinen Einfluß auf das ausländische Zinsniveau sowie auf die ausländische Inflationsrate. Schließlich wird angenommen, daß die realen inländischen Exporte je Kapitaleinheit negativ vom realen Außenwert der Inlandswährung abhängen.

C Intensive Form und Steady-State des Modells

Zur Modellanalyse werden Variablen in intensiver Form gebildet und mit den entsprechenden Kleinbuchstaben gekennzeichnet: reale Größen werden dazu durch den Kapitalstock (z.B. $l = L/K$) und nominale Größen durch den Wert des Kapitalstocks (z.B. $m = M/(pK)$) geteilt. Zur Vereinfachung nehmen wir ferner folgendes an:

$$(1-\tau)rB_1 + e(1-\tau^*)r^*B_2 = (1-\tau)rB \tag{A 36}$$

Diese Annahme erlaubt es, die internationale Aufteilung der von den Inländern gehaltenen Bonds zu vernachlässigen und in der Definition des verfügbaren Einkommens der Kapitalisten direkt die inländischen Zinszahlungen zu verwenden. Dann erhält man das folgende autonome Differentialgleichungssystem in den acht Variablen $\omega, l, m, \pi, b, y^e, \nu$ und $\eta = p/(ep^*)$:[6]

$$\hat{\omega} = \kappa[(1-\kappa_p)\beta_w(V-1) + (\kappa_w - 1)\beta_p(U-1)] \quad (A\,37)$$

$$\hat{l} = n - i(\cdot) = -i_1((1-\tau)\rho^e - (1-\tau)r + \pi) - i_2(U-1) \quad (A\,38)$$

$$\hat{m} = \mu - \pi - n - \kappa[\beta_p(U-1) + \kappa_p\beta_w(V-1)] + \hat{l} \quad (A\,39)$$

$$\dot{\pi} = \beta_{\pi_1}\kappa[\beta_p(U-1) + \kappa_p\beta_w(V-1)] + \beta_{\pi_2}(\mu - n - \pi) \quad (A\,40)$$

$$\dot{y}^e = \beta_{Y^e}(y^d - y^e) + \hat{l}y^e \quad (A\,41)$$

$$\dot{\nu} = y - y^d - (n - \hat{l})\nu \quad (A\,42)$$

$$\dot{b} = (\mu_1 - \mu)m - (\pi + n)b - [\kappa(\beta_p(U-1) + \kappa_p\beta w(V-1))$$
$$- \hat{l}]b \quad (A\,43)$$

$$\hat{\eta} = r^* - \hat{p}^* - (r(y,m) - \pi) + \kappa[\beta_p(U-1) + \kappa_p\beta_w(V-1)] \quad (A\,44)$$

Für den tatsächlichen Output pro Kapitaleinheit (y) erhält man dabei im Unterschied zur aggregierten Nachfrage je Kapitaleinheit (y^d):

$$y = (1 + n\beta_{N^d})y^e + \beta_N(\beta_{N^d}y^e - \nu) \quad (A\,45)$$

$$y^d = \omega y/x + \gamma_c(1-s_c)(\rho^e - t^n) + c_1^*$$
$$+ i_1((1-\tau)\rho^e - (1-\tau)r + \pi) + i_2(U-1) + n + \delta + g\,, \quad (A\,46)$$

wobei

$$r(y,m) = r_0 + (h_1 y - m)/(h_2(1-\tau)) \quad (A\,47)$$

$$t = T/K = \tau(\rho^e + rb), \ t^n = t - rb \quad (A\,48)$$

$$g = t^n + \mu_1 m \quad (A\,49)$$

Durch Annahme von

$$t^n = t - rb = \text{const.} \quad (A\,50)$$

und Entfernen des Parameters τ in den Gleichungen (A 37) - (A 44) kann man die Rückwirkungen der b-Dynamik auf die anderen dynamischen Gleichungen ausschalten. Inhaltlich bedeutet diese Anahme, daß der Staat anstelle der vorher erläuterten Steuerfunktion die Kapitalisten jetzt mit einer Pauschsteuer belastet, die das Steueraufkommen vermindert um die Zinszahlungen (jeweils pro Kapitaleinheit) gerade konstant hält. Damit hat eine

---

[6] Dabei ist $\kappa = (1 - \kappa_w\kappa_p)^{-1}$. Man beachte, daß es eine weitere Differentialgleichung gibt, die die Entwicklung des Aktienbestandes beschreibt. Da sie jedoch keine Rückwirkungen auf die anderen dynamischen Gleichungen hat, wird sie hier nicht betrachtet.

Veränderung von b nun weder einen Einfluß auf das verfügbare Einkommen der Kapitalisten je Kapitaleinheit (y_c^D) noch auf die Staatsausgaben in intensiver Form g, und damit gibt es es keine Rückwirkungen auf die aggregierte Nachfrage y^d. Neben der Aktien- und Bond-Dynamik als losen Enden bleibt dann das folgende siebendimensionale Differentialgleichungssystem übrig:

$$\hat{\omega} = \kappa[(1 - \kappa_p)\beta_w(V - 1) + (\kappa_w - 1)\beta_p(U - 1)] \quad (A\,51)$$

$$\hat{l} = -i_1(\rho^e - r + \pi) - i_2(U - 1) \quad (A\,52)$$

$$\hat{m} = \mu - \pi - n - \kappa[\beta_p(U - 1) + \kappa_p\beta_w(V - 1)] + \hat{l} \quad (A\,53)$$

$$\dot{\pi} = \beta_{\pi_1}\kappa[\beta_p(U - 1) + \kappa_p\beta_w(V - 1)] + \beta_{\pi_2}(\mu - n - \pi) \quad (A\,54)$$

$$\dot{y}^e = \beta_{Y^e}(y^d - y^e) + \hat{l}y^e \quad (A\,55)$$

$$\dot{\nu} = y - y^d - (n - \hat{l})\nu \quad (A\,56)$$

$$\hat{\eta} = r^* - \hat{p}^* - (r(y,m) - \pi) + \kappa[\beta_p(U - 1) + \kappa_p\beta_w(V - 1)] \quad (A\,57)$$

Die Gleichungen beschreiben ein keynesianisches Modell einer kleinen offenen Volkswirtschaft mit Gleichgewicht auf dem Geld-, aber Ungleichgewicht auf dem Gütermarkt, welches sowohl verzögerte Mengenanpassungen als auch träge Preisanpassungen aufweist.

Für $\omega_0, l_0, m_0, \eta_0 \neq 0$ ist der Steady-State der Dynamik in (A 51) - (A 57) eindeutig, und er wird beschrieben durch

$$y_0 = y^p, \ l_0 = l_0^d = y^p/x, \qquad y_0^e = y_0^d = y^p/(1 + n\beta_{N^d}) \quad (A\,58)$$

$$m_0 = h_1 y^p \quad (A\,59)$$

$$\pi_0 = \hat{p}_0 = \mu - n \quad (A\,60)$$

$$\omega_0 = \frac{x}{1 + n\beta_{N^d}} - \frac{x(\delta + r^* - \hat{p}^*)}{y^p} \quad (A\,61)$$

$$\rho_0^e = r^* - \hat{p}^* \quad (A\,62)$$

$$r_0 = r^* - \hat{p}^* + \mu - n \quad (A\,63)$$

$$\nu_0 = \frac{\beta_{N^d}}{1 + n\beta_{N^d}} y^p \quad (A\,64)$$

$$b_0 = \frac{\mu_1 - \mu}{\mu} h_1 y^p \quad (A\,65)$$

$$\hat{e}_0 = \mu - n - \hat{p}^* \quad (A\,66)$$

$$g_0 = t^n + \mu_1 h_1 y^p \quad (A\,67)$$

Das Steady-State-Niveau des realen Außenwertes, η_0, ergibt sich als Lösung der Gleichung

$$c_1^*(\eta_0) + \gamma_c(\eta_0)(1 - s_c)(r^* - \hat{p}^* - t^n) = r^* - \hat{p}^* - t^n - n - \mu_1 h_1 y^p \quad (A\,68)$$

Man beachte, daß der Wert von η_0 eindeutig ist, da die rechte Seite in (A 68) konstant ist und die linke mit steigendem η monoton fällt und den gesamten

Wertebereich abdeckt.[7]

D Isolierte Teildynamiken

D 1 Isolierte Wechselkursdynamik

Setzt man $\beta_w = 0$ und $\kappa_w = 1$, so kann man die Reallohndynamik ausschalten ($\omega = \omega_0$). Setzt man $\hat{l} = 0$, so kann man l auf dem Wert l_0 einfrieren. Via $\beta_{\pi_1} < \beta_{\pi_2} = \infty$ erhält man $\pi_o = \mu - n$, so daß $\dot{\pi} = 0$. Durch $\beta_N = \beta_{Y^\bullet} = \infty$, $\beta_{N^d} = 0$ ergibt sich $y = y^e = y^d$, d.h. der Metzlersche Lageranpassungsprozeß wird ausgeschaltet. Damit wurden die beiden folgenden Differentialgleichungen von den übrigen isoliert,

$$\hat{m} = -\kappa\beta_p\left(\frac{y}{y^p} - 1\right) \tag{A 69}$$

$$\hat{\eta} = r^* - \hat{p}^* - (r(y,m) - \mu - n) + \kappa\beta_p\left(\frac{y}{y^p} - 1\right) \tag{A 70}$$

Für die Determinante der Jacobi-Matrix erhält man nach einigen Umformungen

$$|J| = \begin{vmatrix} -\dfrac{\kappa\beta_p m}{y^p}y_m & -\dfrac{\kappa\beta_p m}{y^p}y_\eta \\ -r_m\eta & 0 \end{vmatrix} \tag{A 71}$$

Da $r_m < 0$, ist bei normaler Reaktion des Outputs auf Terms-of-Trade-Veränderungen ($y_\eta < 0$) $|J| < 0$, d.h. der Steady-State ist dann stets ein Sattelpunkt.

D 2 Isolierte Arbeitsmarktdynamik

Über $\gamma_c = 1$ und $c_1^* = 0$ schalten wir den Außenhandel aus. Via $\beta_N = \beta_{Y^\bullet} = \infty$, $\beta_{N^d} = 0$ ergibt sich wiederum Gütermarktgleichgewicht ($y = y^e = y^d$), d.h. der Metzlersche Lageranpassungsprozeß wird ausgeschaltet, so daß $N = N^d = 0$ gesetzt werden kann. Durch $\beta_{\pi_1} < \beta_{\pi_2} = \infty$ erhält man analog $\pi = \pi_o = \mu - n$, so daß $\dot{\pi} = 0$. Setzen wir ergänzend noch $\mu_1 = 0$, d.h. die Geldmengenveränderung beeinflußt die Höhe der Staatsausgaben nicht. Schließlich sichert $h_1 < h_2 = \infty$, daß $r = r_0$ gilt. Damit haben wir die beiden folgenden Differentialgleichungen isoliert,

$$\hat{\omega} = \kappa\left[(1-\kappa_p)\beta_w\left(\frac{y}{xl} - 1\right) + (\kappa_w - 1)\beta_p\left(\frac{y}{y^p} - 1\right)\right] \tag{A 72}$$

$$\hat{l} = n - s_c(\rho^e - t^n) \tag{A 73}$$

---

[7]Annahmegemäß gilt zwar $\gamma_c \in [0,1]$, aber c_1^* kann beliebig klein und beliebig groß werden. Im Falle von $c_1^* < 0$ wird dabei das inländische Gut zusätzlich zur inländischen Produktion noch importiert.

Für die Jacobi-Matrix ergibt sich dann

$$J = \begin{pmatrix} \kappa\left[(1-\kappa_p)\beta_w\dfrac{y_\omega}{xl} + (\kappa_w - 1)\beta_p\dfrac{y_\omega}{y^p}\right]\omega & -\kappa(1-\kappa_p)\beta_w\dfrac{y\omega}{xl^2} \\ -s_c l\rho_\omega^e & 0 \end{pmatrix} \quad (A\,74)$$

Unter der normalen Annahme, daß die Profitrate ρ^e negativ vom Reallohn ω abhängt, ist $|J|$ eindeutig positiv. Das Vorzeichen von tr$J$ ist hingegen nicht eindeutig. Dominiert der Kaufkraft- den Kosteneffekt einer Reallohnänderung auf das Sozialprodukt, $y_\omega > 0$, so ist das Gleichgewicht um so eher stabil, je geringer der Lohnanpassungsparameter β_w und je größer der Preisanpassungsparameter β_p ist. Im umgekehrten Fall, $y_\omega < 0$, wirkt erhöhte Lohnflexibilität stabilisierend und eine erhöhte Preisflexibilität destabilisierend.

D 3 Isolierte Geld- und Gütermarktdynamik

Über $\beta_w = 0, \kappa_w = 1$ wird die Reallohndynamik ausgeschaltet ($\omega = \omega_0 =$ const.). Via $n = \hat{K}$ wird l auf dem Wert l_0 eingefroren. Der Metzlersche Lageranpassungsprozeß wird wiederum durch $\beta_N = \beta_{Y^e} = \infty, \beta_{N^d} = 0$ ausgeschaltet. Blenden wir über $\gamma_c = 1, c_1^* = 0$ noch den Außenhandel aus, dann haben wir die beiden folgenden Differentialgleichungen isoliert,

$$\hat{m} = \mu - \pi - n - \kappa\beta_p\left(\dfrac{y}{y^p} - 1\right) \quad (A\,75)$$

$$\dot{\pi} = \beta_{\pi_1}\kappa\beta_p\left(\dfrac{y}{y^p} - 1\right) + \beta_{\pi_2}(\mu - n - \pi) \quad (A\,76)$$

Damit ergibt sich für die Jacobi-Matrix

$$J = \begin{pmatrix} -\kappa\beta_p\dfrac{y_m}{y^p}m & -\left(1 + \kappa\beta_p\dfrac{y_\pi}{y^p}\right)m \\ \beta_{\pi_1}\kappa\beta_p\dfrac{y_m}{y^p} & \beta_{\pi_1}\kappa\beta_p\dfrac{y_\pi}{y^p} - \beta_{\pi_2} \end{pmatrix} \quad (A\,77)$$

Durch elementare Umformungen sieht man unmittelbar, daß $|J|$ bei normalem Mundell-Effekt ($y_\pi > 0$) und normalem Keynes-Effekt ($y_m > 0$) eindeutig negativ ist. Für die Spur bekommt man

$$\text{tr}\,J = \dfrac{\kappa\beta_p}{y^p}(\beta_{\pi_1}y_\pi - my_m) - \beta_{\pi_2} \quad (A\,78)$$

Damit ist das Gleichgewicht stets stabil, wenn der Anpassungsparameter der regressiven Inflationserwartungen (β_{π_2}) hinreichend hoch ist. Umgekehrt ist das Gleichgewicht instabil, wenn der Anpassungsparameter der adaptiven Inflationserwartungen (β_{π_1}) hinreichend hoch ist. Man beachte, daß für $\beta_{\pi_1}y_\pi > my_m$ eine Erhöhung der Preisflexibilität β_p destabilisierend wirkt.

D 4 Isolierte Lagerdynamik

Über $\gamma_c = 1$ und $c_1^* = 0$ schalten wir wieder den Außenhandel aus. Durch $\beta_{\pi_1} < \beta_{\pi_2} = \infty$ kann man $\pi_o = \pi = \text{const.}$ setzen. Mittels $\kappa_w = 1, \beta_w = 0$ kann ω auf dem Steady-State-Niveau festgehalten werden. Via $h_1 < h_2 = \infty$ wird $r = r_0$ sichergestellt. Schließlich wird noch l auf dem Niveau l_0 eingefroren. Damit haben wir die Metzlersche Lageranpassungsdynamik isoliert,

$$\dot{y}^e = \beta_{Y^e}(y^d - y^e) \qquad (A\,79)$$
$$\dot{\nu} = y - y^d - n\nu, \qquad (A\,80)$$

wobei

$$y = y^e + \beta_N(\beta_{N^d} y^e - \nu)$$
$$y^d = y^d(y), \; 0 < y^{d\prime} < 1$$

Damit ergibt sich für die Jacobi-Matrix

$$J = \begin{pmatrix} \beta_{Y^e}[y^{d\prime}(1 + \beta_N \beta_{N^d}) - 1] & -\beta_{Y^e}\beta_N y^{d\prime} \\ (1 - y^{d\prime})(1 + \beta_N \beta_{N^d}) & -(1 - y^{d\prime})\beta_N - n \end{pmatrix} \qquad (A\,81)$$

Für kleine Werte von β_N, dem Anpassungsparameter der geplanten Lagerinvestitionen, ist $[.] < 0$ und damit $\text{tr}J < 0, |J| > 0$, d.h. das Gleichgewicht ist stabil. Für große Werte von β_N ist $[.]$ hingegen positiv. Sind β_{Y^e} oder β_N dann hinreichend groß, so ist das Gleichgewicht instabil, da $\text{tr}J > 0$. Das Vorzeichen von $|J|$ ist dabei nicht eindeutig. Wie sich leicht zeigen läßt, ist $|J|$ für hinreichend kleine Werte der natürlichen Wachstumsrate n positiv.

Literatur

C. Chiarella, P. Flaschel (1994), Descriptive Monetary Macrodynamics: Foundations and Extensions, Manuskript (second draft).

W. Engels (1984), Arbeitslosigkeit: Woher sie kommt und wie man sie beheben kann, Frankfurter Institut für wirtschaftspolitische Forschung e.V..

N.G. Mankiw (1992), Macroeconomics, New York.

M.T. Pohjola (1981), Stable, Cyclic and Chaotic Growth: The Dynamics of a Discrete-Time Version of Goodwin's Growth Cycle Model. Journal of Economics 41, 27–38.

S.H. Strogatz (1994), Nonlinear Dynamics and Chaos, New York.

Grundlagen eines Modellversuchs zur umwelt- und sozialverträglichen Gestaltung von Arbeit und Technik (Bielefelder Teilprojekt)

Thomas Bartels und Peter Weinbrenner

Fakultät für Wirtschaftswissenschaften, Universität Bielefeld, Postfach 10 10 31, 33501 Bielefeld

Zusammenfassung. Die Arbeit berichtet über die Grundlagen und methodischen Schwerpunkte des Bielefelder Teilprojekts eines Modellversuchs zur umwelt- und sozialverträglichen Gestaltung von Arbeit und Technik. Gesellschaftlich-politische Rationalität wird als vorrangig vor ökonomisch-technischer Rationalität postuliert und „Zukunftsfähigkeit" als gesellschaftliche Schlüsselqualifikation gesehen. Als methodische Innovation zur Vermittlung der dafür erforderlichen Fähigkeiten werden Zukunftswerkstatt und Szenariomethode vorgestellt und miteinander verglichen. Zur Umsetzung im Unterricht werden entsprechende Curriculumbausteine entwickelt. Über erste Erfahrungen mit diesen Methoden in der Lehrerfortbildung und im Unterricht der Berufsschule wird berichtet.

Schlüsselwörter. Modellversuch, Didaktik, Umweltverträglichkeit, Sozialverträglichkeit, Technikgestaltung

1 Einleitung

Der folgende Beitrag berichtet über die Grundlagen und insbesondere die methodischen Schwerpunkte, die im Bielefelder Teilprojekt des Modellversuchs SoTech[1] erprobt wurden.

Der Modellversuch knüpft an Erfahrungen des in den achtziger und frühen neunziger Jahren durchgeführten Programms „Mensch und Technik - sozialverträgliche Technikgestaltung" (SoTech) des Ministers für Arbeit und Soziales NRW an, das einen weitreichenden Einblick in verschiedene Problembereiche

---

[1] Der Modellversuch „Integration neuer Technologien in den Unterricht berufsbildender Schulen und Kollegschulen unter besonderer Berücksichtigung der Leitidee der sozial- und umweltverträglichen Gestaltung von Arbeit und Technik" hat am 01.02.92 begonnen und endet am 31.12.94. Er wird je zur Hälfte von Land Nordrhein-Westfalen und dem Bund finanziert. Die Durchführung des Modellversuchs obliegt dem Landesinstitut für Schule und Weiterbildung, Soest.
Am Modellversuch sind insgesamt zwei berufliche Schulen und zwei Kollegschulen beteiligt. Er wird wissenschaftlich begleitet von den Universitäten Bielefeld, Bremen und Duisburg.

der Technikgestaltung gegeben hat, die zu einer didaktischen Umsetzung und zu einer Integration in die berufliche Bildung auffordern.

Den Fragestellungen und Forschungsinteressen dieses Programms entsprechend wird die *Dialog- und Praxisorientierung* zum didaktisch-methodischen Prinzip erhoben. Als Qualifikationsziele leiten sich daraus im einzelnen ab, daß Schülerinnen und Schüler befähigt werden sollen,

- „über Technik angstfrei und informiert nachzudenken,
- mit der Technik menschen- und naturverträglich umzugehen,
- Technikalternativen zu entwickeln, Ansatzpunkte und Anlässe zur Mitwirkung, Mitbestimmung und Partizipation der von Technik Betroffenen zu finden und
- Offenheit für den emanzipatorischen Umgang mit Technik zu schaffen"

[Alemann et al. (1985, 3)].

Allgemein intendiert ist deshalb eine Perspektivenerweiterung vom Technikdeterminismus zur Gestaltungsorientierung. Es ist eine "Von-Zu-Bewegung", der letztlich alle pädagogischen Bemühungen folgen und die sich in viele Facetten auffächern läßt.

Mit den *berufskundlichen Fächern Technik und Wirtschaftslehre* und den *allgemeinbildenden Fächern Politik und Deutsch* bietet sich die Möglichkeit der *curricularen Verzahnung berufsbezogener und allgemeiner Bildung,* so daß die Ausbildung *ökonomisch-technischer Rationalität* (Qualifizierungsauftrag der Schule) mit der Ausbildung *gesellschaftlich-politischer Rationalität* (allgemeiner Bildungsauftrag der Schule) in einem *integrierten curricularen Rahmenkonzept* verknüpft werden kann (vgl. Abb. 1).

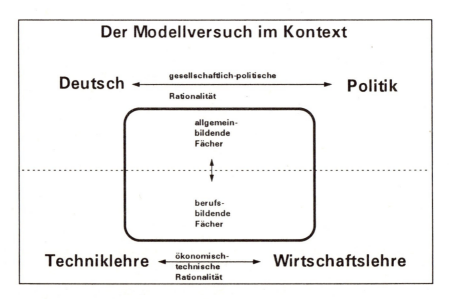

Abbildung 1: Der Modellversuch im Kontext

Das Bielefelder Projekt, über das hier berichtet wird, beschränkt sich auf die Verknüpfung des Faches Politik mit zentralen berufskundlichen Fächern der bürowirtschaftlichen Ausbildungsberufe (Betriebswirtschaftslehre, Bürowirtschaft, Wirtschaftsinformatik-Organisationslehre).

Dieser umfassende Ansatz bedeutet *inhaltlich*, daß alle relevanten Gestaltungsfelder der Gesellschaft erfaßt und zum Gegenstand wirtschafts- und sozialwissenschaftlichen Lernens gemacht werden müssen. Gemäß diesem Anspruch werden insgesamt sechs solcher Gestaltungsfelder als *Situationsfelder* identifiziert und curricular ausgelegt, d. h. daß sie zugleich als „Lernfelder" für die inhaltliche Bestimmung der Themenkreise und Themen fungieren können (s. Abb. 2).

1. Umwelt- und sozialverträgliche Gestaltung von Arbeit und Technik im **Haushalt und in der Freizeit**	2. Umwelt- und sozialverträgliche Gestaltung von Arbeit und Technik am **Arbeitsplatz**	3. Umwelt- und sozialverträgliche Gestaltung von Arbeit und Technik im **Unternehmen und im Betrieb**
4. Umwelt- und sozialverträgliche Gestaltung von Arbeit und Technik in der **Gesellschaft**	5. Umwelt- und sozialverträgliche Gestaltung von Arbeit und Technik durch den **Staat**	6. Umwelt- und sozialverträgliche Gestaltung von Arbeit und Technik im Kontext **internationaler Beziehungen**

Abbildung 2: Situationsfelder

Den Situations- bzw. Lernfeldern sind jeweils eine Leitqualifikation und fünf bis sechs Themenkreise zugeordnet [vgl. Weinbrenner et al. (1993, 171)]. Das entwickelte Rahmenkonzept stellt insofern einen differenzierten, aber im Hinblick auf das Lernsubjekt ganzheitlichen Ansatz dar. Durch die systematische Bearbeitung aller gesellschaftlich relevanten Situationsfelder, in denen sich das Subjekt mit seiner technisch-ökonomischen Umwelt im Lichte sozialer und ökologischer Verträglichkeitskriterien auseinandersetzt, korrespondiert dieser Didaktikansatz mit dem als Ergebnis des SoTech-Programms geforderten „industriellen Gesamtarrangement" [vgl. Simonis et al. (1990, 14)], das allein eine wirksame soziale und ökologische Bändigung der nach wie vor stürmischen Technikentwicklung verspricht [vgl. Weinbrenner et al. (1993, 133)].

Neben der Inhaltsdimension soll in unserem Projekt insbesondere die *methodische* Komponente des SoTech Programms zu einem innovativen und eigenständischen Ansatz weiterentwickelt und für die schulische Arbeit fruchtbar gemacht werden. Die im SoTech-Programm propagierte *paradigmatische Wende von der Technikzentrierung zu einem humanzentrierten Leitbild umwelt- und sozialverträglicher Technikgestaltung* macht die Entwicklung und Bereitstellung *diskursorientierter Maßnahmen und kommunikativer Unterrichtsmethoden* notwendig. Wir wollen die im Rahmen der SoTech-Diskussion bisher entwickelten Methodenansätze aufgreifen und zu einem eigenständigen Konzept einer „*Verständigungsorientierten Kommunikation*" weiterentwickeln.

2 Theoretischer Ansatz

2.1 Das Rationalitätsproblem

Bei einer Sachanalyse des hier zu bearbeitenden Problemkreises kristallisieren sich *drei Schlüsselkategorien* bzw. *-probleme* heraus, nämlich die Kategorien *Arbeit, Umwelt und Technik,* deren bisherige Bearbeitung insbesondere innerhalb der ökonomischen Theorienbildung als unzureichend angesprochen wird.

Wenn man die Fülle der damit angesprochenen Probleme, die allesamt auf ein *Ethikdefizit* hinzuweisen scheinen, auf einen gemeinsamen Nenner bringen will, dann stehen im Zentrum aller Diskussionen das *Rationalitätsproblem* und die damit untrennbar verbundene *Normenfrage*. Das ökonomische Rationalitätskonzept wird als unzureichend betrachtet und die vermeintliche Wertfreiheit der Wirtschafts- und Sozialwissenschaften als Illusion und Fiktion gekennzeichnet. Um dieser selbstverordneten und selbstverschuldeten *Eindimensionalität* zu entkommen, müssen die Wirtschaftswissenschaften nicht ihre „rein ökonomische Rationalität" von außen moralisierend begrenzen, sondern ökonomie-immanent ihre normativen Grundlagen bestimmen und damit ihren Rationalitäshorizont erweitern.

Das ist das Programm von Peter Ulrich (1987), das er in seiner Habilitationsschrift entwickelt hat. Das „*Rationalitätsdilemma*" der autonomen Ökonomik besteht danach darin, daß die von der ökonomisch-technischen Rationalität hervorgebrachte „*Sachgerechtigkeit*" mit der sozialethischen, von einer politisch-gesellschaftlichen Rationalität hervorgebrachten „*Menschengerechtigkeit*" kollidiere. Oder kürzer: der homo oeconomicus ist zwar rational, aber leider inhuman, oder - noch schlimmer - der humane Mensch ist zwar gut, aber unvermeidlich irrational (vgl. ebd., 343).

Zunächst geht es also darum, die Ökonomie aus ihrer Eindimensionalität zu befreien und die beiden Rationalitätsdimensionen (technisch-ökonomisch *und* gesellschaftlich-politische Rationalität) deutlich auseinanderzuhalten bzw. sie in ihrer Eigenständigkeit gegenüberzustellen, da beide Dimensionen im Verhältnis der Komplementaritäten stehen und somit nicht aufeinander reduziert werden können. Die Ergebnisse zweckrationaler Arbeit sind *Güter*, das Ergebnis von gelungenen Verständigungsprozessen sind *Normen*, z. B. die Normen der „*Umweltverträglichkeit*" und „*Sozialverträglichkeit*".

- Produktivität ist ein technisch-mengenmäßiges Rationalitätskriterium,
- Rentabilität ist ein ökonomisch-monetäres Rationalitätskriterium und
- Umweltverträglichkeit und Sozialverträglichkeit sind gesellschaftlich-politische Rationalitätskriterien und damit kommunikativ-ethische Kalküle.

Sie müssen in jeder historischen Situation von den jeweils Betroffenen im Hinblick auf ihre Lebensverhältnisse und den jeweils erreichten ökonomisch-technischen Entwicklungsstand neu definiert und politisch eingefordert werden. Die klassischen Rationalitätskriterien der Produktivität und Rentabilität (sog. „harte" Kriterien) müssen mit den gesellschaftlich-politischen Rationalitätskriterien der Umwelt- und Sozialverträglichkeit (sog. „weiche" Kriterien) vermittelt werden, und zwar dergestalt, daß die Umwelt- und Sozialverträglichkeit die höherrangigen Normen (*Primat der Politik gegenüber der Ökonomie bzw. der gesellschaftlichen Rationalität gegenüber der ökonomisch-technischen Rationalität*) sind.

Gesellschaftlich-politische Rationalität

- geht von überindividuellen, verallgemeinerbaren Normen aus,
- anerkennt die Rechte zukünftiger Generationen auf die Nutzung der natürlichen Lebensgrundlagen,
- strebt grenzüberschreitende, globale Lösungen an und
- anerkennt das Eigenrecht der Natur auf Pflege und Substanzerhaltung.

Die diesen Prämissen folgenden Unterrichtsbausteine müssen sich den jeweiligen Situationsfeldern zuordnen lassen und den Rationalitätskonflikt thematisieren (vgl. exemplarisch Abb. 3).

2.2 Die Schlüsselqualifikation „Zukunftsfähigkeit"

In Politik und Wirtschaft setzt sich zunehmend die Erkenntnis durch, daß „Zukunft" nicht einfach als „verlängerte Gegenwart" gedacht werden darf, weil diese Zukunft in aller Regel das Ende des Planeten und der Gattung Mensch bedeuten würde. *„Zukunftspolitik"* ist daher zum wichtigsten *„Politikfeld"* geworden und bedarf der Mitwirkung und Mitgestaltung aller Gesellschaftsmitglieder, die in einem offenen, demokratischen Diskurs die Umrisse einer *„umwelt- und sozialverträglichen"* Zukunft entwickeln und in einem kommunikativen Prozeß der Willensbildung und Entscheidungsfindung realisieren müssen.

„Zukunftsfähigkeit" erweist sich insofern als neue *gesellschaftlich-politische Schlüsselqualifikation*, zu deren Ausbildung insbesondere alle sozialwissenschaftlichen Unterrichtsfächer einen Beitrag leisten müssen[2]. Dies betrifft zunächst die Inhaltsdimension für das politische und ökonomische Lernen. Es ist offensichtlich, daß eine Lösung der ökologischen und sozialen Probleme entscheidend davon abhängt, ob und inwieweit es gelingt, *Zukunftswissen* zu entwickeln und für die Politik verfügbar zu machen. Zukunftswissen kann wie folgt charakterisiert werden [vgl. Weinbrenner / Häcker (1991, 143)]:

---

[2] Zur Begründung einer „Zukunftsorientierten Didaktik" vgl. Weinbrenner (1980, 1981, 1992).

Technisch-ökonomische Rationalität (Verfügung über Objekte durch Arbeit) / Gesellschaftlich-politische Rationalität (Verständigung über Normen durch Kommunikation)	gesellschaftliche Situationsfelder					
	Privater Haushalt und Freizeit	Arbeits-platz	Unter-nehmen und Betrieb	Gesell-schaft	Staat	Interna-tionale Beziehungen
	1	2	3	4	5	6
1. Humanverträglichkeit - Gesundheit - Wohlbefinden - Identität - Selbstbestimmung - usw.	z.B. Kauf eines Kühl- schranks	z.B. Bild- schirm arbeit	z.B. Einführung eines Waren- wirtschafts- systems	z.B. Ein- führung des Satelliten- fernsehens	z.B. Fest- legung von Grenz- werten	z.B. Gift- müll- exporte in die Länder der Dritten Welt
2. Sozialverträglichkeit - Kommunikation - Kooperation - Partizipation - Handlungsspielräume - usw.						
3. Umweltverträglichkeit - Luftverträglichkeit - Wasserverträglichkeit - Bodenverträglichkeit - Lärmverträglichkeit - usw.						

Abbildung 3: Thematisierung des Rationalitätskonflikts

Zukunftswissen ist

- Überlebenswissen, das heißt, es werden Inhalte und Verfahren relevant, die einen Beitrag zur globalen und langfristigen Existenzsicherung von Mensch und Natur zu leisten vermögen,
- holistisches Wissen, das heißt, es werden Inhalte und Verfahren relevant, die ganzheitliches, grenzüberschreitendes und perspektivisches, kurz globales Denken in komplexen Zusammenhängen ermöglichen,
- normatives Wissen, das heißt, es werden Inhalte und Verfahren relevant, die einen ethischen Diskurs über human-, umwelt- und sozialverträgliche Fort-

schrittsperspektiven der Gesellschaft und der Menschheit und eine rationale und demokratische Konsensbildung ermöglichen,
- politisches Wissen, das heißt, es werden Inhalte und Verfahren relevant, die auf allen Ebenen des politischen Handelns (Individuum, Gruppen, Staat und internationale Völkergemeinschaft) einen Beitrag zur Zukunftssicherung und Zukunftsgestaltung und damit zum Überleben der Gattung Mensch und des Planeten Erde leisten können.

Gesucht werden also darüber hinaus neue *Methoden*, mit deren Hilfe zukünftige Entwicklungen antizipiert, bewertet und im Hinblick auf mögliche und wahrscheinliche sowie erwünschte bzw. unerwünschte Entwicklungsverläufe beeinflußt werden sollen. Die Methoden der Zukunftswerkstatt und der Szenario-Technik bieten hierfür ein reichhaltiges methodisches Instrumentarium, das komplexes, ganzheitliches und interdisziplinäres Denken ermöglicht und Schülerinnen und Schüler befähigt, aktiv gestaltend an der Entwicklung einer sicheren, menschenwürdigen, umwelt- und sozialverträglichen Zukunft mitzuwirken. Die beiden Methoden vermögen in je spezifischer Weise auf die Fragen
- *Welche Zukunft soll sein?*
- *Welche Zukunft wird (wahrscheinlich) sein?*

eine Antwort zu geben und können zukunftsbezogene Lernprozesse in besonders gelungener Weise ermöglichen.

3 Methodische Innovationen: Zukunftswerkstatt und Szenariomethode

Die Suche nach methodischen Innovationen begründet sich aus dem Anspruch, daß der Schule heute die Aufgabe zukommt, die Jugendlichen mit dem notwendigen Zukuftswissen auszustatten, das sie angesichts der Krisen, Risiken und Gefahren befähigt, an der gewaltigen Gestaltungsaufgabe mitzuwirken [vgl. Rolff (1992, 292)].

Aber was ist *„Zukunftswissen"*? Welche Fächer, Bildungsinhalte und Methoden können hierzu einen Beitrag leisten? Um diese Fragen beantworten zu können, ist zunächst zu klären, ob und inwieweit die Kategorie „Zukunft" überhaupt als didaktisches Relevanzkriterium fungieren kann und welche neuen Inhalte und Betrachtungsperspektiven für die politische und berufliche Bildung hierdurch gewonnen werden können [zur Relevanzfrage vgl. Weinbrenner (1980, 1981, 1982 ,1992)].

Die vielfältigen Formen organisierten Lernens in Schule und außerschulischen Bildungseinrichtungen waren bisher kaum darauf ausgerichtet, einen zukunftsbezogenen, auf die *Überlebensinteressen von Mensch und Natur* gerichteten Beitrag zu leisten.

- Wir üben uns immer noch im Erklären und Ausdeuten von *Geschichte*,

- wir versuchen, die komplexen Strukturen einer immer schneller sich wandelnden *Gegenwart* zu erfassen,
- aber wir verwenden kaum Zeit, Mühe und Phantasie auf die Suche nach *Zukunftsalternativen* zu den eingefahrenen Gleisen und ausgetrampelten Pfaden des technisch-ökonomischen Fortschrittsprogramms.

Mit der Zukunftswerkstatt und der Szenariomethode wollen wir deshalb zwei Methoden erproben, von denen wir meinen, daß sie auf die o. g. beiden Leitfragen in je spezifischer Weise eine Antwort zu geben vermögen und zukunftsbezogene Lernprozesse in besonders glücklicher Weise ermöglichen.

3.1 Die Zukunftswerkstatt

Die *Zukunftswerkstatt* kann definiert werden als ein „soziales Versuchslabor, in dem alternative Zukünfte von engagierten Bürgern entworfen und durchdacht werden" [Jungk / Müllert (1989, 79)]. Es geht um das Entdecken und Erfinden wünschbarer Zukünfte.

Die Idee der Zukunftswerkstatt ist schon etwa 20 Jahre alt. Ihre Wurzeln liegen in der Studenten- und Demokratiebewegung Ende der sechziger Jahre und den vielfältigen Bürgerinitiativen mit dem gemeinsamen Ziel einer Demokratisierung aller gesellschaftlichen Lebensbereiche und der Partizipation der Bürger an allen Entscheidungen, die ihre Lebensinteressen unmittelbar berühren.

Die Merkmale einer Zukunftswerkstatt können wie folgt zusammengefaßt werden [vgl. Weinbrenner / Häcker (1991, 116 f.)]:

- sie ist basisdemokratisch, d. h., sie versteht sich als Demokratisierungsinstrument und setzt auf eine breite Bürgerbeteiligung bei der Gestaltung einer zukünftigen Entwicklung,

- sie ist integrativ, d. h., sie will den Gegensatz von Experten und Laien, Planern und Verplanten aufheben,

- sie ist ganzheitlich, d. h., sie versucht eine Integration von Kognition und Emotion, Intellektualität und Spiritualität sowie Selbst- und Gesellschaftsveränderung,

- sie ist kreativ, d. h., sie fordert die schöpferische Phantasie und den sozialen Erfindergeist der Beteiligten heraus,

- sie ist kommunikativ, d. h. sie bietet eine Chance für die sonst Sprachlosen, die ihre Bedürfnisse, Kritik und Ideen, aber auch Ängste und Befürchtungen frei äußern können,

- sie ist provokativ, d. h., sie stellt eine Herausforderung an die staatlichen und wirtschaftlichen Institutionen dar, die sozialen Erfindungen und Lösungsvorschläge der Bürgerinnen und Bürger ernst zu nehmen.

Die skizzierten Merkmale von Zukunftswerkstätten machen deutlich, daß hier eine Methode verfügbar ist, die doch in erheblichem Maße von den traditionellen Lern- und Vermittlungsformen in Schule und Hochschule abweicht. Sie integriert in sehr zwangloser Weise viele der bekannten didaktischen Prinzipien (z. B. die Prinzipien der Situationsorientierung, Problemorientierung, Interessen- und Bedürfnisorientierung, Handlungsorientierung sowie das Betroffenheitsprinzip) und kann trotzdem auf den alles wissenden, belehrenden und steuernden Lehrer als Experten verzichten. Insofern wird durch die Zukunftswerkstatt auch die Lehrerrolle neu definiert. Der Lehrer ist hier lediglich „Moderator"; der mit einem Minimum an Autorität auskommt. Er ist Organisator, Initiator, Anreger und Vermittler sowie geduldiger Zuhörer.

Das Strukturmodell einer Zukunftswerkstatt unterscheidet drei Hauptphasen sowie eine Vorbereitungs- und eine Nachbereitungsphase (vgl. Abb. 4). Die Doppelspirale macht auf die Integration von intuitiv-emotionalem und rational-analytischem Lernen aufmerksam [im einzelnen vgl. Jungk / Müllert (1989)].

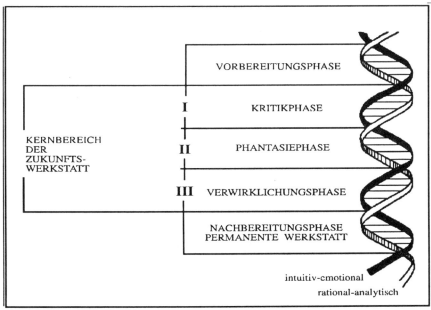

Jungk/Müllert 1989, S. 221

Abbildung 4: Phasen der Zukunftswerkstatt

Mit dem methodischen Dreischritt Kritik, Utopie, Realisierung folgt die Zukunftswerkstatt der Logik des politischen Denk- und Entscheidungsprozesses. Sie hat damit genuin politischen Charakter und ist aus unserer Sicht geeignet, ihre geschilderten Qualitäten auch in der Schule in den wirtschafts- und sozialwissenschaftlichen Unterrichtsfächern zu entfalten und das *neue Politikfeld „Zukunftspolitik"* zu erschließen sowie die *neue Schlüsselqualifikation „Zukunftsfähigkeit"* zu entwickeln. Die nicht zu übersehenden organisatorischen und sachlichen Schwierigkeiten sollten nicht daran hindern, dieser Methode in allen Schulformen und auf allen Schulstufen und in vielen Unterrichtsfächern zum Durchbruch zu verhelfen.

3.2 Die Szenariomethode

Szenario-Technik ist eine Methode, mit deren Hilfe isolierte Vorstellungen über positive und negative Veränderungen einzelner Entwicklungsfaktoren in der Zukunft zu umfassenden Bildern und Modellen, d.h. möglichen und wahrscheinlichen *„Zukünften"*, zusammengefaßt werden, die sowohl sinnlich als auch intellektuell nachvollziehbar, d.h. „kommunikabel" sind.

Die Szenario-Methode unterscheidet sich von anderen Denkweisen durch folgende *Charakteristika* [vgl. König (1988, 279)]:

- ganzheitliches und systematisches Denken statt isolierend-abstrahierender, zusammenhangloser und reduktionistischer Sichtweisen,
- organische statt mechanistischer und deterministischer Denkweise,
- Prozeßdenken statt Strukturdenken.

Die Szenario-Methode setzt Kreativität, Phantasie und Aktivität frei und fördert interdependentes und vernetztes Denken. Im Gegensatz zur „Zukunftswerkstatt" beschreiben Szenarien lediglich, *was passieren könnte*, und verzichten darauf, etwas zu beschreiben, von dem wir uns wünschen, daß es passiert. Szenarien berücksichtigen explorativ gleichzeitig mehrere Aspekte eines sich unterschiedlich entwickelnden Problemfeldes und beschreiben kreativ zukünftig mögliche Situationen. Ihre Betrachtungsweise ist unter Einbezug quantitativer und qualitativer Informationen multidimensional, die Zahl der Vorhersagen nicht beschränkt. Ausgangspunkt für jedes Szenario ist die Gegenwart. Es werden hierbei bestimmte Problemlagen (z.B. Luftverschmutzung, Treibhauseffekt, Wasserverbrauch) beschrieben und im Hinblick auf ihre wesentlichen Determinanten (Deskriptoren) erfaßt. Unter Berücksichtigung unterschiedlicher Entwicklungstrends und möglicher Störereignisse werden im Hinblick auf die Zukunft verschiedene Entwicklungspfade diskutiert, durch die die Spannweite möglicher Zukünfte erfaßt wird (vgl. Abb. 5).

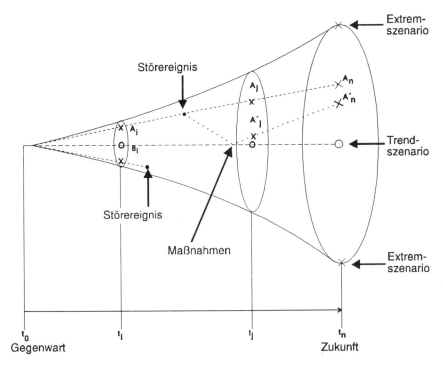

Abbildung 5: Der Szenariotrichter zur Darstellung von Entwicklungsverläufen

Zusammenfassend können die Möglichkeiten der Szenariomethode wie folgt beschrieben werden:
- Szenarien machen die Vielfalt möglicher und wahrscheinlicher Zukünfte sichtbar.
- Szenarien fördern vernetztes, systemisches und kybernetisches Denken.
- Szenarien verstärken die Einsicht, daß die Zukunft prinzipiell gestaltbar und veränderbar ist.
- Szenarien machen deutlich, daß unsere Zukunftsbilder und -visionen von Werten und Normen abhängig sind.
- Szenarien vermitteln die Einsicht in die prinzipielle Unsicherheit aller auf die Zukunft gerichteten Entscheidungen und Handlungen.
- Szenarien fördern eine „verständigungsorientierte Kommunikation" und erhöhen damit die Rationalität von Entscheidungen und Handlungen.

3.3 Unterschiede und Gemeinsamkeiten von Zukunftswerkstatt und Szenariomethode

Eine Gegenüberstellung beider Methoden unter Berücksichtigung didaktischer Relevanzkriterien zeigt eine Reihe von Gemeinsamkeiten, aber auch Unterschiede. Beide Methoden

- zeichnet ihre *Zukunftsbezogenheit* aus. Sie bewegen sich ausgehend von der Gegenwart in die Zukunft und schlagen dann eine Brücke zurück zur Ausgangssituation, um Lösungsmöglichkeiten für bestimmte Probleme zu erarbeiten, wobei problem-, situations- und handlungsorientiert vorgegangen wird.

- werden von *Risikobewußtsein* im Hinblick auf die Zukunft getragen und versuchen, mit Problemen umzugehen, für die es nicht mehr ausreicht, nur die Gegenwart und die Vergangenheit zu betrachten, sondern für die auch die Berücksichtigung zukünftiger Chancen und Risiken sowie speziell auch das Denken in vernetzten Systemen erforderlich ist.

- verwenden *Kreativitätstechniken*. Brainstorming und Brainwriting eignen sich dabei als bewährte und einfach durchzuführende Verfahren zum Sammeln von Ideen und Auslösen von Assoziationen.

- sind stark *schüler- bzw. teilnehmerorientiert*. Sie bauen auf einem kooperativen und dynamischen Gruppenprozeß auf, der sich in ständigem Wechsel zwischen Plenums- und Kleingruppenarbeit vollzieht.

- können als *Projekte* weiter ausgebaut werden, wodurch eine direkte Wirksamkeit auf der Handlungsebene hergestellt werden kann.

Die Unterschiede beider Methoden sind darauf zurückzuführen, daß die Zukunftswerkstatt innerhalb ihrer Phasenstruktur auf einem ständigen Wechsel zwischen intuitiv-emotionaler und sachlich-analytischer Vorgehensweise aufgebaut ist (vgl. Abb. 4), während die Szenario-Methode zwar auch intuitiv-emotionale Fähigkeiten beansprucht, insgesamt jedoch eher sachlich-analytisch ausgerichtet ist.

Sie können folgendermaßen skizziert werden:

- Die Szenariomethode zeigt sowohl positive wie negative Entwicklungsmöglichkeiten auf und verdeutlicht so die Notwendigkeit, negative Entwicklungen möglichst zu verhindern und positive zu begünstigen.
- In der Zukunftswerkstatt wird darauf verzichtet, das Bild einer negativen Zukunft genauer auszugestalten. Die Phantasiephase, in der die Zukünfte entworfen werden, ist grundsätzlich von positivem Denken geprägt. Nur was

für die Zukunft wünschenswert erscheint, soll hier geäußert und in Form von utopischen Entwürfen ausgestaltet werden.
- Die Methoden berücksichtigen die Gegenwart unterschiedlich. Im Gegensatz zur Zukunftswerkstatt wird bei der Szenariomethode kein bewußter „Realitätsbruch", in einer Phantasiephase herbeigeführt, sondern die Einflußnahme der Gegenwart verringert sich zwangsläufig durch die Ungewißheit gegenüber zukünftigen Entwicklungen.
- Die Szenariomethode zeichnet sich eher durch eine sachlich-analytische Vorgehensweise aus, die in keinem ihrer Arbeitsschritte ein völlig freies Phantasieren, wie die Zukunftswerkstatt in der Phantasie- und Utopiephase, zuläßt.
- Bei der Szenario-Methode ergeben sich sowohl pessimistische als auch optimistische Zukunftsbilder aus logischen Konstruktionen, und in der Zukunftswerkstatt werden optimistische Utopien aus Träumen und Wünschen gestaltet.
- Die recht krasse Gegenüberstellung von Wünschen und Wirklichkeit im Übergang von der Phantasie- zur Realisationsphase der Zukunftswerkstatt gibt es bei der Szenario-Technik nicht, da gewisse Beschränkungen während des gesamten Entwicklungsprozesses der Szenarien berücksichtigt werden, indem selbst bei der Konstruktion von Idealszenarios ständig auf Wechselwirkungen und Zusammenhänge geachtet wird.

Insgesamt kann festgestellt werden, daß zwar beide Methoden das Ziel verfolgen, aus einem Blick in die Zukunft Hinweise auf Problemlösungsmöglichkeiten für bestehende Situationen zu finden, die Zukunftswerkstatt dabei jedoch mehr auf soziale Erfindungen baut, während die Szenario-Methode die Lösungsansätze aus konstruierten Zukunftsbildern abzuleiten versucht. Dabei ist die Szenario-Methode insgesamt mehr sachlich-analytisch ausgerichtet, wodurch auch der Einsatz von Computern zur Arbeitsunterstützung sehr geeignet sein kann, während Zukunftswerkstätten und rechnergestütztes Arbeiten sich eher widersprechen, da Zukunftswerkstätten sich prinzipiell an menschlichen Fähigkeiten, wie Intuition und Kreativität, orientieren. Abschließend und zugleich als Zusammenfassung werden die Unterschiede zwischen den beiden Methoden in einer Synopse gegenübergestellt (vgl. Abb. 6).

4 Inhalte der Curriculumbausteine

In der praktischen, unterrichtlichen Umsetzung wird versucht, inhaltliche Schwerpunkte und methodische Zugänge des Rahmenkonzeptes in die Fächer Betriebswirtschaftslehre, Bürowirtschaft, Wirtschaftsinformatik/Organisationslehre und Politik des neugeordneten Büroberufs „Bürokauffrau/mann" zu integrieren. Im Rahmen des Versuchs soll der Bildungsganggedanke der neuen Richtlinien aufgegriffen werden, der vorsieht, daß die Unterrichtsfächer als inte-

Zukunftswerkstatt	Szenariomethode
• entwickelt wünschbare Zukünfte	• entwickelt wahrscheinliche Zukünfte
• bewußter Realitätsbruch mit der Gegenwart (Phantasie- und Utopiephase)	• Gegenwarts- und Realitätsbezug verringern sich mit zunehmender Entfernung von der Ausgangssituation, werden aber nie ganz aufgehoben
• wechselseitige Durchdringung intuitiv-emotionaler und sachlich-analytischer Erkenntnisformen	• Primär sachlich-analytische Vorgehensweise
• Zukunftsentwürfe werden als anschauliche „Bilder", als soziale Situationen mit Erlebnischarakter entworfen und „szenisch" dargestellt	• Zukunftsentwürfe werden als sachlogische Modellkonstruktionen entwickelt und verbal dargestellt
• Subjektive Betroffenheit ist Ausgangspunkt des Lern- und Kommunikationsprozesses	• Sachstruktur des gesellschaftlichen Problems ist Ausgangspunkt des Lern- und Kommunikationsprozesses
• bildet primär gesellschaftlich-politische Rationalität aus	• bildet primär technisch-ökonomische Rationalität aus
• eignet sich besonders für den Einstieg in eine Unterrichtsreihe	• eignet sich besonders für den Abschluß einer Unterrichtsreihe

Abbildung 6: Zukunftswerkstatt und Szenariomethode im Vergleich

grative und interdisziplinäre curriculare Elemente zu verstehen sind. Das didaktische Konzept orientiert sich an dem umfassenden Begriff der Handlungskompetenz.

Erarbeitet wurden die folgenden Unterrichtsbausteine, die im Schulhalbjahr 1993/94 erprobt worden sind[3]:

---

[3] Sie werden im Frühjahr 1995 beim Landesinstitut für Schule und Weiterbildung, 59494 Soest, Postfach 1754 erhältlich sein.

- *Ergonomie von Bildschirmarbeitsplätzen* (Wirtschaftsinformatik): Bei der umwelt- und sozialverträglichen Gestaltung von Arbeit und Technik am Arbeitsplatz geht es um die Fähigkeit, die Gestaltung von Arbeitsplätzen und der Arbeitsabläufe im Betrieb mitzubestimmen, und die Bereitschaft, sich für die Gesundheit, die Sicherheit und die sozialen Belange des arbeitenden Menschen am Arbeitsplatz zu engagieren. Curricular ist der Baustein „Ergonomie von Bildschirmarbeitsplätzen" dem Fach Wirtschaftsinformatik zuzuordnen. Inhalte finden sich aber auch in den Fächern Bürowirtschaft, Betriebswirtschaftslehre und Politik. Da die neuen Informations- und Kommunikationstechnologien in allen Bereichen der Gesellschaft und Wirtschaft eingesetzt werden, sind darüber hinaus alle Fächer vom Einsatz dieser Technologien unmittelbar betroffen. Chancen und Risiken bezüglich Humanverträglichkeit, Sozial- und Umweltverträglichkeit sind integrativ herauszuarbeiten, Konflikte zwischen ökonomisch-technischer und gesellschaftlich-politischer Rationalität zu verdeutlichen und Lösungsmöglichkeiten für eine wünschenswerte Perspektive zu suchen.

  Der Baustein zeigt die gesundheitlichen Belastungen der Computertechnik, Möglichkeiten ihrer humanen Gestaltung sowie ihrer sozialen Beherrschbarkeit und die Handlungsräume für die Beschäftigten und Arbeitgeber. Die kritische Analyse des Istzustandes und das Entwickeln von Utopien und Konzepten erfolgen in einem kommunikativen Prozeß mit Hilfe der „Zukunftswerkstatt".

  Im einzelnen geht es bei diesem Baustein um die
  - Belastungen und Beanspruchungen durch Bildschirmarbeitsplätze,
  - Hardwareergonomie (Auswahl und Aufstellung von Bildschirm, Tastatur, Maus und Drucker)
  - Ergonomische Arbeitsplatzgestaltung (Arbeitstische für Bildschirmgeräte, Sitzgelegenheiten und Fußstützen, Vorlagenhalter und Arbeitsunterlagen)
  - Ergonomische Gestaltung der Arbeitsumgebung (Lärm, Raumklima, Beleuchtung, Raumgestaltung)
  - Softwareergonomie (Gestaltung der Dialoge und Masken).
  - Es werden die gesetzlichen nationalen und internationalen Normen, Regelungen und Gesetze herangezogen, um zu Gestaltungs- und Handlungsmöglichkeiten zu gelangen.

- *Baum oder Zahl? - Möglichkeiten einer umweltorientierten Unternehmensführung* (Bürowirtschaft): Im Fach Bürowirtschaft wird die Unterrichtssequenz "Baum oder Zahl - Möglichkeiten einer umweltbewußten Unternehmensführung" entwickelt. Im Situationsfeld Unternehmen/ Betrieb muß das Spannungsverhältnis zwischen technisch-ökonomischer Rationalität (Produktivität / Rentabilität) und gesellschaftlich-politischer Rationalität (Umweltverträglichkeit) beurteilt werden. Mit Hilfe einer Zukunftswerkstatt soll der Umweltschutz in die Führungsgrundsätze einer (Modell-) Unternehmung - einer Papiergroßhandlung - aufgenommen werden. In der

Kritikphase werden die betrieblichen Funktionsbereiche Einkauf, Verkauf und Allgemeine Verwaltung ökologisch durchleuchtet. Wünschenswerte Ziele wie Abfallvermeidung, -verringerung oder Verkauf umweltfreundlicher Produkte werden auf ihre Realisierbarkeit geprüft und konkrete Handlungsalternativen entwickelt. Die Reflexion der Handlungsergebnisse und die ganzheitliche Betrachtung der Teilbereiche sollen die Formulierung einer Unternehmenskultur ermöglichen, die auch ökologischen Ansprüchen gerecht wird.

- *Umwelt- und sozialverträgliche Gestaltung einer Küche* (Politik):
  Der Unterichtsbaustein „Die Küche der Zukunft", der im Fach Politik entwickelt wird, knüpft im Situationsfeld „privater Haushalt und Freizeit" und an die Erfahrungen der Auszubildenden mit der Auseinandersetzung von Technik und Umwelt innerhalb der Familie an. Als Ergebnis einer Zukunftswerkstatt wird ein Forderungskatalog aufgestellt, mit dem Architekten, Küchenplaner, Küchenmöbel - und Küchengerätehersteller konfrontiert werden sollen.

  Exemplarisch wird die Umwelteinwirkung des Alltagsgegenstandes „Kühlschrank" problematisiert. Die Aufarbeitung des „Kühlschrankkrimis" um den FCKW-freien Kühlschrank des ostdeutschen Herstellers Foron soll die Schülerinnen und Schüler befähigen, das Verhalten der westdeutschen Kühlgerätehersteller, der Bundesregierung, der Treuhandanstalt, der ausländischen Staaten und der Umweltorganisation Greenpeace zu interpretieren. Abgeschlossen wird der Baustein mit der Analyse und Bewertung der Antwortschreiben auf die vorgelegten Forderungskataloge.

- *Warenwirtschaft quo vadis?* (Betriebswirtschaftslehre):
  In dem Unterrichtsbaustein „Warenwirtschaft-Quo vadis?", der im Fach Betriebswirtschaftslehre konzipiert wird, wird versucht, die funktionalen Aspekte eines Warenwirtschaftssystems, seine ökologischen Auswirkungen und seine Sozialverträglichkeit synthetisch miteinander zu verbinden. Diese Aspekte werden beim Einsatz von Warenwirtschaftssystemen weitgehend ausgeblendet. Mit Hilfe der Szenariomethode soll bewußt gemacht werden, daß sich bei den verschiedenen betroffenen Gruppen Handlungsspielräume erweitern, aber auch eingeschränkt werden können, für Sozial- und Umweltverträglichkeit Risiken, aber auch Chancen bestehen.

  Bevor ein Szenario entwickelt werden kann, müssen Sachkenntnisse über die Problemlage vorhanden sein, bzw. vermittelt werden. Mit Schülerinnen und Schülern muß eine möglichst anschauliche Aufgaben- und Problemanalyse geleistet werden. Während der an die Zukunftswerkstatt anschließende Unterricht zu einer exemplarischen Vertiefung des Themas führt (in unseren Beispielen der schulische Computerarbeitsplatz, der Ökokühlschrank, das Produkt Papier), ist es bei der Szenariomethode sinnvoll, von einem möglichst anschaulichen Beispiel mit Bezügen zur Erfahrungswelt der Lernenden auszugehen und dieses dann zu verallgemeinern. In dem Unterrichtsbaustein „Warenwirtschaft ..." ist dies der Erdbeerjoghurt, für den durch die Arbeiten am Institut für Energie und Umwelt eine vollständige Beschreibung der Transportkosten all seiner Bestandteile vorliegt. Über ihn und eine anschließende Textanalyse lassen sich der Logistikbegriff und das Konzept „Just-In-Time" klären und verdeutlichen. Mit Hilfe eines Leittextes werden die Auswirkungen auf Unternehmen, Mitarbeiter, Gesellschaft und Natur betrachtet und über ein Mind-Map festgehalten. Die theoretisch gewonnenen Erkenntnisse werden durch zwei Betriebsbesichtigungen ergänzt. Das Mind-Map kann anschließend erweitert werden und dokumentiert so den Fortschritt im Unterrichtsverlauf.

Darauf basierend kann das Szenario vorbereitet werden, indem die Einflußbereiche aus dem Mind-Map übernommen sowie Einflußfaktoren und Deskriptoren entwickelt werden. Gestützt durch umfangreiche Materialien zu den Einflußbereichen werden Positiv- und Negativszenarien entwickelt, vorgestellt und diskutiert. In der letzten Phase des Szenarios werden Maßnahmen und Handlungsmöglichkeiten unter der Fragestellung „Was können die Akteure tun, um das Negativszenario möglichst zu vermeiden, was können sie tun, um das Positivszenario möglichst Wirklichkeit werden zu lassen?" diskutiert.

Die Bausteine sind aus unterrichtspragmatischen Gründen zunächst fachbezogen konstruiert, für den konkreten Einsatz aber durchaus fächerübergreifend und interdisziplinär ausgelegt.

5 Erste Erfahrungen und Ergebnisse

Die ersten Erprobungen der Unterrichtsbausteine zeigen, daß die Zukunftswerkstatt eine Reihe ihrer Qualitäten auch unter schulischen Rahmenbedingungen entfalten kann, insofern die erforderlichen Bedingungen (insbesondere die Aufhebung des Stundentaktes und der Fächerung des Unterrichts) geschaffen werden.

Sie kann insbesondere hinsichtlich der Entwicklung von Sozial-, Human- und Methodenkompetenz zu deutlichen Entwicklungsfortschritten beitragen. Teilnehmerinnen und Teilnehmer heben die gewählten Sozialformen, insbesondere den gut abgestimmten Wechsel zwischen Plenums- und Gruppenarbeitsphasen besonders positiv hervor. Gefördert werden hier Formen verbaler und nonverbaler Kommunikation, die in den zu Frage-Antwort-Ritualen erstarrten herkömmlichen Vermittlungsformen kaum ein Rolle spielen.

Die Methode findet beim erstmaligen Einsatz ihre Grenze darin, daß in unserer Gesellschaft die Entwicklung von Phantasien und Utopien nicht gefördert wird, so daß Schülerinnen und Schüler die zur Formulierung von Utopien notwendige Grenzenlosigkeit, Freiheit, Leichtigkeit und Hemmungslosigkeit nicht entwickeln können.

Hinsichtlich der fachlichen Inhalte kann die Zukunftswerkstatt dazu beitragen, daß die Teilnehmerinnen und Teilnehmer ein Bewußtsein über den Kenntnisstand der Lerngruppe entwickeln und die Thematik in neuen, ganzheitlicheren Zusammenhängen betrachtet wird. Der Übergang von der Phantasie- in die Realisationsphase kann die Diskrepanz zwischen wünschbaren und realisierbaren Ideen besonders verdeutlichen, und damit kann der Konflikt zwischen ökonomisch-technischer und gesellschaftlich-politischer Rationalität virulent werden.

Erste Erfahrungen mit der Szenariomethode in der Lehrerfortbildung und im Unterricht der Berufsschule zeigen, daß die Teilnehmerinnen und Teilnehmer insbesondere die folgenden Punkte positiv hervorheben:

- die Aufforderung und die Übung vernetzten Denkens,
- eine hohe kommunikative Beschäftigung mit den Problemen,
- der hohe Grad der Teilnehmerorientierung, insbesondere die Gruppen- und Teamarbeit,
- das Präsentieren und Diskutieren vorzeigbarer Ergebnisse,
- ein gut abgestimmtes Verhältnis von Plenums- und Gruppenphasen,
- der Zwang zur ständigen Visualisierung der Ergebnisse jeder Phase, so daß immer wieder ein gemeinsamer Kenntnisstand erzielt wurde,
- die lebhafte, interessante und anschauliche Arbeit bei der Erstellung und Präsentation der Szenarien.

Kritik richtete sich insbesondere auf
- die umfangreiche Vorbereitung,
- das Problem ausreichenden Quellenmaterials und deren Rezeption,
- den hohen Zeitaufwand und den resultierenden Zeitdruck,
- die hohen Ansprüche an kognitive und analytische Voraussetzungen,
- und damit insgesamt auf das Problem der didaktischen Reduktion, das jeder Lehrende in Abhängigkeit von der Lerngruppe vornehmen muß.

Szenario-Methode fordert noch mehr eine weitsichtige Planung und vorausschauendes Handeln seitens der Lehrenden in ihrer Rolle als Moderatoren. Die Arbeitsgruppen bedürfen in den einzelnen Phasen einer intensiveren Betreuung, z. B. bei der Bestimmung der Deskriptoren und ihrer Differenzierung, bei der Arbeit mit einer Vernetzungsmatrix und bei der Selektion und Auswertung der Materialien. In der Berufsschule ist es offensichtlich von großer Bedeutung, daß diese zeitintensiven Methoden gut in das Curriculum integriert und mit ihm verankert werden, damit den Schülerinnen und Schülern verdeutlicht werden kann, wie hier die vorgesehenen Lerninhalte zusammen mit extrafunktionalen Qualifikationen vermittelt werden können.

Beide Methoden fördern die Eigentätigkeit und Selbständigkeit der Lernenden, sie steigern die Aktivität aller Beteiligten und erhöhen die kommunikativen Anteile, auch gerade bei denen, die sonst nicht zu Wort kommen.

Generell ist zu sagen, daß die Methoden ein tendenziell offenes Curriculum implizieren und zeitintensiv ausgelegt sind. Eine wichtige Entwicklungsaufgabe liegt deshalb darin, eine gute Verzahnung der Methoden und Inhalte mit einem Gesamtcurriculum zukünftig zu leisten.

Literatur

U. Alemann (1985), Zielsetzungen des Programms „Mensch und Technik". In: MAGS (Hrsg.), Werkstattbericht Nr. 1, Düsseldorf.
R. Jungk, N. Müllert (1989), Zukunftswerkstätten. Mit Phantasie gegen Routine und Resignation, überarbeitete und aktualisierte Neuausgabe, München.
M. König (1988), Szenariotechnik. Unterrichtsgegenstand und Unterrichtsmethode in kaufmännischen Schulen. In: M. Becker, U. Pleiß (Hrsg.), Wirtschaftspädagogik im Spektrum ihrer Problemstellung, Baltmannsweiler, 260 - 279.
H.- G. Rolff (1992), Die allgemeinbildende Schule der Zukunft - Das Wissen für Morgen. Zeitschrift für Berufs- und Wirtschaftspädagogik 88, 286 - 299.
G. Simonis, E. Latniak, U. Loss (1990), Gesellschaftsorientierte Technologiepolitik - Das Landesprogramm „Mensch und Technik - Sozialverträgliche Technikgestaltung", Hektogramm.
P. Ulrich (1987), Transformation der ökonomischen Vernunft. Fortschrittsperspektiven der modernen Industriegesellschaft, Bern - Stuttgart.
P. Weinbrenner (1980), Zukunftssicherung als Thema und Qualifikation; eine Umorientierung in der politischen Didaktik? Gegenwartskunde 29, 295-306.
P. Weinbrenner (1981), Zukunftssicherung und Zukunftsgestaltung als pädagogische Aufgabe - ein Unterrichtsmodell für die Sekundarstufe II, Politische Bildung 3, 65 - 86.
P. Weinbrenner (1982), Überleben - Politisches Handeln im Spannungsfeld von Kriegsgefahr, Bevölkerungswachstum, Ressourcenknappheit und Umweltzerstörung. Sozialwissenschaftliche Materialien, Stuttgart.
P. Weinbrenner (1992), Lernen für die Zukunft - Plädoyer für ein neues Relevanzkriterium der Politischen Bildung. In: W. Sander (Hrsg.), Konzepte der Politikdidaktik. Aktueller Stand, neue Ansätze und Perspektiven, Hannover, 219 - 238.
P. Weinbrenner, W. Häcker (1991), Zur Theorie und Praxis von Zukunftswerkstätten. In: Bundeszentrale für politische Bildung (Hrsg.), Methoden in der politischen Bildung - Handlungsorientierung, Bonn, 115 - 149.
P. Weinbrenner, J. Kahlert, Th. Fiddicke (1993), Sozial- und umweltverträgliche Gestaltung für Arbeit und Technik. Die Integration der Thematik in die Fächer Wirtschaftslehre und Politik für die bürowirtschaftlichen Ausbildungsberufe, Gutachten, herausgegeben vom Landesinstitut für Schule und Weiterbildung, Soest.

Die Informatik-Strategie als Instrument des Informationsmanagements

Thorsten Spitta

Fakultät für Wirtschaftswissenschaften, Universität Bielefeld, Postfach 10 01 31, 33501 Bielefeld

Zusammenfassung. Eingebettet in eine allgemeine Diskussion zum Begriff Strategie wird die Rolle und Entstehung einer Informatik-Strategie dargestellt. Als Instrument des Informationsmanagements in einer Organisation wird sie erstmalig eingesetzt, um ein datengestütztes System zur laufenden Prozeßkontrolle der Informatik zu schaffen. Dieses basiert auf elementaren Daten, die sich maschinell erfassen lassen. Auf ihrer Basis kann stufenweise ein Berichtssystem der Informatik über die Nutzung von Ressourcen aufgebaut werden, das für die Anwender nachvollziehbar ist.

Schlüsselwörter. Informatik, Strategie, Informationsmangement, Nutzungsdaten, Datenverantwortung, Controlling

1 Einleitung

Mit der rasanten Entwicklung der Informationstechnik in den letzten Jahren entstand als Teildisziplin der Wirtschaftsinformatik das sog. *Informationsmanagement* [vgl. z.B. Heinrich (1992)]. Das Gebiet wird auch als eigenständige Disziplin zwischen Betriebswirtschaftslehre und Informatik gesehen [Ortner (1991, 326)]. Obwohl es inzwischen viele Arbeiten in diesem Gebiet gibt, stehen wir noch am Anfang, den Produktionsfaktor Information wirklich beherrschen, also managen zu können. Hierunter wird nach dem Modell von Nolan (1979) über sechs Wachstums- und Reifungsstufen der Information im Unternehmen mindestens die dritte verstanden, die Stufe der Kontrolle. Die Stufen von Nolan sind Einführung, Ausbreitung, Kontrolle, Integration, Datenadministration und Reife. Nach Nolan kann der Weg, die „Krise der Datenverarbeitung" zu überwinden, nur Stufe für Stufe gegangen werden. Ein Mittel auf dem Weg zur Stufe der Kontrolle und weiteren Stufen ist eine Strategie für den Einsatz der Ressource Information. Eine solche Strategie muß bestimmten Anforderungen genügen, damit man von einem Instrument sprechen kann. Diese Anforderungen umfassen vor allem eine kooperative Erstellung und eine quantitativ orientierte Benutzung. Eine mangelhafte quantitative Orientierung ist nach Auffassung des Verfassers ein wesentliches Forschungsdefizit des Informationsmanagements [vgl. auch Griese et al. (1987)]. Der folgende Beitrag soll dieses Defizit verringern.

2 Was ist eine Informatik-Strategie?

Es herrscht heute Einigkeit, daß *Information* neben den Faktoren Betriebsmittel, Werkstoffe und Arbeit zu den betriebswirtschaftlichen Produktionsfaktoren gehört. Diese Einordnung wird ausführlich unter Berücksichtigung der verschiedenen Auffassungen von den Produktionsfaktoren von Martiny und Klotz (1990, 13ff.) diskutiert. Warum ist dieser Faktor einerseits offensichtlich allgegenwärtig und andererseits so schwierig zu greifen und zu handhaben?

Die Faktoren Betriebsmittel, Werkstoffe und Arbeit lassen sich auf Basis elementarer Bestandteile quantitativ erfassen. Wir können sie in kleinsten Einheiten zählen und bewerten und nach allgemein akzeptierten Regeln bis zu einer Bilanz verdichten. Der Faktor Information hingegen ist in einer Bilanz nur bruchstückhaft enthalten und vor allem nicht explizit ausgewiesen. Neben der rasanten Entwicklung der Informationstechnik hindert uns deren schlechte Meß- und Bewertbarkeit daran, eine quantitative Grundlage für ihr Management zu finden. Wir kennen keine Maßeinheit wie Anzahl, Gewicht, Fläche u.ä., mit der wir eine elementare Informationseinheit messen könnten.

Der Ansatz der Informationstheorie von Shannon, nach der das Bit eine solche kleinste Einheit und $H = \text{ld } n$ ein Maß für die Informationsmenge von n gleich wahrscheinlichen Alternativen sei, hilft nicht weiter. In der betrieblichen Anwendung wird Information weder auf der Ebene von Bits noch auf der Basis ihres Neuigkeitswertes und auch nicht unter der Perspektive von Sender und Empfänger betrachtet, wie dies die Informationstheorie tut. Es erscheint auch wenig erfolgversprechend, eine neuartige kleinste Einheit zu finden. Vielmehr sollen Indikatoren, die seit langem bekannt sind, daraufhin untersucht werden, ob sie sich als Maße des Informationsmanagements eignen.

Die Elemente des Produktionsfaktors Information, auch *Informations-Infrastruktur* genannt [Heinrich (1992, 18); Scheer (1994, 690)] sind neben allgemeinen Betriebsmitteln wie Gebäude und Finanzen *Computer, Netzwerke, Telekommunikations-Systeme (TK-Systeme), Software, Daten, Verfahren* und *Personal*. Ordnet man diese Elemente den Produktionsfaktoren unter dem Aspekt der Meßbarkeit zu, so reduziert sich der Produktionsfaktor *Information* i.e.S. auf nur noch wenige Elemente. Man kann einen Computer als Betriebsmittel wie etwa eine Heizungsanlage ansehen. Man kann jedoch Software ohne eine Vereinbarung, wie man unterschiedliche Programmiersprachen behandelt, noch nicht einmal zählen.

Die Informations-Infrastruktur und der Produktionsfaktor Information i.e.S. sind also nicht deckungsgleich. Trotzdem ist es angebracht und auch üblich, alle genannten Elemente zum Gegenstand des Informationsmanagements zu machen und alle Elemente in Tab. 1 einem Produktionsfaktor *Information* zuzuordnen. Statt mit *Informations-Infrastruktur* soll die Menge der Elemente des Faktors Information und ihrer Beziehungen mit *Informatik* bezeichnet werden, wobei in diesem Kontext der Begriff vom Wissenschaftsgebiet Informatik zu unterscheiden ist. Die für die Informatik zuständige Organisationseinheit bezeichnen wir mit *Informatik-Bereich*, der gegenüber den *Fachbereichen* dienstleistend tätig wird. Andere übliche Begriffe sind DV-Bereich, DV/Org-Bereich u.ä. Doch was ist eine Informatik-Strategie?

Tabelle 1. Elemente der Informations-Infrastruktur, zugeordnet zu Produktionsfaktoren

Element	Produktionsfaktor	meßbar z.B. durch
Computer	Betriebsmittel	Leistung, Anzahl, Kosten
Netzwerke	Betriebsmittel	Anzahl Endpunkte, Segmente
TK-Systeme	Betriebsmittel	siehe Computer
Software	Information i.e.S.	*keine allgemein*
Daten	Information i.e.S.	*akzeptierten*
Verfahren	Information i.e.S.	*Maße*
Personal	Arbeit	Anzahl, Kosten, Qualifikation

Nicht viele Begriffe der Betriebswirtschaftslehre werden so widersprüchlich gebraucht wie *Strategie* [vgl. z.B. Klaus (1987)]. Eine Strategie ist mehr als ein langfristiger Plan oder ein Leitbild. Ansoff (1984, 31) formuliert in einem bereits 1964 verfaßten Text: „...a strategy is a set of decision-making rules for guidance of organizational behavior". Hauptzweck der Erstellung einer Strategie sei es, die Organisation darauf vorzubereiten, zielkonform auf unerwartete Ereignisse von außen zu reagieren. Eine Strategie unterstelle unsichere Information und diskontinuierliche Veränderungen.

Dies macht es erforderlich, nach der erstmaligen Erstellung einer schriftlich festgehaltenen Strategie deren regelmäßige Aktualisierung als Prozeß zu begreifen. Dieser Prozeß ist rückgekoppelt mit der Umsetzung der Strategie und beeinflußt durch Störeinflüsse von innen und außen.

Minzberg (1988, 13) gibt ein anschauliches Bild vom vielschichtigen Charakter einer Strategie:

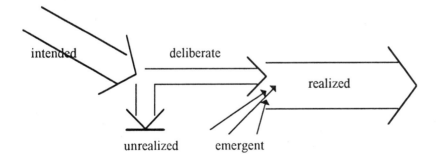

Abbildung 1. Elemente einer Strategie [aus Minzberg (1988)]

Bei allem Bemühen um die Formulierung einer Strategie wird es immer sowohl undurchführbare als auch ungeplante Elemente in der Umsetzung geben. Dem muß der Prozeß der Erstellung der Strategie und der Prozeß ihrer Pflege Rechnung tragen.

Statt mit einer verbalen Definition sei *Strategie* durch eine extensionale Aufzählung von Merkmalen und „Nicht-Merkmalen" umschrieben:

Strategie ist {Prozeß, Handlungsspielraum, systemübergreifend, offen, sprunghaft}

ist nicht {Objekt, Richtlinie, systemzentriert, geschlossen, prognostisch}

Eine *Informatik-Strategie* ist die an der Unternehmensstrategie ausgerichtete Teilstrategie für den Informatik-Bereich und die von den Fachbereichen verantworteten Elemente der Informatik. Welche dies sind, wird in Abschnitt 5.3 näher erläutert. Die Informatik-Strategie soll sich hier in Beschränkung auf ihre Kernaufgabe nur auf die innerbetriebliche Unterstützungsfunktion der Informatik, nicht auf die Produktstrategie beziehen (Chips in Autos u.ä.). Zur Rolle der Informatik als „strategische Waffe" vgl. Porter (1980), Ives / Learmonth (1984), Mertens / Plattfaut (1986) und Martiny / Klotz (1990). Als synonyme Begriffe für Informatik-Strategie werden auch DV-Strategie, Informationsstrategie, IS-Strategie u.a.m. verwendet [vgl. im einzelnen Heinrich/Lehner (1990)].

3 Warum braucht man gerade heute eine Informatik-Strategie?

Nach empirischen Befunden verfügen nur wenige Unternehmen über eine schriftlich festgehaltene Informatik-Strategie:

- In einer Studie zum Thema „Informationssystem-Strategie" befragten Krüger und Pfeiffer (1991) 407 Unternehmen, von denen 176 (43%) antworteten. Der Studie ist nicht quantitativ zu entnehmen, wieviele Unternehmen über eine schriftlich verfaßte Strategie verfügen; dem Kontext nach dürften es nicht viele sein.
- Lehner weist in seiner 1989 durchgeführten Befragung von 1200 Unternehmen und einer Rücklaufquote von 8% 44 Unternehmen aus, die über eine schriftlich verfaßte Strategie verfügen. Er vermutet, daß die geringe Rücklaufquote u.a. mit dem Fehlen einer Strategie erklärt werden muß [Lehner (1993, 212f.)].
- Roithmayr und Wendner (1992) hatten 1990/91 bei 276 angeschriebenen Unternehmen 103 Antworten (35%). Von diesen verfügten bei bis zu 5 DV-Mitarbeitern 10%, bei 6-10 DV-Mitarbeitern 20,8% und erst bei mehr als 10 DV-Mitarbeitern ca. 40% über eine schriftliche Informatik-Strategie, davon die Hälfte erst seit kurzer Zeit.

Eine Betrachtung der historischen Entwicklung kann hierfür Erklärungen liefern.

Die *Wachstumsphase der Informationstechnik ca. 1965 - 1991* war geprägt vom Entstehen eines Weltmonopols, zentralen, miteinander vernetzten Großrechnern und hohen, auf Rechenzentren konzentrierten Investitionen. Die Technik war überschaubar komplex, Sicherheitsprobleme konnte man relativ gut lösen. Der einzige oder der dominierende Lieferant von Informationstechnik „machte" die Informatik-Strategie für seine Kunden und entwickelte auch entsprechende Methoden. Z.B. ist BSP (business systems planning) von IBM noch heute in fast allen Büchern zum Informationsmanagement zu finden [vgl. z.B. Duffy / Assad (1989)]. Weltweit verschoben tausende von IS-Managern Investitions-entscheidungen, wenn der Monopolist eine neue „strategische Ankündigung" machte. Die Anwender hatten einen Teil ihrer Verantwortung für die Informatik an Lieferanten delegiert.

Die meisten Großanwender der Host-Technologie befinden sich nach Einschätzung des Verfassers heute im Übergang von Stufe 4 (Integration) nach Stufe 5 (Datenadministration) des Modells von Nolan.

Die *Konsolidierungsphase seit etwa 1991* bringt sowohl in der Technik als auch für die Rolle der Anbieter einen Umbruch. Großrechner werden zunehmend durch vernetzte kleinere Systeme ersetzt, obwohl ausreichende Werkzeuge für ein sicheres Netzmanagement fehlen. Die Monopolstellung des einen Lieferanten löst sich auf. Die mehr oder weniger homogenen, proprietären Systeme werden abgelöst durch heterogene, offene. Dazu ändert sich die Rolle der monolithisch organisierten zentralen Informatik beim Anwender zugunsten einer moderierenden, mit den Fachbereichen eng zusammenarbeitenden, verkleinerten Organisation. Kein Lieferant der Informationstechnik kann mehr mit dem Anspruch auftreten, er könne alles liefern und besitze in allen Anwendungsbereichen genügend Kompetenz. Der Anwender muß bei steigender Komplexität der Systeme und erhöhten Sicherheitsrisiken die Verantwortung für seine Informatik selbst übernehmen. Dazu kommt, daß die Beschaffung von Informationstechnik heute nur noch im Ausnahmefall in Schüben von Großinvestitionen verläuft. Der Normalfall ist die stufenweise Beschaffung in kleineren Einheiten als Bestandteil des Tagesgeschäftes. Der Preis für die „bessere Skalierbarkeit" (Werbeslogan) ist eine deutlich herabgesetzte Kontrollierbarkeit. Es gibt Anzeichen dafür, daß Unternehmen aus Kostengründen in eine ungeregelte Ausbreitungsphase von Client-Server-Anwendungen (Stufe 2 nach Nolan) zurückfallen.

Alles dies macht eine Informatik-Strategie heute notwendiger als noch vor einigen Jahren.

4 Wie entsteht eine Informatik-Strategie?

Durch die geänderte Rolle der Informatik im Unternehmen verbietet es sich, eine Informatik-Strategie ohne Einbeziehung der Fachbereiche zu erstellen. Ein intensiver Diskussionsprozeß zwischen Unternehmensleitung, Informatik-Bereich und Fachbereichen ist notwendig, um die Leitgedanken der Strategie dort zu verankern, wo später viele Detailentscheidungen zur Umsetzung der

Strategie gefällt werden, die sich einer Kontrolle im einzelnen entziehen. Außerdem kann heute kein Informatik-Bereich mehr mit dem Anspruch auftreten, besser als die Fachbereiche selbst zu wissen, was diese an Informationstechnik brauchen. Nicht zuletzt müssen Schwerpunkte für den Einsatz der Informationstechnik abgestimmt werden, die die Unternehmensstrategie wirksam unterstützen.

Um diesen Diskurs zu strukturieren, gibt es eine Reihe von Erhebungstechniken wie die Analyse von Wettbewerbsfaktoren [Porter (1980)], Erfolgsfaktoren [Rockart (1982)] und Schlüsselfaktoren [Heinrich / Lehner (1990)]. Hinzu kommen Darstellungstechniken wie etwa Portfolio-Matrizen. Der Einsatz dieser Methoden ist ausführlich bei Lehner (1993) dargestellt, der die Erstellung einer Informatik-Strategie mit Hilfe eines Vorgehensmodells zum Hauptgegenstand seines Buches macht. Andere Darstellungen finden sich etwa bei Duffy / Assad (1989, part B), Hammer (1992, Kap. 4.1) zur Portfolio-Analyse und Heinrich (1992). Heinrich/Lehner (1990, 9) bringen eine umfangreiche Aufzählung der heute bekannten Methoden zur Erstellung einer Informatik-Strategie.

Alle Methoden zielen darauf ab, die Bedeutung einzelner Elemente der Informatik, ganz besonders von Anwendungen und Softwareprojekten, im Rahmen einer Unternehmensstrategie transparent zu machen und durch Gewichtung und Priorisierung einen bewußten Informatik-Einsatz nach Wirtschaftlichkeitskriterien zu erreichen.

Die Methoden allein können den Erfolg bei der Umsetzung einer Strategie nicht sicherstellen. Genauso wichtig ist der kooperative Entstehungsprozeß, in dem die Unternehmensleitung und die Fachbereiche zu einer Identifikation mit der zu erstellenden Informatik-Strategie finden müssen. Dieser Prozeß wird mit vielen protokollierten Zwischenstufen nicht unter einem halben Jahr beendet werden können. Einen angemessenen Zeitaufwand zu betreiben, der Lernprozesse zuläßt, wird von Ansoff (1984, 31f.) für die Erstellung von Strategien generell verlangt, damit sich die Beteiligten mit dem Ergebnis identifizieren können. Die Überzeugungsarbeit wird während des Entstehungsprozesses der Strategie geleistet oder versäumt. Der Diskussionsprozeß in Form von Workshops mit ergänzenden schriftlichen Befragungen sollte vom Informatik-Manager oder von externen Beratern organisiert und moderiert werden. Das schriftlich festgehaltene Ergebnis, das Strategie-Papier, muß in einer allgemeinverständlichen Sprache formuliert sein und nicht in der Fachsprache der Informatik.

Der Verfasser hat in vielen Unternehmen andere Typen sog. „Informatik-Strategien" vorgefunden, die den oben formulierten Ansprüchen an eine Strategie nicht genügen:

- IS-Richtlinie, „erlassen" vom Informatik-Bereich,
- Gutachten externer Berater, meist nur wenigen Führungskräften bekannt,
- strategische Bereichsplanung in Form von Zielen, ohne daß Maßnahmen zu ihrer Erreichung formuliert gewesen wären.

5 Was enthält eine Informatik-Strategie?

5.1 Inhalte allgemein

Das Kriterium für die Inhalte einer Informatik-Strategie ergibt sich aus ihrer breiten und dauerhaften Verwendung: Sie muß die Punkte enthalten, die die Beteiligten in der Zusammenarbeit zwischen Informatik-Bereich und Fachbereichen kennen und verstehen müssen, um aus eigener Überzeugung im Sinne der Strategie handeln zu können. Die schriftlich verfaßte Strategie hat also eine Vermittlungsfunktion und eine Regelungsfunktion. Sie soll aber *nicht* das Regelwerk der technischen Interna des Informatik-Bereiches enthalten. Die schriftlich verfaßte Strategie muß folgende Fragen beantworten:
- Was sind die Ziele?
- Wer hat welche Aufgaben und Kompetenzen?
- Welche Maßstäbe gelten, z.B. bei der Auswahl von Lieferanten?
- Welche absehbaren Maßnahmen sollen durchgeführt werden, um die Ziele zu erreichen?
- Wie wird die Umsetzung kontrolliert?
- Welche Mittel werden eingesetzt, um die Umsetzung zu fördern?

Diese Fragen lassen sich besser als mit einer Standardgliederung in einer Matrix der Inhalte des Strategiepapiers beantworten.

Tabelle 2. Raster der Inhalte einer Informatik-Strategie

Was tut?	*In bezug auf?*				*Wie mißt man die Umsetzung durch?*
	Lieferanten	Kunden	Konkurrenten	eigene Organisation	
Unternehmensleitung					
Informatik-Bereich					
Fachbereiche					

Eine feste Gliederung vorzugeben, würde dem kooperativen Entstehungsprozeß widersprechen. Empfehlenswert ist jedoch folgender Mindestaufbau:
1. *Leitlinien-Teil:* knapp, Typ „Faltblatt", max. 5 Seiten
2. *Darstellungsteil:* aussagefähig, Typ „Leitfaden", max. 60 Seiten.

Lehner hat in seiner Erhebung auch die Umfänge der bestehenden Papiere erfaßt und mit überwiegend 6 bis 30 Seiten angegeben (1993, 202f.). Es ist jedoch nicht erkennbar, ob die Qualität der Papiere hinterfragt wurde.

5.2 Qualitätsmerkmale

Roithmayr und Wendner (1992, 474ff.) haben die Qualität von neun repräsentativen Strategiepapieren durch eine Inhaltsanalyse hinterfragt. Dabei wurden von ihnen folgende Kriterien zugrundegelegt:
- Seitenzahl,
- Gültigkeitszeitraum,
- Zeitaufwand für die Erstellung,
- Beteiligte,
- Vorgehensweise bei der Entwicklung,
- verwendete Methoden,
- Inhalte,
- Kriterien für die Erstellung der Strategie,
- Bedeutung einzelner Anwendungen.

Bezüglich der Auswertung zu den einzelnen Kriterien sei auf die Quelle verwiesen. Für uns genügen hier die Schlußfolgerungen der Autoren, die sich mit den bisher gemachten Aussagen decken: Die Strategie sollte unter breiter Beteiligung entstehen, die Bedeutung der für die Fachbereiche wirklich relevanten Anwendungen muß erfragt und vor allem die Durchsetzung der Strategie kontrolliert werden.

5.3 Beispiele und Schwerpunkte

Die konkreten Inhalte einer Informatik-Strategie können hier aus Platzgründen nicht ausführlich behandelt werden. Außerdem sind sie situationsabhängig. Deshalb werden hier nur Punkte hervorgehoben, die in der Literatur bisher weniger beachtet wurden:
1. Die Inhalte sind abhängig von der Reifungsstufe der Informatik (Nolan).
2. In Stufe 3 (Kontrolle) und 4 (Integration) spielt die Verantwortungsaufteilung zwischen Informatik-Bereich und Fachbereichen eine große Rolle.
3. Der Ausgangszustand bei Erstellung der Strategie ist festzuhalten.
4. Als Handlungsrahmen für Entscheidungen sind Kriterien statt fester Vorgaben anzugeben.

Wie die Qualitätskriterien von Roithmayr/Wendner zeigen, muß eine Strategie Mindestanforderungen genügen. Es müssen mindestens Aussagen gemacht werden, wie mit den Elementen der Informatik (vgl. Tab. 1) umgegangen werden soll. Es hängt jedoch von der *Ausgangsstufe* ab, ob Inhalte ausführlicher erläutert werden müssen oder nur schlagwortartig zu erwähnen sind. Gibt es z.B. noch keine innerbetriebliche Kostenverrechnung von Informatik-Leistungen, nach Nolan (1979, 118) eine Mindestbedingung für Stufe 3, dann bedarf diese Maßnahme einiger Erläuterungen in der Strategie. Ist die Kostenverrechnung ein gängiges Verfahren, gehören Ausführungen hierzu nicht in eine Strategie, sondern allenfalls in operative Regelwerke.

Um die Inhalte etwas anschaulicher zu machen, werden drei mögliche Gliederungen als Beispiele angegeben (vgl. Tab. 3). Die erste ist Heinrich/Lehner (1990, 20) entnommen. An der Erarbeitung der zweiten war der Verfasser maßgeblich beteiligt. Die dritte wurde von einem Anwender, der sich in einer grundlegenden organisatorischen Neuorientierung befindet, ohne externe Unterstützung erstellt.

Die vom Verfasser gewählte Gliederung bezieht sich auf ein Unternehmen in Stufe 3, das teilweise bereits Technik aus Stufe 4 einsetzt (integrierte Systeme). Hier wird der *Aspekt der Verantwortung* für Software, Daten und Verfahren besonders betont. Mit der Entwicklung zur verteilten Informationstechnik wächst den Fachbereichen zunehmend Verantwortung für deren korrekte und wirtschaftliche Nutzung zu. Dies erscheint trivial, ist es jedoch im konkreten Einzelfall keineswegs.

Tabelle 3. Drei Beispielgliederungen für Informatik-Strategien

Heinrich/Lehner	Spitta	Anwender
Leitbild und Aufgabenbereiche der Informationsfunktion	Ziele	Aufgabenstellung
Vorhandene und sich abzeichnende technologische Möglichkeiten	Leitlinien und Technologieentscheidungen	Begriffsdefinitionen
Stärken-/Schwächenanalyse eigene Inform.-Infrastruktur	Aufgaben und Kompetenzen des Informatik-Bereichs	Strategie-Ziel
Konkurrenzanalyse und -prognose	Aufgaben und Kompetenzen der Fachbereiche	Aufgabenbereiche und Maßnahmen
Strategien u. Maßnahmen (Aktionspläne)	Organisation der Strategie-Umsetzung	Laufende und im Folgejahr geplante Projekte
Organisatorische Konsequenzen		Informatik-Aufbauorganisation / Personal
Projektportfolio		
Kosten-Nutzen-Schätzg., Finanzierungsplan		

Beispiel: Eine fehlerhafte Auswertung kann auf einem fehlerhaften Programm beruhen, auf einer fehlerhaften Datenselektion oder auf fehlerhaften Steuerparametern. Den ersten Fehler verantwortet der Informatik-Bereich, den zweiten der Benutzer selbst, den dritten der Fachbereich, der die Steuerparameter pflegt.

Der Verfasser geht davon aus, daß eine Organisation niemals die Stufe 5 (Datenadministration) erreichen kann, wenn die Fachbereiche nicht ihren Anteil an der Verantwortung für die Informatik übernommen haben. Die Informatik-

Strategie muß hierzu in den Stufen 3 und 4 eine Vermittlungsfunktion erfüllen, um folgende *Verantwortlichkeiten* darzulegen:
- Der Informatik-Bereich verantwortet Auswahl und Betrieb der Technik (Hardware, Software, Entwicklungsmethodik). Dies umfaßt bei selbst erstellten Programmen deren Korrektheit. Außerdem verantwortet er zentrale Steuerdaten, die sich keinem einzelnen Fachbereich zuordnen lassen.
- Die Fachbereiche verantworten die originär eingegebenen Daten, die von ihnen gepflegten Steuerdaten und die mit dem Informatik-Bereich vor der Programmierung abgestimmten Verfahren. Abgeleitete Daten in der Datenbasis (Verdichtungen, Berechnungen) können bereits nicht mehr eindeutig zugeordnet werden. Bei Fehlern aus Verdichtungen und Berechnungen können falsche Programme *oder* Daten die Ursache sein.

Mit *Daten* sind hier Werte, keine Typen und Objektstrukturen gemeint. Deren Management ist in Stufe 5 die Verantwortung des Informatik-Bereichs.

Das Problem der Datenverantwortung tritt aus zwei Gründen in Stufe 3 verstärkt auf und muß daher Gegenstand einer Strategie sein. Batchanwendungen werden durch Dialoganwendungen ersetzt. Eine zentrale Datenerfassung verschwindet ab Stufe 3 zugunsten einer Dateneingabe durch die Fachbereiche [vgl. Nolan (1979, 121ff.)]. Der Anwender kann nicht mehr mit Erfassungsfehlern argumentieren. Zum zweiten wird moderne Anwendungssoftware über externe Tabellen gesteuert und nicht mehr über Programmkonstanten. Diese Tabellen werden von den Fachbereichen gepflegt. Die Konstanten können dagegen nur von Programmierern geändert werden. Unklare Verantwortlichkeiten verhindern die Ablösung alter Systeme, führen evtl. sogar zu unnötigem Parallelbetrieb [vgl. Ortner (1991, 324)].

Abschließend zwei letzte Aspekte zum Inhalt:
- Bei der Ersterstellung einer Strategie ist es ein grober Fehler, wenn die *Ausgangssituation* in Form eines Stärken-/Schwächen-Profils und wichtiger Kennzahlen nicht festgehalten wird. Viele Maßnahmen sind im Nachhinein nur vergleichbar und nachvollziehbar, wenn man den ursprünglichen Istzustand kennt. Ist man nicht in der Lage, mindestens *Eckdaten* quantitativ zu fassen, so ist dies der erste zu beseitigende Schwachpunkt.
- Zwar sollen nach Möglichkeit keine Produktlinien oder Lieferanten in einer Strategie festgelegt werden, als Handlungsrahmen müssen die Beteiligten jedoch die *Kriterien für Entscheidungen* kennen, nach denen auszuwählen ist:
    - Integrierte Daten und Abläufe (wo nötig, konsistente zentrale Datenbasis; Unterstützung von automatischem Workflow),
    - Unterstützung einer transparenten Organisation (z.B. durch Zugriffsberechtigungen),
    - Dezentrale Flexibilität (wo möglich, Installation von lokalen Daten und Anwendungen, die konsistent mit den zentralen sind),
    - Wirksamer Datenschutz,
    - Standardisierung (z.B. bei Software oder beim Datenaustausch mit Kunden),
    - Releasefähige (Standard-)Software (Releasefähigkeit ist bei Fremdsoftware obligatorisch, bei Eigenentwicklung ein wichtiges Qualitätsmerkmal),

- Zukunftsichere Produkte (Investitionsschutz),
- Potente Lieferanten,
- Daten- und Betriebssicherheit,
- Akzeptanz.

5.4 Zu erhebende Daten

Für die Erstellung einer Informatik-Strategie wurde Stufe 3 (Kontrolle) als spätester Reifungsabschnitt der Informatik benannt. Wenn ein Prozeß kontrolliert werden soll, dann benötigt man objektiv gemessene Daten, um Aussagen über den Ablauf des Prozesses machen zu können.

Zur quantitativen Beurteilung werden *Kennzahlensysteme* genannt, die im Idealfall sowohl Längsschnittvergleiche als auch zwischenbetriebliche Vergleiche zulassen [Itzfeld (1983)] und hierarchisch bis zu einer Spitzenkennzahl aufeinander aufbauen sollten [Heinrich (1992, 342)]. Lippold (1985) hat die bestehenden Systeme dargestellt und untersucht. Er fordert den Aufbau von *Berichtssystemen* auf der Basis von Kennzahlen. Griese et al. (1987) haben die Situation der quantitativen Bewertung der Wirtschaftlichkeit der Informatik in zwölf repräsentativen Großunternehmen untersucht und erhebliche Defizite bei der Quantifizierung festgestellt. Dies dürfte nach Einschätzung des Verfassers in Mittelbetrieben noch negativer aussehen. Lehner (1993, 142) stellt zum Status der Kennzahlensysteme fest: „Ein strategisches Controlling der Informationsinfrastruktur mit Kennzahlen ist ... derzeit nicht möglich".

Statt bestehenden, in der Praxis entstandenen Kennzahlensystemen ein weiteres oder eine neue Variante hinzuzufügen, erscheint es lohnender, sich mit den verfügbaren Basisdaten der Informatik zu befassen. Die Leistungen des Produktionsfaktors Information für die Organisation sind:

Tabelle 4. Elementarleistungen des Faktors Information

Leistung	Eigenschaft	*Ein/Ausgabe/Prozeß*
Daten speichern	sicher und dauerhaft	E
Daten liefern	richtig, beliebig wiederholbar	A
Daten finden	schnell und zuverlässig	A
Oberflächen darstellen	übersichtlich und skalierbar	A
Operationen ausführen	schnell und richtig	P
Daten transportieren	schnell und unverfälscht	P

Diese Elementarleistungen lassen sich nicht direkt erfassen, zählen oder messen. Man könnte sie auf drei reduzieren (finden, darstellen und transportieren als Operation), ändert aber damit nichts am Prinzip der mangelnden Meßbarkeit. Also müssen Indikatoren herangezogen werden, die so

elementar wie möglich und gut erfaßbar sind. Sie sollen möglichst folgenden *Kriterien* genügen:
- *einfach* und dem Benutzer vermittelbar,
- *zählbar*, um interpretative Einflüsse von Messungen gering zu halten,
- *maschinell erfaßbar*,
- *unabhängig* von der konkreten Anwendung,
- auf die *dynamische* Nutzung bezogen (i.Ggs. zu statischen Bestandsgrößen).

Durch das erste Kriterium werden allgemein verbreitete Größen ausgeschlossen, die eher Ressourcenverbräuche messen als Nutzung: CPU-Zeit und Hauptspeicherbedarf. Sie sind fast immer von Hardware und Betriebssystem abhängig, häufig auch von der Belastungssituation, und sagen dem Benutzer wenig.

Den sehr eng gefaßten Kriterien genügen die Daten der Gruppe 1 (vgl. Tab. 5). Die folgenden Größen werden nach Wissen des Verfassers in vielen Unternehmen erhoben, allerdings unsystematisch und meist nur sporadisch. Gruppe 1 ist besonders wichtig, denn sie sollte bei identischer Software mit identischen Daten auf verschiedenen Rechnern dieselben Werte liefern. Die Daten werden z.T. von den accounting-Systemen gängiger Betriebssysteme erfaßt (MVS, BS 2000, VMS, UNIX).[1]

Die Gruppen 1 und 5 sind das Minimum, das eine Informatik-Strategie für Stufe 3 vorgeben muß. Die Daten von Gruppe 1 sind besonders wichtig, weil sie einen Einblick in die *Nutzung* der Informatik-Ressourcen i.Ggs. zur Investition geben. Die Gruppen 3 und 4 sind hier nur angedeutet. Insgesamt müßte jedes Datum inhaltlich diskutiert werden, was hier nicht geleistet werden kann. Die Gruppen sind nach absteigender Verläßlichkeit und Vergleichbarkeit geordnet.

Die wissenschaftliche Informatik beschäftigt sich intensiv vor allem mit den Daten der Gruppe 4, wobei zu 4.1 auch heute noch Boehm (1981) den Stand der Wissenschaft angibt, zu 4.2 vor allem Zuse (1991) zu nennen ist und zu 2.3 Albrecht / Gaffney (1983). Der Aspekt der Erfassung von Aufwandsdaten ist in Spitta (1989, Kap.12) behandelt.

Alle Daten erhalten für das Informationsmanagement eine erheblich bessere Aussagekraft, wenn sie nach Anwendungsgebieten (etwa Administration, Produktion, Vertrieb) getrennt werden.

---

[1] Hierzu gelten zwei Einschränkungen: Zu 1.1 (vgl. Tab. 5) muß noch geklärt werden, ob *Transaktion* wirklich in allen Systemen gleich definiert ist, und zu 1.5.2, wie man einen RPC (remote procedure call) erfassen kann.

Tabelle 5. Basisdaten zur Kontrolle einer Informatik-Strategie

Nr.	Indikator / Maß	Anmerkung
1	*Dynamische, gezählte Daten*	
1.1	Transaktionen	Zahl angezeigte Bildschirme/Fenster
1.2	Batchläufe	alle Wiederholungen zählen
1.3	Listen	alle Kopien zählen; Wiederholungen pro Liste separat erfassen
1.4	Druckzeilen	
1.5	Programmaufrufe	pro Gebiet, System, Programm
.1	prozessor-intern	
.2	prozessor-übergreifend	bei Client-Server-Anwendungen
1.6	Verbindungen	TK-Systeme, E-Mail u.a. Netzleistungen
.1	abgehend	
.2	ankommend	
1.7	Datenbasis-Aufrufe	
.1	lesend	
.2	schreibend	
1.8	Dialogbenutzer	mehrere Anmeldungen zählen mehrfach
2	*Statische, gezählte Daten*	
2.1	Programme	Programmiersprachen differenzieren
2.2	Dateien	Datenhaltungssysteme differenzieren
.1	Stamm~	~: „dateien"
.2	Bewegungs~	
.3	Verdichtungs~	
.4	Attribute/Datei	
2.3	Funktionspunkte	genaue Definition der Erfassung nötig
2.4	Listen	
3	*Dynamische, gemessene Daten*	ausgedrückt durch Kennwerte wie Mittelwert ($\emptyset$), Varianz (s^2) u.ä.
3.1	Antwortzeiten [sec]	min, $\emptyset$, max, s^2
3.2	Laufzeiten [h:min:sec]	$\emptyset$, max, s^2
3.3	Zeit/Verbindung [sec]	$\emptyset$, max
3.4	Datenmenge/Verbindg. [KB]	$\emptyset$, max
4	*Statische, gemessene Daten*	zu einem Stichtag
4.1	Länge/Programm [KSI]	Programm= compilierbare Einheit
4.2	Komplexität/Programm [?]	Sprachabhängig; es gibt über 50 Maße
4.3	Größe/Datei [KB]	
4.4	externe Aufrufe/Programm	Hinweis auf Qualität der Modularisierung
5	*Dynamische, erfaßte Daten*	Aufwände je Entwickler pro Objekt und Aktivität

6 Wie arbeitet man mit einer Informatik-Strategie?

Die Informatik-Strategie ist zunächst ein Dokument, welches das Ergebnis des Diskurses ihrer Entstehung wiedergibt. Sie wird im Tagesgeschäft als Beleg bei Streitfragen, als Basis für die Vermittlung einfacher fachlicher Zusammenhänge, kurz als „Instanz" bei informatik-bezogenen Entscheidungen benutzt. Doch dies ist nur ein Teilaspekt eines dauerhaften Prozesses der ständigen Überprüfung und Kontrolle.

6.1 Periodisches Meinungsbild

Nach Eintreten bestimmter Ereignisse oder nach Ablauf fester Zeiträume (ca. ein Jahr) ist die Strategie zu überprüfen und zu aktualisieren. Die Meinung der Beteiligten über die Wirksamkeit der Informatik ist festzuhalten. Sie kann nach einem Verfahren von Heinrich (1992, 106ff.) quantifiziert werden. Es baut auf der Erfolgsfaktoren-Analyse von Rockart (1982) auf. Rockart hat vier grundlegende Faktoren festgestellt, die den Erfolg der Informatik in einer Organisation beeinflussen:
- Service (Wirksamkeit und Wirtschaftlichkeit),
- Kommunikation (Zusammenarbeit Unternehmensleitung ↔ Informatik-Bereich ↔ Fachbereiche),
- Personal (Qualifikation),
- Positionierung (Welche Anwendungen mit welcher Priorität?).

Die Faktoren werden in bis zu 26 Erfolgsfaktoren zerlegt [vgl. im einzelnen Heinrich (1992)]. Über einen standardisierten Fragebogen werden Rangzahlen der Wichtigkeit und der Leistung jedes Faktors erfragt. Aus gewichteten Summen der Rangzahlen werden Maßzahlen für den *Gesamterfolg* und für eine *Leistungsdifferenz* ermittelt. Aus der Leistungsdifferenz lassen sich direkt Maßnahmen ableiten (z.B. welcher Faktor ist unwichtig aber hochwirksam bzw. welcher wichtig aber unwirksam?), oder der Gesamterfolg wird im Zeitvergleich betrachtet.

Diese objektivierte Befragung und der damit verbundene Diskussionsprozeß sind ein wesentlicher Beitrag der Informatik-Strategie zu einem wirksamen Einsatz der Informatik. Vor allem wird der Erfolgsfaktor Kommunikation dadurch nachhaltig beeinflußt. Eine etwa jährliche Befragung und Diskussion kann aber nicht die laufende datengestützte Kontrolle ersetzen, die die Umsetzung der Strategie begleiten muß.

6.2 Interpretation von Indikatoren und Maßen

Warum gibt es das offenbar notwendige und auch mehrfach geforderte (vgl. 5.3) Berichtssystem für das Informationsmanagement nicht oder nur in Ansätzen? Unter *Berichtssystem* wird hier ein periodisches, datengestütztes System quantitativer Ergebnisse mit qualitativen Erläuterungen verstanden. Eine Sammlung verbaler „Projektberichte" erfüllt diesen Anspruch nicht. Die Gründe, daß ein solches System bisher nicht allgemein definiert ist, sind nach Auffassung des Verfassers in Wissenschaft und Praxis verschieden:

- Es gibt keine käuflichen Werkzeuge für eine *einheitliche* Erfassung und Darstellung der dynamischen Daten. Die Datenquellen liegen in verschiedenen Subsystemen, die meist von unterschiedlichen Herstellern stammen (Transaktionsmonitor, Betriebssystem, Netzwerkmanagementsystem, Datenbank). Das Berichtssystem zu schaffen, ist für den Anwender ein aufwendiges Infrastrukturprojekt, das am *Aufwand* oder an der *Priorität* gegenüber Anwendungen scheitert.

- Aus Sicht der Wissenschaft sind die *Indikatoren* möglicherweise zu *undifferenziert*. Sie lassen keine eindeutigen Schlüsse zu. Es gibt intensiv wissenschaftlich diskutierte Indikatoren und Maße wie Funktionspunkte, Programmlänge und Programmkomplexität (Quellen s. 5.4), und es gibt Indikatoren, die außer in Fallstudien [vgl. z.B. Cash et al. (1992)] nicht betrachtet werden. Sie sind noch nicht einmal in veröffentlichten Kennzahlensystemen enthalten [vgl. Lippold (1985), Lehner (1993, 138ff.)].

Die folgende Diskussion einiger Indikatoren der Gruppe 1 soll ihren Wert sowohl für das praktische als auch das wissenschaftliche Informationsmanagement zeigen.

Transaktionen sind überwiegend vom Benutzer ausgelöste Leistungen eines Dialogsystems. Sie zählen die Häufigkeit wichtiger Geschäftsprozesse. Der absolute Wert wie etwa 100.000 Transaktionen/Tag sagt noch nicht viel aus. Er muß interpretiert und differenziert werden. Der Wert wird nicht nur von der Nutzung, sondern auch von Konstruktionsmerkmalen der Software bestimmt. Bei einer Differenzierung nach Anwendungen und bei Zeitvergleichen läßt sich jedoch der nutzungsbedingte und der konstruktionsbedingte Einfluß in etwa abschätzen.

Beispiel: Ein Standard-Buchhaltungspaket wurde von zwei Geschäftseinheiten mit zusammen 400 Mio DM Jahresumsatz benutzt. Die dritte Geschäftseinheit mit knapp 100 Mio DM Umsatz, den gleichen Produkten, aber einem anderen Vertriebssystem wurde mit hinzugenommen. Dies verursachte wesentlich mehr Transaktionen, als vorher aufgetreten waren. Statt die Hardware aufgrund der Performanceprobleme aufzurüsten, wurden die Geschäftsvorfälle untersucht und reduziert, die so viele Transaktionen ausgelöst hatten.

In diesem Fall erklären sich die Transaktionen ausschließlich nutzungsbedingt. Beim Vergleich der Transaktionen zweier verschiedener Buchhaltungssysteme hätte man zusätzlich konstruktive Einzelheiten der Software analysieren müssen.

Batchläufe werden sowohl von veralteten Systemen ausgelöst als auch von Auswertungen moderner Systeme. Eine differenzierte Betrachtung gibt Hinweise auf möglicherweise nicht abgelöste Altsysteme (unerwünschter Parallelbetrieb) wie auch auf unspezifische, unnötig aufwendige Auswertungen. Eine ähnliche Rolle spielen die *Listen* bzw. die Kenngröße *Druckzeilen/Liste*. Bei unnötigen oder schlechten Auswertungen steht nicht so sehr die übermäßige Belastung der Rechner im Vordergrund, sondern die unzulängliche Nutzung der vorhandenen Potentiale der Informatik durch Fachbereiche.

Programmaufrufe je Anwendung sind ebenfalls ein wichtiger Indikator für die Nutzung getätigter Investitionen. Während sie bei üblicher Anwendungssoftware einen Zusatzindikator zu den Transaktionen und Datenbankaufrufen bilden, stellen sie im Bereich der Bürokommunikation derzeit fast das einzige Hilfsmittel zur Nutzungsbeurteilung dar. Nur über diese Größe läßt sich ermitteln, welche Standardpakete intensiv und welche gering oder gar nicht genutzt werden. Gerade im Bereich der Bürokommunikation kann ein solcher Indikator helfen, aufwendige Abstimmungsprozesse bei der Umsetzung einer Strategie abzukürzen.

Abb. 2 zeigt ein Beispiel für die Benutzung solcher Daten. Die Daten stammen von einem Konzern mit 500 Mio DM Jahresumsatz und 3000 Beschäftigten. Hauptziel der Strategie ab 1988 war, die Informatik zu modernisieren, um sie dadurch erheblich leistungsfähiger zu machen, als sie es vorher war.

Bei den *Programmen* in der Grafik steht nur die statische Anzahl zur Verfügung, nicht die Nutzung in Form von Aufrufen/Zeiteinheit.

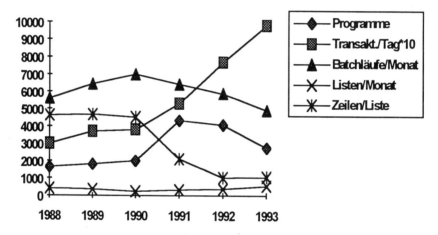

Abbildung 2. Längsschnittbetrachtung von Indikatoren während einer Strategie-Umsetzung

Interpretation der Daten aus Sicht der Strategie-Umsetzung

- Die *Anzahl der Programme* verhält sich strategiekonform. 1991/92 gehen Neuentwicklungen in Echtbetrieb, die zunächst gewollt parallel mit den Altanwendungen benutzt werden (Einführung stufenweise nach Werken). 1993 sind die Altanwendungen abgelöst, die Programme gelöscht. Es werden 1993 mehr Programme eingesetzt als 1988. Ob diese eine bessere Qualität als die alten aufweisen, kann man grob über eine Kennzahl *Zeilen/Programm* ermitteln. Ob die damit angezeigte stärkere Modularisierung allein als Hinweis auf eine bessere Qualität interpretiert werden darf, ist durch wieder andere Indikatoren und Maße (Komplexität, Benutzung von Unterprogrammen) zu hinterfragen.

- Die verfügbaren online-Funktionen (*Transaktionen/Tag*10*) steigen wie geplant stark an; die Zahl der *Batchläufe/Monat* sinkt bis 1993 geringfügig unter das Ausgangsniveau von 1988. Beides entspricht in dieser groben Form den Intentionen der Strategie, mehr Dialogfunktionen und bessere Auswertungen zu erhalten. Es muß allerdings überprüft werden, ob wirklich der Großteil der alten Batchprogramme durch bessere neue ersetzt worden ist.
- Die Zahl der monatlich erstellten *Listen* nimmt entgegen der strategischen Absicht (Reduzierung von Papier-Ergebnissen) *zu*. 1988/89 wird die Zahl zunächst durch „Bereinigung" reduziert, ab 1992 steigt sie aber mit den neuen Systemen wieder an. Gleichzeitig nimmt jedoch der Umfang der Listen (*Zeilen/Liste*) stark ab. Dies bedeutet erstens, daß undifferenziert selektierte, starre und lange Listen weggefallen sind und durch präziser selektierte Auswertungen ersetzt wurden. Zweitens wirkt sich die Schaffung benutzergesteuert und online abrufbarer Listen positiv auf die Selbständigkeit der Fachbereiche aus. Die „Arbeitsvorbereitung" des Rechenzentrums wurde hierdurch abgebaut.

6.3 Laufende Projektarbeit

Der größte Teil der Umsetzung einer Informatik-Strategie ist laufende Projektarbeit. Sie wird über Rahmenvorgaben der Strategie zum Projektmanagement beeinflußt, aber nicht direkt gesteuert. Das Strategie-Papier hat lediglich die Rolle einer Instanz für Zweifelsfragen, die umso besser akzeptiert wird, je intensiver die vorherige Abstimmung verlaufen ist.

Punktuell läßt sich jedoch auch die Projektarbeit durch ein datengestütztes Berichtssystem unterstützen, und zwar bei der Einführung neuer Systeme. In dieser Phase kommt es durch Fehler und Ablaufprobleme (Performance) häufig zu hektischen und belastenden Situationen. Wenn zur Klärung bereits Daten zur Analyse bereitstehen, trägt dies erheblich zur Entspannung solcher Situationen bei. Man verliert keine Zeit durch aufwendige Erhebung von Daten (z.B. Aufrufe, Datenbankzugriffe u.ä.).

6.4 Periodische Strategie-Revision

Die Umsetzung einer Informatik-Strategie dauert Jahre (s. auch Abb. 2). Angesichts der sprunghaften technologischen Entwicklung und der starken Veränderung bei den Lieferanten wäre es abwegig, Technologiesprünge und veränderte wirtschaftliche Situationen auch nur wenige Jahre voraussehen zu wollen. Daher ist es notwendig, nicht nur ein periodisches Meinungsbild zu erstellen, sondern auch die auf Technologien, Produkte und Lieferanten bezogenen Grundsatzentscheidungen regelmäßig zu hinterfragen und ggf. zu korrigieren.

Die Schwierigkeit besteht darin, einerseits Kontinuität zu bewahren, vor allem keine technischen Risiken einzugehen, und andererseits sich evolutionär von obsoleten Technologien zu trennen. Die Strategie als Dokument wird nur dann ein dauerhaftes Instrument bleiben, wenn Richtungsänderungen nachvollziehbar dokumentiert sind.

7 Schluß und Stand der Arbeiten

„If you can't measure it, you can't manage it", ist ein alter Spruch der Managementlehre. Die Informatik-Strategie ist das Instrument, den Prozeß der Meßbarkeit der Ressource Information in Gang zu bringen und so lange als unerledigt zu vermerken, bis wir guten Gewissens von einem *Informatik-Controlling* sprechen können. Die Strategie ist also ein Instrument, um andere Instrumente zu installieren.

Wenn das hier skizzierte Instrument *Berichtssystem* (vgl. 6.2) benutzbar ist, kann mit geringeren Anstrengungen Stufe 4 der Nutzung der Informatik (Integration) durchschritten werden. Datenbanksysteme und integrierte Anwendungssysteme als Kennzeichen für Stufe 4 sind heute in vielen Organisationen üblich, die Stufe 3 keinesfalls erfolgreich hinter sich gebracht haben. Stufe 3 ist ein organisatorischer Lernprozeß, Stufe 4 eine Investition. Der nächste schwierige Schritt, bei dem der Informatik-Strategie wieder die Rolle der Initiierung eines Lernprozesses zufällt, ist der Übergang zu Stufe 5 (Datenmanagement). Diese Stufe ist *nicht* mit der Einrichtung einer Stabstelle *Datenadministration* und einem gekauften Unternehmensdatenmodell erreicht, sondern erst, wenn die Mehrzahl aller Softwareentwickler so selbstverständlich mit Datenmodellen und einem zentralen Data Dictionary arbeitet, wie sie heute strukturiert programmiert. Wie sagte doch Nolan (1979, 117) bereits vor 15 Jahren?

„The balance between control and slack is important in developing appropriate management approaches for each stage of organizational learning."

„Organizational learning" kann man nicht kaufen, wohl aber durch eine Informatik-Strategie unterstützen.

Offene Fragen

Der vorliegende Bericht ist zu einem Stichtag erstellt, der keinen zeitlichen Bezug zum Ablauf der Forschungsaktivitäten hat. Insofern ist eine Anmerkung zum Stand der Arbeiten und den geplanten Aktivitäten notwendig.

Das angesprochene datengestützte Berichtssystem ist bisher nur sehr grob skizziert. Zur Zeit werden Pretests in Form von Befragungen durchgeführt, ob die Daten der Gruppen 1 und 2 tatsächlich so zu erheben und inhaltlich vergleichbar sind, wie in Abschnitt 5.4 angesprochen. Danach werden Testprogramme entwickelt, um Daten in verschiedenen Betriebssystemen und UNIX-Derivaten simulieren und ihre Werte erfassen zu können. Auf Basis derart abgesicherter Basisdaten soll dann ein Kennzahlensystem für das Informatik-Controlling und die Qualitätsbeobachtung erstellt werden.

Literatur

A.J. Albrecht, J.E. Gaffney (1983), Software Function, Source Lines of Code, and Development Effort Prediction: A Software Science Validation. IEEE Transactions on Software Engineering 9, 639-648.

I.H. Ansoff (1984), Implanting Strategic Management, Englewood Cliffs/NJ.

B.W. Boehm (1981), Software Engineering Economics, Englewood Cliffs/NJ.

J.I. Cash, F.W. McFarlan, J.L. McKenney, L.M. Applegate (1992), Corporate Information Systems Management. Text and Cases, 2. Aufl., Homewood/IL - Boston/MA.

N.M. Duffy, M.G. Assad (1989), Information Management. Strategy Formulation and Implementation, Oxford.

J. Griese, G. Obelode, P. Schmitz, D. Seibt (1987), Ergebnisse des Arbeitskreises Wirtschaftlichkeit der Informationsverarbeitung. Zeitschrift für betriebswirtschaftliche Forschung 39, 515-551.

R.M. Hammer (1992), Unternehmungsplanung, 5. Aufl., München-Wien.

L.J. Heinrich (1992), Informationsmanagement, 4. Aufl., München - Wien.

L.J. Heinrich, F. Lehner (1990), Entwicklung von Informatik-Strategien, HMD 154, 3-28.

W.D. Itzfeld (1983), Methodische Anforderungen an Software-Kennzahlen. Angewandte Informatik 25, 55-61.

B. Ives, G.P. Learmonth (1984), The Information System as a Competitive Weapon. CACM 27, 1193-1201.

P. Klaus (1987), Durch den Strategie-Theorien-Dschungel...; Zu einem Strategischen Management Paradigma? Die Betriebswirtschaft 47, 50-68.

W. Krüger, P. Pfeiffer (1991), Eine konzeptionelle und empirische Analyse der Informationsstrategien und der Aufgaben des Informationsmanagements. Zeitschrift für betriebswirtschaftliche Forschung 43, 21-43.

F. Lehner (1993), Informatik-Strategien. Entwicklung, Einsatz, Erfahrungen, München - Wien.

H. Lippold (1985), Kennzahlensysteme zur Steuerung und Analyse des DV-Einsatzes. HMD 121, 109-121.

L. Martiny, M. Klotz (1990), Strategisches Informationsmanagement. Bedeutung und organisatorische Umsetzung, 2. Aufl., München - Wien.

P. Mertens, E. Plattfaut (1986), Informationstechnik als strategische Waffe. Information Management 1 (2), 7-17.

H. Minzberg (1988), Opening Up the Definition of Strategy. In: J.B. Quinn, H. Minzberg, R.M. James, The Strategy Process - Concepts, Contexts and Cases, Englewood Cliffs/NJ, 13-20.

R.L. Nolan (1979), Managing the Crisis in Data Processing. Harvard Business Review, March-April, 115-126.

E. Ortner (1991), Informationsmanagement. Informatik-Spektrum 14, 315-327.

M.E. Porter (1980), Competitive Strategy, New York.

J.F. Rockart (1982), The Changing Role of the Information Systems Executive: A Critical Success Factors Perspective. Sloan Management Review 24, 3-13.

F. Roithmayr, J. Wendner (1992), Ergebnisse einer empirischen Studie über den Zusammenhang zwischen Unternehmensstrategie und Informationssystem-Strategie. Wirtschaftsinformatik 34, 472-480.

A.W. Scheer (1994), Wirtschaftsinformatik. Referenzmodelle für industrielle Geschäftsprozesse, 4. Aufl., Berlin et al.

Th. Spitta (1989), Software Engineering und Prototyping - Eine Konstruktionslehre für administrative Softwaresysteme, Berlin et al.

H. Zuse (1991), Software Complexity, Berlin - New York.

Tourismuswirtschaft und Freizeitmarkt - innovative Erfordernisse in den Neuen Bundesländern

Ulrike Settnik

Otto-von-Guericke-Universität Magdeburg, Postfach 41 20, 39016 Magdeburg

Zusammenfassung. Über *Tourismuswirtschaft* und *Freizeitmarkt* kann man sich heute bereits unabhängig von einem bestimmten Umfeld eine Fülle von Gedanken machen; auf die Neuen Bundesländer bezogen stellt diese Beziehung eine sehr komplexe Problematik dar. Es bietet sich eine Zerlegung in drei Teile an, die auf den drei zentralen Termini *Tourismuswirtschaft*, *Freizeitmarkt* und *innovative Erfordernisse* basiert. Zunächst erfolgt eine differenzierte Betrachtung von Tourismuswirtschaft und Freizeitmarkt, wobei die Ausgangssituation in den Neuen Bundesländern nach der politischen Wende im Jahre 1989 eine große Rolle spielt. Innovative Erfordernisse können nicht erfolgreich formuliert und operationalisiert werden, wenn nicht vorher eine Auseinandersetzung mit den Bedarfen des heutigen Freizeitmarktes stattfindet, d.h. modernes Tourismus-Marketing betrieben wird. Aufbauend auf diesen Kenntnissen ist es möglich, ein Konzept zur Weiterentwicklung von Tourismuswirtschaft und Freizeitmarkt in den Neuen Bundesländern zu entwerfen. Welche Elemente ein derartiges Konzept enthalten sollte, ist Gegenstand des dritten Abschnittes. Den Abschluß bildet die Vorstellung der Bewältigung der neuen Herausforderungen durch die Stadt Magdeburg.

Schlüsselwörter. tourismusabhängige Leistungserstellung, Freizeit, Freizeitverhalten, Freizeitwarenkorb, Mobilität, strategisches Management, sanfter Tourismus

1 Tourismuswirtschaft

Unter dem Terminus *Tourismuswirtschaft* bzw. Tourismusindustrie versteht man die Gesamtheit der für die Erstellung von Fremdenverkehrsleistungen notwendigen oder betroffenen Bereiche.[1] Dabei stellt die Tourismuswirtschaft erstens kein Produkt, sondern eine Dienstleistung her, und zweitens keinen einheitlichen Wirtschaftszweig dar. Sie setzt sich vielmehr aus einer Vielzahl anderer Wirtschaftszweige zusammen. Aufgrund dieser starken Zersplitterung und Verflechtung mit anderen Wirtschaftszweigen wurde ihre enorme weltwirtschaftliche

---

[1] Vgl. Freyer (1993, 121).

Bedeutung in der Vergangenheit lange nicht erkannt. Eine Studie des Word Travel & Tourism Council (WTTC) aus dem Jahre 1991 zeigt jedoch, daß die Tourismuswirtschaft

- den größten Wirtschaftszweig schlechthin repräsentiert,
- 1989 mehr als 2,5 Billionen US-Dollar an Wertschöpfung erzielte (5,5% des Welt-Bruttosozialproduktes),
- mehr als 112 Millionen Menschen beschäftigt (7% aller Erwerbstätigen),
- jährlich mehr als 350 Milliarden US-Dollar in neue Einrichtungen und Kapitalausstattungen investiert (7,3% des jährlichen Investitionsvolumens),
- jährlich mehr als 300 Milliarden US-Dollar an direkten und indirekten Steuern entrichtet (über 6% des globalen Steuereinkommens) und
- schneller als die Weltwirtschaft hinsichtlich des Ertrages, des Wertzuwachses, des investierten Kapitals und der Beschäftigtenzahlen wächst.[2]

Auf der Basis dieser Kenntnisse richtet sich das Augenmerk im Tourismusbereich seit einigen Jahren zunehmend auf ökonomische Gesichtspunkte, und es wird versucht, die in den Wirtschaftswissenschaften verbreiteten Methoden auf touristische Phänomene zu projizieren. So hat sich u.a. aus der Abgrenzung des Fremdenverkehrssektors und der Tourismusleistung eine Differenzierung in drei große Bereiche der tourismusabhängigen Leistungserstellung nach wichtigen betriebswirtschaftlichen Kriterien (Art der Leistungserstellung, Nachfrage, Absatz) herauskristallisiert[3]:

1. Die typische Tourismusindustrie (Tourismuswirtschaft im engeren Sinne)
   Diese umfaßt alle Bereiche, die typische Fremdenverkehrsleistungen erbringen, d.h. Leistungen, die in direktem Zusammenhang mit dem Fremdenverkehr und der Reise stehen (beispielsweise ein Hotel in einem Ferienort).
   Typische Tourismusbetriebe bieten typische Tourismusprodukte an, die ausschließlich von Touristen nachgefragt werden.

2. Die ergänzende Tourismusindustrie
   Darunter versteht man Betriebe, die in ihrer Gesamtheit nicht dem Fremdenverkehrsbereich zuzurechnen sind, sondern den verschiedensten anderen Wirtschaftszweigen. Ein Teil ihrer Leistungen bzw. alle Leistungen stellen jedoch typische Produkte dar, die für die Durchführung einer Reise notwendig oder erwünscht sind (z.B. Reiseführer oder Reiseversicherungen). *Untypische Tourismusbetriebe spezialisieren sich mit typischen Tourismusprodukten auf Touristen als Zielgruppe.*

3. Die touristische Randindustrie
   Darunter fallen Betriebe, deren Absatz zwar nicht grundsätzlich auf Reisende gerichtet ist, aufgrund lokaler oder zeitlicher Gegebenheiten jedoch

---

[2] Vgl. Haedrich et al. (1993, 715).
[3] Vgl. Freyer (1993, 116).

von ihnen in hohem Maße beeinflußt wird (z.B. ein Bäcker am Urlaubsort). *Untypische Tourismusbetriebe konzentrieren sich mit untypischen Tourismusleistungen auf Touristen als Zielgruppe.*

Der Tourismus bzw. die Tourismuswirtschaft repräsentiert heute - wie aus den vorangegangenen Ausführungen deutlich zu erkennen ist - einen Wirtschaftszweig wie jeder andere, der den Gesetzen des freien Marktes unterliegt und demnach die Anwendung eines komplexen wirtschaftswirtschaftlichen Instrumentariums erfordert.

Ebenso wie zahlreiche andere Märkte hat aber auch dieser Markt verstärkt mit knapper werdenden Ressourcen und rückläufigen Wachstumsraten zu kämpfen, aus denen bereits eine deutliche Wettbewerbsverschärfung, die zu einem ausgeprägten Verdrängungswettbewerb führte, resultierte. Marktwirtschaftliche, d.h. an den Bedarfen des Marktes (der Nachfrager) orientierte strategische Unternehmensführung zur langfristigen Existenzsicherung gewinnt daher zunehmend an Bedeutung.

In der Tourismuswirtschaft der ehemaligen DDR - um nun auf die spezifische Problemstellung zu kommen - spielten ökonomische, marktwirtschaftliche Aspekte gegenüber der politischen und sozialen Funktion hingegen lediglich eine untergeordnete Rolle. Sie war in die gesamte gesellschaftliche und sozialistische Entwicklung eingebettet und besaß demnach ähnliche Strukturen wie die gesamte DDR-Wirtschaft, zu denen hauptsächlich das gesellschaftliche Eigentum, die zentralwirtschaftliche Planung und Verwaltung sowie die staatliche Arbeitsplatzgarantie zählten. Kennzeichnend waren deshalb vor allem

- eine zentralistische Wirtschaftsstruktur
  Das Angebot des Tourismus erfolgte durch einige wenige oligopolistische Anbietergruppen, die sogenannten „Ferienträger" (z.B. die Feriendienste des Freien Deutschen Gewerkschaftsbundes), so daß nur geringe Möglichkeiten des individuellen Reisens existierten.
- staatliche Regelung der Nachfrage auf das bestehende Angebot (Zuteilungs- statt Nachfrageprinzip)
  Die Vergabe von Urlaubsplätzen fand durch Kommissionen der Feriendienste statt, die sehr häufig die Wünsche der Arbeitnehmer in bezug auf Zielort und Unterbringung nicht berücksichtigten, oder diese waren nur durch lange Wartezeiten realisierbar.
- politisch und ökonomisch begründete Einschränkungen für Auslandsreisen, insbesondere ins westliche Ausland
  Auslandsreisen zu Erholungszwecken konnten - sofern überhaupt möglich - ausschließlich ins sozialistische Ausland unternommen werden, für Reisen ins westliche Ausland, vor allem in die benachbarte Bundesrepublik, mußten besondere Gründe, z.B. „dringende Familienangelegenheiten", vorliegen.
- überdimensionaler Anteil der Inlandsreisen (80%) am gesamten Tourismusaufkommen
- niedrige Preise für Inlandsreisen durch hohe Subventionen (Stichwort „Sozialtourismus")

Da Tourismus als staatliche Versorgungsleistung galt, waren die Einrichtungen hoch subventioniert und arbeiteten nicht nach den Prinzipien der Wirtschaftlichkeit, die Urlauber mußten maximal ein Drittel der Kosten selbst tragen.
- Überlastung und Verschleiß der vorhandenen Kapazitäten durch Verzehr der Abschreibungen ohne ausreichende Wiederherstellung bzw. Reinvestition

Mit der innerdeutschen Öffnung im Jahre 1989 veränderte sich das Bild der Tourismuswirtschaft in den Neuen Bundesländern schlagartig: Es erfolgte - quasi über Nacht - ein Wandel vom *Anbietermarkt* (mit Zwangsbelegung vorhandener Kapazitäten, monopolistischer Preisbildung und Übernachfragesituationen in bestimmten Gebieten) zum *Nachfragermarkt* (mit freiem Wettbewerb der Anbieter, freier Wahlmöglichkeit der Nachfrager, marktorientierter Preisbildung und Überangebot in einigen Teilmärkten). Diese Umstellung innerhalb kürzester Zeit brachte die Defizite der ostdeutschen sozialistischen Tourismuswirtschaft klar zum Vorschein, von denen einige auch heute noch zu beklagen sind. Dazu zählen u.a. die im Vergleich zum nationalen und internationalen Tourismusangebot vielerorts noch existierende mangelhafte Infrastruktur und mangelhafte Qualität zahlreicher touristischer Einrichtungen, verknüpft mit einer fehlenden „Dienstleistungsmentalität" der Anbieter. Dementsprechend ging die Auslastung der Kapazitäten in der Folgezeit rasch auf ca. zwei Drittel der Vorwendezeit zurück.

Als Fazit aus dieser knappen Gegenüberstellung des Verständnisses von (inter)nationaler Tourismuswirtschaft und ehemaliger ostdeutscher Tourismuswirtschaft kann festgehalten werden, daß aus der Öffnung der DDR als Reiseland eine enorme Diskrepanz zwischen Anspruch und Realität erwuchs, die bis zum heutigen Tag nicht vollständig abgebaut werden konnte. Erschwerend kommen beim Aufbau der dortigen Tourismuswirtschaft die allgemein veränderten Rahmenbedingungen durch Dynamisierung von Technik, Markt und Gesellschaft hinzu, die für zusätzliche Unsicherheit im Planungsprozeß sorgen und hohe Anforderungen an zukünftige Tourismuskonzepte stellen.

2 Freizeitmarkt

Zwischen der Gestaltung der Tourismuswirtschaft und den heutigen und zukünftigen Bedarfen des Freizeitmarktes besteht eine enge wechselseitige Beziehung, daher muß vor der Formulierung innovativer Erfordernisse auf diesen Sektoren in den Neuen Bundesländern eine umfassende Analyse des aktuellen Freizeitbedarfes geschehen. An dieser Stelle erfolgt eine Ausrichtung auf einige wichtige, vorwiegend ökonomische Ansatzpunkte, so daß die Beschreibung des Freizeitmarktes nicht als vollständig verstanden werden sollte.

Seit Mitte der fünfziger Jahre hat die „freie Zeit", d.h. Freizeit außerhalb des Arbeitsplatzes für den einzelnen durch Verkürzung sowohl der Wochen- und Jahres- als auch der Lebensarbeitszeit kontinuierlich zugenommen, wie die nachfolgende Tab. 1 veranschaulicht.

Tabelle 1. Entwicklung der Freizeit durch Arbeitszeitverkürzung[4]

1950	1970	1990	2010
• 6-Tage-Woche • 48-Std.-Woche • 279 Arbeitstage • 86 freie Tage	• 5-Tage-Woche • 42-Std.-Woche • 238 Arbeitstage • 127 freie Tage	• 5-Tage-Woche • 38-Std.-Woche • 200 Arbeitstage • 165 freie Tage	• 4-Tage-Woche • 32-Std.-Woche • 165 Arbeitstage • 200 freie Tage

Dies hat zur Folge, daß der Tagesablauf nicht mehr eindeutig von der Arbeitszeit dominiert wird, sondern eine Verlagerung in den Freizeitbereich stattfindet. Gleichzeitig ist die Zufriedenheit mit der Arbeit und dem Arbeitsplatz stark zurückgegangen. Durch verschlechterte Arbeitsbedingungen wie z.B. Automatisierung des Arbeitsablaufes, extreme Arbeitsteilung, permanente Arbeit an Computern und Anonymisierung in Großraumbüros, alleinige Kommunikation über moderne Datenverarbeitung sind viele Arbeiter und Angestellte mittlerweile ihrem Produkt entfremdet. Sie fühlen daher weniger Befriedigung durch ihre Tätigkeit und suchen Erfolgserlebnisse vermehrt außerhalb des Arbeitsprozesses in der Freizeit. Freizeit wird als „Gegenwelt" zum Alltag gesehen, in der neue und veränderte Zielvorstellungen gelten. Dementsprechend sind an die Stelle der früheren gesellschaftlichen Ziele und „Arbeitstugenden" neue Freizeitwerte getreten, die in Tab. 2 einander gegenübergestellt werden.

Tabelle 2. Gegenüberstellung traditioneller und innovativer gesellschaftlicher Ziele[5]

Traditionelle Arbeitstugenden	*Neue Freizeitwerte*
Zielsetzungen:	**Zielsetzungen:**
• Leistung/Erfolg/Anerkennung • Besitz/Vermögen/Eigentum	• Spaß/Freude/Lebensgenuß • Sozialkontakte/Gemeinsamkeit
Fähigkeiten:	**Fähigkeiten:**
• Fleiß/Ehrgeiz • Disziplin/Gehorsam • Ordnung/Pflichterfüllung	• Selbermachen/Selbst-Aktiv-Sein • Spontanität/Selbstentfaltung

---

[4] Vgl. Opaschowski (1987, 12).
[5] Vgl. Opaschowski (1987, 16).

Es ist also ein Wertewandel innerhalb der Gesellschaft von der Arbeits- zur Freizeitgesellschaft zu beobachten. Ein großes Problem (und eine große Chance) besteht nun darin, das vermehrte Angebot an Freizeit auch sinnvoll zu nutzen. Ein Teil der zusätzlichen Freizeit wird dabei in passive Freizeitaktivitäten umgesetzt (z.B. Fernsehen und Video), doch wird das aktive Freizeitverhalten in immer größerem Maße vom Urlaubmachen bzw. vom Reisen im Urlaub geprägt.

So ist Reisen in der Freizeit beinahe zu einer gesellschaftlichen Notwendigkeit, zu einem festen Bestandteil des gesellschaftlichen Freizeitverhaltens geworden. Heute muß eher der Nichtreisende begründen, warum er zu Hause bleibt, als daß der Reisende eine Begründung für seine Reise angeben muß. In den heutigen Industrienationen hat sich ein Urlaubs- und Sonnenkultverhalten entwickelt, dessen Bann sich der einzelne kaum oder gar nicht entziehen kann (wobei das lange Zeit vorherrschende Sonnenkultverhalten allerdings aufgrund der gesundheitsschädigenden Wirkungen langsam an Bedeutung verliert).

Urlaubsreisen sollen heute vorrangig der Erholung, dem Vergnügen sowie dem Lustgewinn dienen. Sie stellen ein Element der privaten Freizeitgestaltung und des privaten Konsums dar und werden um ihrer selbst willen durchgeführt. Die Fahrt und der Aufenthalt am Ort werden - ähnlich wie andere Güter des privaten Konsums - verbraucht, konsumiert. Grundsätzlich verkörpern Urlaub und Reisen zwar zwei ganz unterschiedliche Phänomene, doch in den Industrienationen wird Urlaub sehr häufig mit Reisen gleichgesetzt. Während dieser Zeit verlassen die meisten Einwohner ihren gewöhnlichen Arbeits- und Aufenthaltsort und verbringen ihren Urlaub in der Fremde (am Urlaubsort). Im Urlaub wird - wie bereits angesprochen - die Gegenwelt gesucht, die u.a. der Regeneration der Arbeitskraft für den alltäglichen Produktionsprozess dienen soll.

Mitbedingt wird dieses Reisen durch die veränderte soziale und technische *Mobilität* innerhalb der Gesellschaft. Mobilität beschreibt in diesem Zusammenhang nicht nur die Fähigkeit des Menschen, räumliche Entfernungen zu überwinden, sondern auch - im übertragenen Sinne - den eigenen Lebensraum zu nutzen und zu erleben, räumliche sowie geistig-soziale Grenzen zu überwinden und neue Lebensräume zu erschließen. Die Bewohner der Industrienationen haben ihr Leben nicht mehr isoliert in ihren Geburtsorten verbracht, sondern treten früh in Kommunikation mit der Außenwelt, über Medien, über Besuchsreisen und gestiegene Mobilität bei der Arbeitsplatzsuche.

Grundsätzlich erwachsen aus dem beschriebenen gesellschaftlichen Wertewandel und dem damit verbundenen veränderten Freizeitverhalten große Chancen für die Weiterentwicklung der Tourismuswirtschaft. Es bedarf jedoch einer genaueren Untersuchung des Umgangs mit der Freizeit und deren abhängigen (ökonomischen) Variablen, um strategische Schlußfolgerungen ziehen zu können.

So ist z.B. eine differenzierte Betrachtung der unterschiedlichen Entwicklung von Tages-, Wochen- und Jahresfreizeit notwendig. Die Jahresfreizeit wird dabei weniger zunehmen, hingegen tragen die zunehmende flexible Teilzeitarbeit und bestimmte Formen der Wochenarbeitszeitverkürzung, z.B. mit Hilfe von sogenannten „Brückentagen", zu einer Verlängerung der Wochenendfreizeit bei. Es werden daher noch stärker als bisher für die Arbeitnehmer arbeitsfreie Perioden mit drei, vier oder gar fünf Tagen entstehen, welche zu Kurzreisen motivieren.

Diese Entwicklung läßt sich schon jetzt anhand von Zahlen verdeutlichen: 1992 dauerten knapp 20% aller Reisen deutscher Touristen lediglich zwischen fünf und acht Tagen.[6] Dafür werden heute mehrmals im Jahr Kurzreisen unternommen, wobei diese Reisen nicht ins Ausland gehen, sondern überwiegend Ausflüge in Naherholungsgebiete darstellen oder Besichtigungen von Städten beinhalten. Die deutsche Tourismusindustrie hat diesen Trend rechtzeitig erkannt; so besteht eine zunehmende Tendenz, vermehrt Inlandsreisen zu propagieren, was erste Wirkung zeigte: Im Jahre 1992 blieben schon 36% aller Reisenden im Inland, von denen rund 65% bis zu 1200 DM pro Person ausgaben.[7]

Als Freizeitfahrzeug bei allen Reisen fungiert heute überwiegend das Auto, das entscheidend zur privaten Mobilität beigetragen hat; speziell für Urlaubsbedürfnisse wurden in den letzten Jahren aber auch Caravans und Wohnmobile produziert. Mehr als 60% aller Reisen wurden mit dem PKW (inklusive Caravans und Wohnmobile) unternommen. Erst danach folgen mit deutlichem Abstand Flugzeug, Bahn und Bus. Voraussetzung für die starke Zunahme des Kraftfahrzeugverkehrs war die erhebliche Vergrößerung und vor allem die Verbesserung des Straßennetzes. Diese wurde sowohl durch den Bau neuer als auch durch den verkehrsgerechten Ausbau der vorhandenen Straßenverbindungen erreicht.

Zu beachten ist außerdem der enge, zwischen der Konjunktur und der touristischen Nachfrage bestehende Zusammenhang. Er belegt, daß die touristische Konsumnachfrage primär von der Entwicklung des verfügbaren Haushaltseinkommens abhängig ist, dieser jedoch immer mit einem gewissen „time-lag" erfolgt. Eine klare Definition dessen, was eigentlich unter „Freizeitausgaben" zu verstehen ist, erscheint angesichts der fließenden Grenze zwischen Arbeit und Freizeitaktivitäten schwierig (z.B. Nutzung des Autos als Arbeits- oder Urlaubsreisemittel). Diese Tatsache erschwert die Zusammensetzung eines *Freizeitwarenkorbes*, mit dessen Hilfe sich die Freizeitausgaben berechnen ließen.

Grundsätzlich kann unter Freizeitausgaben die Summe aller privaten Aufwendungen für Güter und Dienstleistungen gesehen werden, die für Freizeitzwecke genutzt werden. Ein Beispiel für die Zusammensetzung des Freizeitwarenkorbes und der entsprechenden Ausgaben verdeutlicht Tab. 3.

Diese Freizeitausgaben konkurrieren mit den anderen, z.T. lebensnotwendigen Ausgaben eines Haushaltes. Sie finden daher ihre Grenze in dem frei zur Verfügung stehenden Haushaltseinkommen bzw. in der Bereitschaft und Möglichkeit, sich für Freizeitzwecke zu verschulden. Steigen beispielsweise die Mieten stark an, wie es in den vergangenen Jahren zu beobachten war, so wirkt sich dies bei nahezu konstantem Haushaltseinkommen u.U. negativ auf den Umfang des Freizeitkonsums aus. Darin konkurrieren die Ausgaben für die Reise (zur Zeit umfassen sie ca. 35% des gesamten Freizeitkonsums) wiederum mit solchen für andere Freizeitaktivitäten. Grundsätzlich besteht die Gefahr, daß der einzelne Reisen durch andere Formen der Freizeitbeschäftigung substituiert. Für die neunziger Jahre ist damit zu rechnen, daß sich der Anteil der Freizeitausgaben am gesamten privaten Verbrauch unter Berücksichtigung der

---

[6] Vgl. Freyer (1993, 105).
[7] Vgl. ebenda.

Einkommenszuwächse, der Inflation und des gestiegenen Gesamtkonsums nur noch geringfügig erhöht, d.h. von heute ca. 18% auf zukünftig 20%, bzw. sogar stagniert. Insgesamt kann für den Freizeitkonsum mittelfristig von einem durchschnittlichen jährlichen Wachstum von 2-3% ausgegangen werden.

Tabelle 3. Verteilung der Ausgaben im Freizeitbereich[8]

Freizeitbereich	Ausgaben 1988 (in DM)
Urlaub	1.828
Auto für Freizeitzwecke	949
Sport/Camping	937
Radio/Fernsehen	812
Bücher/Zeitschriften	596
Garten/Haustiere	512
Spiele/Spielzeug	324
Foto/Film	239
Kino/Theater/Konzert	154
Heimwerken	80
Sonstiges	746
Summe	**7.177**

Zu berücksichtigen ist bei einer Analyse des Freizeitmarktes auch, daß eine Vergrößerung des Freizeitvolumens nicht alle Bevölkerungsgruppen gleichmäßig betrifft. So werden davon vor allem Arbeiter, Angestellte und Beamte profitieren, d.h. Beziehers eher niedriger bis mittlerer Einkommen; Topmanager und selbständige Unternehmer mit hohem Einkommen sowie Schüler und Studenten werden hingegen kaum eine Erhöhung ihrer freien Zeit erfahren. Eine Analyse der Reisetätigkeit der Bundesdeutschen zeigt parallel dazu, daß die Teilnahme am Tourismus bei unterschiedlichen Einkommensgruppen sehr unterschiedlich ausgeprägt ist. Während ca. 80% der Bezieher höherer und hoher Einkommen jährlich mindestens eine Urlaubsreise unternehmen, besteht lediglich für ca. 30% der Bezieher niedrigerer Einkommen die Möglichkeit zu verreisen.

Als Fazit aus dieser Zusammenstellung einiger bedeutender Charakteristika des Freizeitmarktes lassen sich nachfolgende Schlüsse ziehen, die bei der Formulierung innovativer Erfordernisse in den Neuen Bundesländern berücksichtigt werden sollten:

- *Freizeit* besitzt heute in der modernen Industriegesellschaft einen sehr hohen Stellenwert, dementsprechend werden auch die Aktivitäten in dieser „freien Zeit" mit hohen Ansprüchen belegt (Suche einer „Gegenwelt" zum Alltag).

---

[8] Vgl. Kirstges (1992, 120).

- *Freizeit* steht heute zwar in immer größerem Maße zur Verfügung, jedoch nicht in Form von längeren freien Perioden und nicht für alle Bevölkerungsgruppen gleichmäßig.
- *Aktive Freizeitgestaltung* hängt sehr von uneingeschränkter privater Mobilität und den dazu notwendigen Fahrzeugen ab.
- Eine wichtige *Restriktion der aktiven Freizeitgestaltung* durch Reisen stellt das begrenzte Reisebudget dar.
- *Aktive Freizeitgestaltung* durch Reisen ist stets der Gefahr der Substitution durch andere Freizeitaktivitäten (z.B. Sport, Hobby) ausgesetzt.

3 Innovative Erfordernisse in den neuen Bundesländern

Im ersten Abschnitt wurde bereits auf die Notwendigkeit ökonomischen Denkens, Analysierens und Argumentierens zur Entwicklung der Tourismuswirtschaft - vor allem in den Neuen Bundesländern - hingewiesen. Diese sollte möglichst marktnah erfolgen, d.h. an den Freizeitbedarfen der Nachfrager ausgerichtet sein, deren Schilderung Gegenstand des zweiten Abschnittes war. Die Betriebswirtschaftslehre schlägt dazu eine Reihe von Planungsinstrumenten, verknüpft im Gesamtprozeß der Planung, vor, mit deren Hilfe sinnvolles Managementhandeln betrieben werden kann. Die beiden nachfolgenden Abschnitte beschreiben zunächst die (idealtypische) Vorgehensweise zur Erstellung eines Konzepts und illustrieren diese im Anschluß daran am Beispiel desjenigen der Landeshauptstadt Magdeburg.

3.1 Planung von Marketing-Strategien in der Tourismuswirtschaft

Strategische Planung bzw. strategisches Management beschäftigt sich mit der globalen Analyse von Erfolgsquellen und der Entwicklung langfristig angelegter Konzepte zur Zukunftssicherung, wobei u.a. folgende Teilprobleme zu lösen sind:

- Determinierung der Produkte und Märkte, in denen der Wettbewerber tätig ist oder in Zukunft tätig sein will („defining the business")
- Definition der Aufgabe, die jedes Geschäftsfeld im Rahmen der gesamtunternehmerischen Zielsetzung übernehmen soll
- Formulierung funktionaler Strategien innerhalb einer marktorientierten Unternehmensführung
- Budgetierung (Festlegung und Allokation der Ressourcen).[9]

Somit kann strategisches Management heute als ein Prozeß bezeichnet werden, der alle Entscheidungen und Aktivitäten zur Erreichung einer effektiven Strategie beinhaltet. Seine Komponenten sind in Abb. 1 verdeutlicht.

---

[9] Vgl. z.B. Meffert (1988, 4).

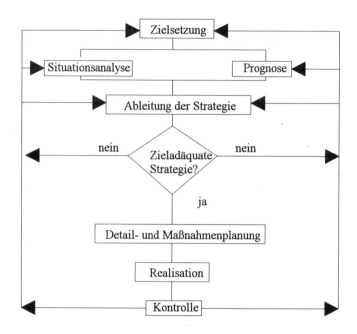

Abbildung 1. Prozeß des strategischen Managements[10]

Den Ausgangspunkt des Prozesses bildet die Zielplanung bzw. *Zielsetzung*. In allgemeiner Form können Ziele verstanden werden als Aussagen oder Vorstellungen über angestrebte Zustände, die durch Handlungen hergestellt werden sollen. Diese Ziele bestimmen den Rahmen, d.h. die grobe Zielstrukturierung. Letztere trägt vor allem zu einer zielgerichteten Auswahl von Schlüsselinformationen bei. Bezogen auf die vorgegebene Problemstellung, d.h. bei der Definition dieser Ziele für eine Region, sind dabei folgende Einzelaspekte zu berücksichtigen:

- politische, ökonomische und ökologische Rahmenbedingungen,
- Ziele der Landesregierung, des Kreises und der Region,
- Interesse und Bereitschaft der Bevölkerung.

Im Zusammenhang mit den Einzelaspekten hat der Begriff „sanfter Tourismus" eine entscheidende Bedeutung erlangt, der umweltverträglich, sozialverträglich und eher als der herkömmliche „harte Tourismus" in der Lage ist, für alle Menschen bereichernde Erfahrungen und Erlebnisse ohne schlechtes Gewissen zu ermöglichen.

Das besondere Charakteristikum jedes Planungsprozesses ist seine Zukunftsorientierung, die jedoch nicht losgelöst von der Vergangenheit und Gegenwart erfolgen kann. Einen wesentlichen Bestandteil des strategischen Planungsprozes-

---

[10] Vgl. Haedrich et al. (1993, 255).

ses stellt daher die *Situationsanalyse* dar. Aufgabe der Analyse ist die systematische Suche und Diagnose aktueller und möglicher zukünftiger strategischer Probleme, die wiederum eine Vielzahl von Einzelgesichtspunkten beinhaltet, wenn man sie auf eine bestimmte Region fixiert. Zu diesen Gesichtspunkten zählen hauptsächlich die

- *Analyse der landschaftlichen Eignung* (Erfassung der Art der Landschaft, ihre Schönheit, Ruhemöglichkeiten, Klima, Flora und Fauna, Siedlungs- und Ortsbild)
- *Analyse der allgemeinen Infrastruktur* (bestehend aus Umwelt- und Naturschutz, Verkehrserschließung, Dienstleistungsangebot, Energie- und Wasserversorgung usw. zwecks Feststellung von eventuell notwendigen Verbesserungen)
- *Analyse der touristischen Infrastruktur* (zusammengesetzt aus gastronomischem Angebot, Beherbergungsbetrieben, Freizeit-, Sport- und Gesundheitsangebot, Unterhaltungs- und Kulturangebot sowie Information und Betreuung der Gäste)
- *Gästeanalyse* (z.B. Erfassung der sozio-demographischen Struktur, Verteilung der Tages- und Übernachtungsgäste und daraus Ableitung von Informationen für die Bildung touristischer Zielgruppen)
- *Gästepotentialanalyse* (kritische Auseinandersetzung mit Tendenzen des Freizeitverhaltens, um sich Klarheit über zukünftige Zielgruppen zu schaffen)
- *Wettbewerbsanalyse* (Definition relevanter Wettbewerber und Ermittlung von Stärken und Schwächen der Region im Vergleich zum Wettbewerber, um zu einer sich positiv von der Konkurrenz abhebenden Positionierung zu gelangen)
- *Imageanalyse* (Entwicklung eines Verständnisses darüber, welche subjektiven Vorstellungen, Meinungen und Erwartungen der Tourist mit einer Region verbindet zur Unterstützung der Gestaltung des zukünftigen Angebots und der erweiterten Erhebung von Stärken und Schwächen im Vergleich zum Wettbewerber)
- *Portfolio-Analyse* (Prüfung von Geschäftsfeldern in bezug auf ihre Wachstumschancen und Risiken bei Erhaltung eines ausgewogenen Portfolios für eine Region).

Mit Hilfe der im Planungsprozeß auf gleicher Ebene angesiedelten *Prognose*, unter der man Zukunftsaussagen mit einem gewissen Objektivitätsgrad versteht, können realistischere Angaben zur Entwicklung und Ableitung möglicher erfolgversprechender Strategien gemacht werden.

Die sich daran anschließende *Ableitung und Entwicklung von Strategien* baut auf Situationsanalyse und Prognose auf; sie fragt nach der Realisierbarkeit von Strategien und beurteilt deren Beitrag zur Zielerreichung. Den Kern einer solchen Strategie verkörpern die Bestimmung der touristischen Zielgruppen sowie die Abgrenzung vom und Positionierung im Wettbewerb, wobei der Kern in einem sogenannten „Leitbild" mündlich und schriftlich fixiert werden sollte.

Auf der Basis der verabschiedeten Strategie erfolgt dann die genaue *Detail- und Maßnahmenplanung*, d.h. eine exakte Ausarbeitung sämtlicher Aktivitäten mit Hilfe des marketingpolitischen Instrumentariums

- Produktpolitik (Maßnahmen zum Schutz der Landschaft, zur allgemeinen und touristischen Infrastruktur sowie zur Produktdarstellung und -vermarktung, z.B. in Form eines Prospektes)
- Preispolitik (preispolitische Empfehlungen an einzelne Leistungsträger)
- Vertriebspolitik (Festlegung von Vertriebskanälen und entsprechender Zimmerreservierungssysteme)
- Kommunikationspolitik (Steigerung des Bekanntheitsgrades und Aufbau eines individuellen Images auf der Basis einer Strategie durch Werbung, Public Relations usw.).

Den Abschluß des Planungsprozesses bildet die tatsächliche Umsetzung der Maßnahmen auf allen Ebenen, die umso besser funktioniert, je höher die Akzeptanz aller Beteiligten (Leistungsträger) in bezug auf die Konzeption ist. Es muß demnach auch ein überzeugendes Binnenmarketing betrieben werden. Danach geschieht eine permanente *Kontrolle* zur Überprüfung der Zielerreichung, die bei der Feststellung von Defiziten Hinweise zur Ziel- oder Maßnahmenrevision liefert.

3.2 Entwicklung eines Marketing-Strategie am Beispiel der Landeshauptstadt Magdeburg

Durch den Wegfall der innerdeutschen Grenze rückte die Landeshauptstadt Sachsen-Anhalts, Magdeburg, wieder in ihre zentrale Lage als „Brückenkopf" von West nach Ost, und die Chancen zur erfolgreichen Entwicklung der Tourismuswirtschaft stiegen. Dies hat man in Magdeburg frühzeitig erkannt und kurz nach der Wende damit begonnen, unter schwierigen Rahmenbedingungen (Mangel an statistischen Materialien, ungeklärte Eigentumsverhältnisse, ungefestigte Verwaltungsstrukturen) ein Tourismuskonzept für die Stadt zu entwerfen. Die konkrete Vorgehensweise beinhaltet bis heute drei große Schritte und sieht wie folgt aus:[11]

1. Schritt:
Workshop "Fremdenverkehrsentwicklung in Magdeburg" vom 19.-21.02.1991

Initiiert wurde dieser erste Workshop zur Entwicklung der Tourismuswirtschaft von einem Arbeitskreis, der sich aus Vertretern des Magistrats der Stadt, der Privatwirtschaft sowie der Bevölkerung, d.h. sämtlicher von der Tourismuswirt-

---

[11] Die Materialien zur Darstellung des Konzeptes wurden freundlicherweise vom Fremdenverkehrsbüro Magdeburg zur Verfügung gestellt.

schaft berührten Leistungsträger, zusammensetzte. Weitere Teilnehmer des Workshops stellten externe Experten des deutschen Wirtschaftswissenschaftlichen Instituts für Fremdenverkehr an der Universität München (DIWF) dar, die die unmittelbar Betroffenen bei der Beantwortung von grundlegenden Fragen unterstützen und gleichzeitig als „Medium" zur Kommunikationsförderung interner Leistungsträger fungieren sollten.

Vorrangige Aufgabe im Rahmen des Workshops war die Durchführung einer umfassenden Situationsanalyse des touristischen Standortes Magdeburg, aus der erste Vorschläge für konkret zu realisierende Maßnahmen erarbeitet werden sollten. Dazu wurden drei Arbeitsgruppen gebildet, die sich zunächst unabhängig voneinander mit dem touristischen Angebot in den Bereichen Wirtschaft, Stadtentwicklung und Verkehr, Kultur und Gastgeber beschäftigten. Die Ergebnisse aller Arbeitsgruppen wurden in einem Stärken/Schwächen-Profil zusammengefaßt und darauf aufbauend zwei Thesen zur Diskussion gestellt, die die Grundlage für weitere Überlegungen bildeten:

These 1: Magdeburg benötigt ein neues Image (weg von der „Stadt des Schwermaschinenbaus" hin zu „...").
These 2: Magdeburg benötigt eine sowohl qualitativ als auch quantitativ verbesserte touristische Infrastruktur.

Unter Berücksichtigung dieser Thesen formulierte man anschließend eine Leitidee für ein gemeinsam getragenes Tourismuskonzept:

Landeshauptstadt Magdeburg - ein Kommunikationszentrum -
Brückenkopf auf Wasser, Schiene und Straße

Unter Rückgriff auf eine Prognose der Entwicklung der Tourismusnachfrage und Zielgruppen (Städte- und Besichtigungsreisende, Geschäftsreisende, Tagesreisende) wurde dann ein Szenario der für Magdeburg zukünftig bedeutenden Zielgruppen entworfen mit dem (vorläufigen) Resultat, daß zunächst Geschäftsreisende das Bild des Tourismus in der Stadt prägen werden und daher sowohl allgemeine als auch touristische Infrastruktur überwiegend auf deren Bedürfnisse abzustimmen sind. Längerfristig sollten jedoch auch die Gruppen der Städtereisenden und der Tagesausflügler (ohne Übernachtung) von einer Verbesserung dieser Strukturen profitieren.

Den Abschluß des Workshops repräsentierte die Erstellung eines Maßnahmenkatalogs, der bereits zahlreiche konkrete Maßnahmen in sechs verschiedenen Maßnahmenbereichen vorschlug:

Maßnahmenbereich 1: Entwicklung eines innerstädtisches Touristenleitsystems
Maßnahmenbereich 2: Errichtung eines Tagungs- und Kongreßzentrums
Maßnahmenbereich 3: Ausbau der Fremdenverkehrsorganisation
Maßnahmenbereich 4: Ausbau des Beherbergungsgewerbes

Maßnahmenbereich 5: Schaffung von Erlebnisgastronomie
Maßnahmenbereich 6: Einführung eines elektronischen Zimmerreservierungssystems

Zur Erfolgskontrolle dieser Maßnahmen wurde dann ein zweiter Workshop mit denselben Teilnehmern vor Ort zu einem späteren Zeitpunkt vorgeschlagen, um dort den erreichten Stand und die weitere Vorgehensweise zu diskutieren.

2. Schritt:
1. Tourismussymposium Magdeburg am 09.12.1993

Vor diesem geplanten zweiten Workshop fand in der Zwischenzeit ein Symposium statt, auf dem neben Vorträgen zu spezifischen Problemkreisen der Tourismuswirtschaft nochmals eine Situationsanalyse derselben in Magdeburg zu hören war, und zwar ausschließlich von externen Experten. Besonderes Augenmerk wurde dabei dem *Image* der Stadt zuteil, das sich laut Ergebnis einer Umfrage des DIWF aus dem Jahre 1992, verglichen mit der Vorwendezeit, nicht entscheidend verändert hatte: Noch immer verbanden über 11% der Befragten aus Ost- und Westdeutschland mit Magdeburg eine Industriestadt, die „dreckig und verkommen" erscheint.

Intention des Symposiums war es weiterhin, den Leistungsträgern der Stadt die Bedeutung der Tourismuswirtschaft, sei sie direkt oder indirekt zu spüren, für die Zukunft Magdeburgs ins Gedächtnis zu rufen und sie aufzufordern, geplante Maßnahmen unter diesem Aspekt zu betrachten.

3. Schritt:
Zielfindungsworkshop Magdeburg am 14.06.1994

Den vorerst letzten Schritt der Entwicklung eines Tourismuskonzeptes für die Stadt Magdeburg stellt der im Juni des Jahres durchgeführte sogenannte „Zielfindungsworkshop" mit Vertretern aus verschiedenen Leistungsbereichen dar. Ziele dieses zweiten Workshops waren die erneute Untersuchung von Stärken und Schwächen des touristischen Angebots sowie die Formulierung von Zielsetzungen für die zukünftige Positionierung der Stadt im Wettbewerb. Außerdem sollte die Basis für eine erfolgversprechende Strategie zur Entwicklung des Tourismus geschaffen werden.

Den Ausgangspunkt der Veranstaltung bildete ein kurzer Rückblick auf bereits vorhandene Situationsanalysen zu früheren Zeitpunkten mit den Schlüssen, die daraus für die Tourismuswirtschaft gezogen worden waren (u.a. den Maßnahmen in den sechs vorgestellten Maßnahmenbereichen). Daran schloß sich eine kritische Beurteilung der in der Vergangenheit umgesetzten bzw. nicht umgesetzten Maßnahmen an. Bezugnehmend auf diese Ergebnisse richtete man vier Arbeitsgruppen in den Bereichen

- Wirtschaft, Verkehr und Bundesgartenschau

- Hotellerie und Gastronomie
- Tourismus-Organisation und touristisches Angebot
- Kultur, Sport, Unterhaltung, Kongreß- und Tagungswesen

mit der Aufgabe ein, ein Stärken/Schwächen-Profil für den jeweiligen Bereich zu entwerfen. Im Plenum wurden anschließend, aufbauend auf den Resultaten der Arbeitsgruppen, konkrete Maßnahmen zur Verbesserung des touristischen Angebots in den verschiedenen Bereichen erarbeitet (z.b. im Bereich der Hotellerie und Gastronomie die Errichtung einer Spielbank mit Hotel und Restaurant auf der Rotehorninsel). Der zweite Workshop wurde mit einem Brainstorming der Teilnehmer zu der Frage „Wie wünschen wir uns Magdeburg?" beendet. Die Antworten dazu lauteten u.a. folgendermaßen:

- kulturvoll und offen
- Magdeburg als kultur- und freizeitorientierte Verwaltungsmetropole
- traditionell und liebenswert.

3.3 Abschließende Kritik

Wie ist nun die Vorgehensweise der Stadt Magdeburg bei der Entwicklung eines erfolgreichen Tourismuskonzeptes zu bewerten? Sicherlich ist ein Großteil der Schritte, die der Prozeß des strategischen Managements beinhaltet, in den Bemühungen, die bisher unternommen wurden, hier wiederzufinden. So werden z.B. umfassende Situationsanalysen durchgeführt, die wesentliche Aspekte wie Analyse der allgemeinen und der touristischen Infrastruktur beinhalten, und Prognosen zur Unterstützung der Ableitung einer Strategie herangezogen. Auch die Formulierung eines Leitbildes als Kern einer Strategie fehlt nicht. Weiterhin erfolgte schon zu einem sehr frühen Zeitpunkt im Planungsprozeß die Ausarbeitung konkreter Aktivitäten zur Verbesserung des touristischen Gesamtangebotes.

Trotzdem ist die Entwicklung der Tourismuswirtschaft in der Zeit von 1991 bis 1994 nicht so vorangeschritten, wie sich die beteiligten Leistungsträger dies gewünscht haben. Diese negative Erscheinung wird von den Leistungsträgern selbst überwiegend auf die fehlende Koordination der Anbieter untereinander zurückgeführt. Dieses große Manko resultiert meines Erachtens aus einem gravierenden Fehler, der zu Beginn des Planungsprozesses anzusiedeln ist: So wurde es im Jahre 1991 versäumt, eine Zielrichtung zu definieren, die den Handlungsrahmen vorgibt. Ein „Zielfindungsworkshop" gehört nicht in die Mitte des Planungsprozesses, sondern an den Anfang. Hätte man dort ein Brainstorming zum Thema „Magdeburg, wie wünsche ich es mir?" veranstaltet, so wären dort bereits die differierenden Vorstellungen darüber offenbar geworden, und man hätte versuchen können, einen gemeinsamen Konsens zu erarbeiten. Stattdessen konzentrierte man sich auf den Entwurf detaillierter Maßnahmen in verschiedenen Bereichen, deren Umsetzung oft wirkungslos blieb, da sie z.T. gegenläufige Tendenzen beinhalteten. Deshalb ist es nicht verwunderlich, daß - jedenfalls in den Augen der Nachfrager - bis heute keine eindeutige Position der

Stadt Magdeburg im Wettbewerb zu erkennen ist, da selbst die Leistungsträger ihre Stadt überwiegend als Kulturstadt empfinden, als Zielgruppen aber Geschäftsreisende sehen.

Sicherlich ist es nicht erforderlich, sämtliche Inhalte nochmals zu überdenken. Bevor man jedoch in bezug auf die Stadt Magdeburg von einem existierenden, in sich geschlossenen Tourismuskonzept sprechen kann, muß an den Anfang des Planungsprozesses zurückgegangen und eine Zielsetzung formuliert werden, die den Rahmen für nachfolgende Überlegungen liefert. Darin ist eine zieladäquate Strategie mit ihren zahlreichen nachfolgenden Maßnahmen einzuordnen. Erst dann kann mit einer erfolgreichen Zukunft für die Tourismuswirtschaft in dieser Stadt gerechnet werden.

Literatur

W. Freyer (1993), Tourismus - Einführung in die Fremdenverkehrsökonomie, 4. Aufl., München - Wien.

G. Haedrich, C. Kaspar, K. Klemm, E. Kreilkamp (1993), Tourismus-Management - Tourismus-Marketing und Fremdenverkehrsplanung, 2. Aufl., Berlin - New York.

T. Kirstges (1992), Expansionsstrategien im Tourismus, Wiesbaden.

H. Meffert (1988), Strategische Unternehmensführung und Marketing, Wiesbaden.

W. Opaschowski (1987), Wie leben wir nach dem Jahr 2000? Hamburg.

Wirtschaftliche Effizienz als Norm rationaler Steuerpolitik?

Rolf König

Fakultät für Wirtschaftswissenschaften; Universität Bielefeld, Postfach 10 01 31, 33501 Bielefeld

Zusammenfassung. Trotz der Probleme bei der Messung und der Bewertung der möglichen Effizienzwirkungen steuerreformpolitischer Maßnahmen hat die "Effizienz" ihre Berechtigung als steuerpolitische Norm.

Schlüsselwörter. optimale Ressourcenallokation, Steuerwirkungen, Theorie der Steuerreform, Entscheidungsneutralität

An Vorschlägen zur Reform unseres Steuersystems herrscht kein Mangel. Allgemein sind in den westlichen Industrienationen verstärkt Diskussionen zur Reform der nationalen Steuergesetzgebungen sowie zur Harmonisierung derselben auf internationaler Ebene festzustellen. Die Gründe für diese Diskussionen sind vielfältig. Das Steuersystem wird zunehmend als ungerecht empfunden. Die Ausgestaltung des Steuerrechts wird als zu kompliziert und für den Bürger als zu wenig nachvollziehbar angesehen. Und schließlich werden die differenzierte steuerliche Behandlung unterschiedlicher ökonomischer Sachverhalte durch viele Einzel- und Sondervorschriften, die damit verbundenen legalen und illegalen Ausweichhandlungen der Betroffenen sowie die durch die laufende Rechtsprechung induzierten Ungewißheiten für die Entstehung von Ineffizienzen verantwortlich gemacht.

Wenn aber das Steuersystem dermaßen im Mittelpunkt des öffentlichen Interesses steht und wenn von allen Seiten Vorschläge zu seiner Reform vorgebracht werden, so ist zu fragen, wie solche Vorschläge im Lichte wirtschaftswissenschaftlicher Erkenntnisse zu beurteilen sind.

Zunächst ist zu klären, welche der drei möglichen Normen der Steuerpolitik, die sich in der Kritik an den bestehenden Steuersystemen niederschlagen: Gerechtigkeit, Einfachheit und Effizienz, im Mittelpunkt einer solchen theoretischen Auseinandersetzung stehen soll. Wir wollen hier der Rangordnung folgen, wie sie Schneider im Rahmen der Reform der Unternehmensbesteuerung vorgegeben hat[1]: Effizienz vor Gerechtigkeit und diese beiden vor Einfachheit. Schwerpunktmäßig wollen wir uns also im folgenden mit den möglichen Effizienzwirkungen von Steuerrechtsänderungen befassen.

Eine effiziente Allokation der verfügbaren Ressourcen wird als Voraussetzung für wirtschaftliches Wachstum und Wohlstandsmehrung angesehen. Die Allokation von Ressourcen hängt aber von den ökonomischen Entscheidungen der Marktteilnehmer ab. Insofern ist eine theoretische Analyse möglicher Effizienzwirkungen als entscheidungslogische Theorie zu verstehen, das heißt, sie soll auf die Verhaltensweisen der Wirtschaftssubjekte abzielen.

Im Schrifttum findet sich ein breites Spektrum von Ansätzen mit unterschiedlicher theoretischer Fundierung und praktischer Anwendbarkeit. Es ist die Frage, ob sich hierauf aufbauend eine Theorie entwickeln läßt, die die Effizienzwirkungen von Steuerrechtsänderungen, seien sie bezogen auf einzelne Gesetze des Steuerrechts, wie z.B. Tarifsenkungen oder Änderungen von Bemessungsgrundlagen, oder auf die Struktur des Steuersystems, wie etwa die Einführung einer Konsum- anstelle der Einkommensbesteuerung, umfassend erklärt. Insbesondere sollte eine strenge Trennung zwischen finanzwissenschaftlicher und betriebswirtschaftlicher Sichtweise nicht erfolgen. Diese Trennung erwiese sich für die Entwicklung einer solchen Theorie eher als schädlich. Erst nach der Theoriebildung kann, etwa auf der Grundlage empirischer oder numerischer Methoden wie statistischer Analysen oder Simulationen, nach dem Nutzen der auf der Basis dieser Theorie gewonnenen Erkenntnisse im Sinne der Praktikabilität aus der einen oder anderen Sicht gefragt werden.

Da Steuerreformen zu den staatspolitischen Maßnahmen gehören, die in der Öffentlichkeit nicht wenig Aufsehen erregen, erklärt sich die Notwendigkeit der wissenschaftlichen und damit auch theoretischen Auseinandersetzung mit den Auswirkungen von Steuersystemänderungen von selbst. Im Prinzip sind alle Träger ökonomischer Entscheidungen in einer Volkswirtschaft von steuerreformpolitischen Maßnahmen betroffen, die einen mehr, die anderen weniger. Dabei können die Zielsetzungen solcher Maßnahmen durchaus unterschiedlichen Charakter haben. So können Steuersystemänderungen zur Erhöhung der für die Finanzierung der Staatsausgaben benötigten Einnahmen dienen, es können aber auch nichtfiskalische Ziele wie Umverteilung, Reallokation von Ressourcen, stabilitäts- oder umweltpolitische Ziele verfolgt werden. Gleich welche Zielsetzungen auch hinter steuerreformpolitischen Maßnahmen stehen mögen, ist es notwendig, die Auswirkungen solcher Maßnahmen sowie ihre Eignung zur Erreichung der gesteckten Ziele im Rahmen wirtschaftswissenschaftlicher Analysen zu untersuchen.

Traditionsgemäß werden im wirtschaftswissenschaftlichen Schrifttum die steuerlich bedingten Effizienzwirkungen in den drei Bereichen
- (indirekte) Verbrauchsbesteuerung,

---

[1] Vgl. Schneider (1989, 329).

- Einkommensbesteuerung sowie
- Unternehmensbesteuerung

isoliert betrachtet, wobei die Abgrenzung der Bereiche der Einkommens- und der Unternehmensbesteuerung von der Ebene der betrachteten Entscheidungsprozesse abhängt.

Indirekte Verbrauchsbesteuerung	Theorie der optimalen Besteuerung: Ermittlung einer optimalen Struktur der Verbrauchsteuersätze im Sinne einer second-best-Lösung
	Theorie der Steuerreform: Ermittlung der Bedingungen, unter denen Effizienz- oder Wohlfahrtsverbesserungen durch Variation der Verbrauchsteuersätze möglich sind
Einkommensbesteuerung	Theorie der optimalen Besteuerung: Ermittlung einer Tariffunktion, die die soziale Wohlfahrt maximiert
	Reform der Einkommensbesteuerung durch Ausgestaltung in Richtung - einer umfassenden Einkommensteuer oder - einer direkten individuellen Konsumsteuer
Unternehmensbesteuerung	Optimale Besteuerung durch entscheidungsneutrale Steuersysteme
	Bewertung einzelner Reformschritte unter der Verwendung entscheidungsneutraler Steuersysteme als Meßlatte für Allokationsverzerrungen

Abbildung 1: Ansätze einer Theorie der Steuerreform

Man kann nun zunächst fragen, ob sich Steuersysteme finden lassen, die unter Beachtung bestimmter Restriktionen optimal sind in dem Sinne, daß sie die steuerlich bedingten Allokationsverzerrungen minimieren. Darauf aufbauend sind die Gründe zu untersuchen, warum sich solche Systeme in der Realität nicht implementieren lassen und man statt dessen gezwungen ist, ausgehend vom bestehenden Steuersystem, nach Reformen zur Verbesserung der Effizienz desselben zu suchen. Diese Fragen werden im

Schrifttum in Abhängigkeit vom jeweils betrachteten Bereich des Steuersystems unterschiedlich angegangen, wie die Abbildung 1 aufzeigen soll.

Schon auf den ersten Blick wird deutlich, daß sich die Ansätze für die einzelnen Bereiche des Steuersystems erheblich unterscheiden. Auffällig ist auch, daß sich im Bereich der Einkommensteuer die Optimalsteuertheorie auf die Ausgestaltung des Steuertarifs konzentriert, während die Diskussion über mögliche Reformen des Einkommensteuersystems durch die Analyse der Effizienzwirkungen der Ausgestaltung der Bemessungsgrundlage dominiert wird. Allein diese oberflächliche Schematisierung der Denkansätze, die im Zusammenhang mit der Bewertung von Steuersystemänderungen entwickelt wurden, deutet darauf hin, daß von einer einheitlichen in sich geschlossenen Theorie zur Beurteilung der Allokationswirkungen steuerreformpolitischer Maßnahmen nicht die Rede sein kann.

Die Effizienzwirkungen steuerreformpolitischer Maßnahmen werden aber nicht nur isoliert für einzelne Steuerarten untersucht. Im wesentlichen sind es zwei Komplexe, in denen die Interdependenzen unterschiedlicher Steuern im Mittelpunkt des Interesses stehen, was Abbildung 2 verdeutlichen soll.

Indirekte versus direkte Besteuerung	Optimaler Mix aus indirekten und direkten Steuern
	Effizienzgewinne durch Senkung der direkten Steuern bei aufkommensgleicher Erhöhung der indirekten Steuern?
Integration der Körperschaftsteuer in die Einkommensteuer	----------------
	Untersuchung der Effizienzwirkungen der verschiedenen Integrationsstrategien

Abbildung 2: Interdependenzen von Steuerreformen

Die Frage nach der günstigsten Struktur der indirekten und direkten Steuern ist in jüngster Vergangenheit insbesondere im Zusammenhang mit der Forderung nach einer Senkung der direkten Steuern bei gleichzeitiger Anhebung der Mehrwertsteuer zur Finanzierung der Steuerausfälle diskutiert worden. Gerade in dieser Diskussion haben angebliche negative Anreizeffekte einer Besteuerung der Erträge aus ökonomischen Aktivitäten eine bedeutende Rolle gespielt.

Insbesondere im anglo-amerikanischen Schrifttum werden die Auswirkungen einer Integration der Ertragsteuern auf die körperschaftlich organisierten Unternehmen in die persönliche Einkommensteuer analysiert. Eine solche Integration wird mit Effizienzgewinnen im Bereich der Investitions-

und vor allem der Finanzierungsentscheidungen der Unternehmen verbunden.

Um Aussagen über die Effizienzwirkungen steuerreformpolitischer Maßnahmen machen zu können, muß zunächst der Begriff der Effizienz näher durchleuchtet werden. Dabei ist davon auszugehen, daß man in der Realität die Bedingungen nicht antreffen wird, die notwendig sind, damit wirtschaftliche Effizienz vorliegt. Dennoch benötigt man eine klare Vorstellung darüber, was Effizienz oder eine optimale Ressourcenallokation bedeutet, um in einer Modellwelt Ergebnisse über die möglichen Auswirkungen von Steuerrechtsänderungen zu erzielen. Man benötigt eine einheitliche inhaltliche Definition des Begriffs der Effizienz, um solche Steuersysteme zu entwickeln, die das Ausmaß der steuerlich bedingten Verzerrungen möglichst gering halten. Darauf aufbauend kann man dann die Frage stellen, wodurch bestehendes Steuerrecht zu Ineffizienzen führt und in welcher Richtung Steuerreformen ausgestaltet werden sollen, um Effizienzgewinne zu erzielen. Zudem kann man mögliche Konflikte mit anderen steuerpolitischen Normen aufzeigen und versuchen, Wege zur Lösung dieser Konflikte zu finden.

Betrachten wir zunächst als einfachsten Fall eine Ein-Personen-Ökonomie. Diese Person setzt die vorhandenen Ressourcen ein, um damit Güter zu produzieren, die sie selbst verbraucht. Wir können diese Transformation von Ressourcen in Konsumgüter als effizient ansehen, wenn der Nutzen, den die Person aus dem Konsum erzielt, möglichst groß ist. Es gibt also keinen anderen Transformationsprozeß, der zu einem höheren Nutzen führt.

In einer Mehr-Personen-Welt wird die optimale Allokation der Ressourcen durch den Begriff der Pareto-Effizienz definiert. Eine Allokation wird dabei als Pareto-effizient bezeichnet, wenn es nicht möglich ist, die Produktionsmethoden oder die Art der produzierten Güter so umzuordnen, daß dadurch ein Individuum besser gestellt wird, ohne daß der Nutzen eines anderen Individuums sinkt[2]. Ist diese Bedingung nicht erfüllt, so ist die bestehende Ressourcenallokation noch nicht optimal und es können Effizienzgewinne erzielt werden.

In der Realität, und dies gilt in ganz besonderem Maße für die Steuerpolitik, wird in der Regel eine Maßnahme dazu führen, daß einige Individuen aus dieser Maßnahme zusätzlichen Nutzen ziehen, während andere zumindest kurzfristig verlieren. Das Konzept der Effizienz wurde daher dahingehend modifiziert, daß ein Effizienzgewinn schon dann vorliegt, wenn die Nutzengewinne die Nutzenverluste übersteigen, so daß letztere quasi kompensiert werden könnten. Letztlich wird aber nicht danach gefragt, ob eine solche Kompensation tatsächlich stattfindet. Man muß sich klarmachen, daß hinter diesem Effizienzbegriff eine bestimmte Vorstellung über die soziale Wohlfahrt, das heißt, über eine gerechte Steuerlastverteilung steht, und zwar die des Utilitarismus. Nach dieser Vor-

---

[2] Vgl. Henderson/Quandt (1983, 300).

stellung läßt sich der Wohlstand einer Gesellschaft als die Summe der Nutzen ihrer Mitglieder ausdrücken.

Auf privaten Märkten können effiziente Zustände dann erreicht werden, wenn vollständige Konkurrenz vorliegt und keine Externalitäten auftreten. Wie wirkt sich nun die Besteuerung auf die Ressourcenallokation aus? Nicht jede Steuer bedingt Verzerrungen. Wird einem Individuum ein fixer Betrag als Steuer auferlegt, so kommt es zu einem Abfluß liquider Mittel in Höhe dieses Betrags. Es ergibt sich dann eine effiziente Allokation unter Berücksichtigung der neuen Budgetrestriktion. Dieser Einkommenseffekt bedingt also noch keine Verzerrungen. Diese treten erst dann auf, wenn der Steuerpflichtige seine endgültige Steuerbelastung selbst beeinflussen kann, das heißt, wenn die Steuer in Art und Höhe in Abhängigkeit von bestimmten ökonomischen Sachverhalten erhoben wird und die Ausprägung dieser Sachverhalte der Einflußnahme des Pflichtigen unterliegt. Es kommt dann zu sogenannten Substitutionseffekten. Diese führen zu einer Mehrbelastung, das heißt, zu einem Nutzenverlust, der über den hinausgeht, den der Pflichtige dann erlitten hätte, wenn ihm die unter den gegebenen Bedingungen entstandene Steuerlast in Form einer Pauschalsteuer auferlegt worden wäre. Solche Mehrbelastungen können auf vielfältige Art und Weise auftreten, insbesondere auch in Abhängigkeit von der jeweiligen Steuerart, die man betrachtet.

So kann etwa eine indirekte Verbrauchsbesteuerung, wie sie zum Beispiel in der Bundesrepublik Deutschland und anderen Industrieländern in Form der Umsatzsteuer erhoben wird, die relativen Preise der Güter und Leistungen untereinander sowie die relativen Preise zwischen diesen Gütern und Leistungen einerseits und dem „Gut" Freizeit andererseits ändern. Der erste Effekt kann durch eine einheitliche Wertsteuer vermieden werden. Geht man davon aus, daß eine Besteuerung des „Gutes" Freizeit unmöglich oder unerwünscht ist, so verbleibt der zweite Effekt, der zu Verzerrungen führt. Damit kann aber eine Verbrauchsbesteuerung in Form einer einheitlichen Wertsteuer nicht per se als optimal im Sinne einer möglichst geringen Mehrbelastung angesehen werden. Vielmehr hängt die optimale Struktur der Verbrauchsteuersätze von den Nachfrage- und Angebotselastizitäten ab[3].

Effizienzwirkungen der Einkommensbesteuerung können sich auf zwei Arten ergeben: über den Einkommensteuertarif und über die einkommensteuerliche Bemessungsgrundlage. Insbesondere dann, wenn aus verteilungspolitischen Erwägungen ein progressiver Steuertarif erwünscht ist, ergeben sich zum Teil gegenläufige Verteilungs- und Allokationseffekte. Dabei werden im allgemeinen hohe Grenzsteuersätze als allokationsschädlich angesehen. Die Frage ist also, inwieweit ein progressiver Einkommensteuertarif variiert werden kann, so daß Effizienzgewinne erzielt werden. Hinsichtlich der einkommensteuerlichen Bemessungsgrundlage steht die Diskussion im Vordergrund, ob diese in

---

[3] Vgl. etwa Atkinson/Stiglitz (1980, 386 f.).

Form einer umfassenden Einkommensteuer oder in Form einer individuellen Konsumsteuer ausgerichtet werden soll, oder ob die bestehende Einkommensbesteuerung zumindest in Richtung des einen oder anderen Systems reformiert werden soll. Die Untersuchung möglicher Verzerrungen wird dabei insbesondere im Zusammenhang mit drei ökonomischen Sachverhalten geführt. Es sind dies
- das Arbeitsangebot,
- das Sparen und
- die Risikoübernahme.

Da der Steuerpflichtige seine Steuerbelastung auf die Einkünfte, die er in Form der Entlohnung seiner angebotenen Arbeitsleistung erzielt, durch Variation derselben selbst beeinflussen kann, führt die Einkommensbesteuerung in der Regel zu Verzerrungen. Dies gilt sowohl für eine umfassende Einkommensteuer als auch für eine individuelle Konsumsteuer. Das Ausmaß der Verzerrungen hängt letztlich von der Höhe der effektiven Grenzsteuerbelastung sowie von der Lohnelastizität des Arbeitsangebots ab. Dabei wird gemeinhin unterstellt, daß eine Konsumbesteuerung zu größeren Verzerrungen führt. Gestützt wird diese Ansicht mit dem Argument, daß eine Konsumbesteuerung auf Grund der engeren Bemessungsgrundlage höhere Grenzsteuersätze erfordere.

In Hinblick auf die Ersparnisbildung wird einer umfassenden Einkommensteuer ein hohes Maß an Verzerrungen zugesprochen, da sie den Konsum morgen und damit die Ersparnisbildung gegenüber dem Konsum heute diskriminiere. Demgegenüber wird eine individuelle Konsumbesteuerung als neutral angesehen, da durch sie der relative Preis zwischen dem Gut „Konsum morgen" und dem Gut „Konsum heute", der gerade dem Marktzinssatz entspricht, unberührt bleibt. Dem ist jedoch nur solange zu folgen, wie das Arbeitsangebot als Entscheidungsvariable unberücksichtigt bleibt, das heißt, solange das Arbeitseinkommen als exogene Größe vorgegeben wird.

Die Einkommensbesteuerung wirkt sich sowohl auf die Erträge aus unterschiedlichen Anlagemöglichkeiten als auch auf den Grad des Risikos aus, das mit diesen Anlagemöglichkeiten verbunden ist. Dabei kann es durchaus sein, daß eine Einkommensbesteuerung die Risikoübernahme, im Gegensatz zur landläufigen Meinung, fördert. Dies hängt im allgemeinen von den Eigenschaften der zugrundegelegten Nutzenfunktion sowie den speziellen Charakteristika der Ausgestaltung des Einkommensteuersystems ab, wie etwa der Gewährung eines sofortigen und vollständigen Verlustausgleichs oder der steuerlichen Behandlung von Wertsteigerungen.

Als dritter großer Komplex ist die Frage anzusehen, wie die Steuern die optimale Ressourcenallokation über ihre Wirkungen auf unternehmerische Entscheidungen beeinflussen. Von besonderem Interesse sind hier die Investitions- und Finanzierungsentscheidungen. Im Rahmen der Investitionsentscheidungen wurde schon früh das Konzept der investitionsneutralen Besteuerung entwickelt. Hier waren es vor allem zwei Besteuerungssysteme, die ausführlich diskutiert wurden: die Cash-Flow-Steuer, die auf einer reinen Einnahmen-Ausgaben-Rechnung basiert, und die Besteuerung des kapitaltheoretischen (oder ökonomischen) Gewinns, die steuerliche Abschreibungen in Höhe der Ertragswertabschreibungen gewährt. Die Umsetzung dieser beiden Prinzipien in der realen Steuerpolitik ist als problematisch anzusehen. Bei der Cash-Flow-Steuer muß die Konstanz des Steuersatzes über die Zeit vorausgesetzt werden. Eine Besteuerung des kapitaltheoretischen Gewinns verlangt die Kenntnis aller mit der Investition verbundenen künftigen Ein- und Auszahlungen.

Hinsichtlich der Finanzierungsentscheidungen stand lange Zeit und steht im amerikanischen Schrifttum auch heute noch die Frage im Mittelpunkt, wie die aus einer steuerlichen Doppelbelastung der von den Kapitalgesellschaften ausgeschütteten Gewinne resultierenden Allokationsstörungen über verschiedene Strategien zur Integration von Körperschaft- und Einkommensteuer abgebaut werden können. Solche Allokationsstörungen werden unter anderem in Verzerrungen hinsichtlich der Gewinnverwendungspolitik, in der Diskriminierung der Eigengegenüber der Fremdfinanzierung, in der Bildung von Interessengegensätzen zwischen Klein- und Großaktionären und in der Hinderung der Verbreitung der Aktie als Instrument zur Vermögensbildung auch unterer und mittlerer Einkommensschichten gesehen. In der Bundesrepublik Deutschland wurde versucht, diese Verzerrungen durch die Einführung des körperschaftsteuerlichen Anrechnungsverfahrens im Rahmen der Körperschaftsteuer-Reform von 1977 abzubauen. Der Erfolg dieser Maßnahme muß aus heutiger Sicht als gering erachtet werden.

Ganz gleich, welchen der angesprochenen Bereiche der Besteuerung man betrachtet, die von den Wirtschaftswissenschaftlern hergeleiteten Modellaussagen zur Messung und zur Bewertung der möglichen Effizienzwirkungen steuerreformpolitischer Maßnahmen müssen in Hinblick auf ihre Umsetzbarkeit in die reale Steuerpolitik kritisch durchleuchtet werden.

Die auf der neoklassischen Gleichgewichtsanalyse basierenden wissenschaftlichen Untersuchungen vernachlässigen in der Regel solche Tatbestände, die in der Realität von Bedeutung sind.

Wenn etwa Aussagen darüber hergeleitet werden, wann Wohlfahrts- oder Effizienzsteigerungen durch eine geeignete Umstrukturierung von Verbrauchsteuersätzen und/oder Einkommensteuertarifen erzielt werden können, so werden dabei Faktoren ausgeklammert, die in diesem Zusammenhang insofern von Bedeutung sind, als sie durch solche Steuersystemänderungen betroffen sein können und selbst auf die Ressourcenallokation einwirken. Hierzu gehören insbesondere intertemporale Effekte wie die Möglichkeit der Ersparnisbildung seitens der Haushalte, die Existenz langlebiger Gebrauchsgüter sowie mögliche Interdependenzen zwischen heutigen Konsumentscheidungen und der künftigen Einkommenserzielung. Auch die Behandlung des Arbeitseinsatzes als freidisponible Größe muß als problematisch angesehen werden. In Hinblick auf den Produktionssektor wird letztlich jegliches unternehmerisches Handeln, und damit die Möglichkeit zur Reaktion der Unternehmen zur Abwendung negativer Konsequenzen wie etwa bei einem Nachfragerückgang, ausgeschaltet. Weitere Probleme ergeben sich insbesondere bei der Verbrauchsbesteuerung auf Grund der Tatsache, daß eine neoklassische Gleichgewichtsanalyse in der Regel von internationalen Aspekten abstrahiert. Werden Leistungen grenzüberschreitend gehandelt, so bleiben die in diesem Zusammenhang durch eine Steuersatzvariation bedingten Allokationswirkungen unberücksichtigt.

Auch die Frage, ob das bestehende Einkommensteuersystem in Richtung einer umfassenden Einkommensteuer oder einer direkten individuellen Konsumsteuer reformiert werden soll, kann letztlich auf der Basis einer neoklassischen Analyse nicht entschieden werden. Ob etwa der Übergang zu einer Konsumbesteuerung die Ersparnis erhöht, kann erst geklärt werden, wenn genaue Informationen über bestimmte Elastizitäten vorliegen. Zu kritisieren ist insbesondere die Vernachlässigung der Auswirkungen einer solchen steuerreformpolitischen Maßnahme auf die Bildung von Humankapital.

Im Bereich der Unternehmensbesteuerung können zwar Steuersysteme hergeleitet werden, die die Entscheidungen im Investitionsbereich nicht beeinflussen. Die engen Prämissen, unter denen die Herleitung solcher Systeme stattfindet, insbesondere die Annahme eines vollkommenen Kapitalmarkts, lassen eine Umsetzung dieser Ergebnisse in die reale Steuerpolitik zweifelhaft erscheinen. Auch als Instrument zur Untersuchung der Frage, ob es sich bei aktuellen oder geplanten Steuerrechtsänderungen um Vergünstigungen oder um ein Mittel zu deren Abbau handelt, sind diese entscheidungsneutralen Steuersysteme nur bedingt geeignet, da es deren unendlich viele gibt. Bestimmte Steuerrechtssetzungen können damit bei Anwendung verschiedener neutraler Steuersysteme unterschiedlich bewertet werden.

Ein weiterer Kritikpunkt an der neoklassischen Analyse der Allokationswirkungen der Steuerpolitik ist darin zu sehen, daß sie Eigeninteressen der Politiker ausklammert. Die Neue Politische Ökonomie hat gezeigt, daß Steuerreformprozesse und damit letztlich auch deren Effizienzwirkungen nur dann hinreichend genau erklärt werden können, wenn der politische Sektor als ein im eigenen Interesse handelnder Sektor in die Analyse mit einbezogen wird. Wir sind allerdings heute noch weit davon entfernt, diese Handlungen und ihre Konsequenzen quantitativ zu erfassen.

Diese kritischen Anmerkungen werfen die Frage auf, ob wirtschaftliche Effizienz überhaupt als steuerpolitische Norm geeignet ist. Ich möchte diese Frage bejahen. Wenn der Begriff der freien Marktwirtschaft überhaupt einen Sinn haben soll, so müssen steuerliche Einflüsse auf das Marktgeschehen und hieraus resultierende allokationsschädliche Wirkungen begrenzt werden. Das Argument, daß mit steuerpolitischen Maßnahmen oft auch außerfiskalische Lenkungsabsichten verbunden sind, widerspricht dem nicht unbedingt. Oft steckt nämlich hinter solchen Lenkungsabsichten nichts anderes als der Versuch, durch bestehende Steuerrechtssetzungen bedingte Allokationsstörungen zu eliminieren oder wenigstens abzuschwächen, ohne daß dies deutlich wird. Dort aber, wo geplante steuerreformpolitische Maßnahmen zur Erreichung außerfiskalischer Ziele zusätzliche Effizienzverluste bedingen, sollten sie überdacht und, falls diese Ziele auch auf anderen Wegen erreicht werden können, auf ihren Einsatz verzichtet werden.

Die Schwierigkeiten, die uns bei der Messung und der Bewertung der möglichen Effizienzwirkungen von Steuerreformen gegenüberstehen, dürfen uns nicht hindern, uns weiterhin wissenschaftlich mit diesem Problemkomplex auseinanderzusetzen. Und damit liegt die Aufgabe der Betriebswirtschaftlichen Steuerlehre in der Zukunft auch darin, solche Schwierigkeiten überwinden zu helfen. Hierzu gehört unter anderem die Klärung folgender Fragen:

- in welchem Maße werden die Steuern von Unternehmensleitungen überhaupt im Rahmen ihrer Entscheidungen berücksichtigt;
- inwieweit ergeben sich Steuerwirkungen auf Grund internationaler Wirtschaftsbeziehungen, die heute noch allzu oft ausgeklammert werden;
- wie begegnen die Steuerpflichtigen den durch Steuerreformen induzierten Planungsunsicherheiten;
- wie sind überhaupt Steuerwirkungen zu sehen, wenn wir uns in einer Welt der Ungewißheit bewegen und Entscheidungen der Steuerpflichtigen auch stets von deren Risikopräferenzen abhängen.

Die Beantwortung dieser Fragen mag uns einen kleinen Schritt auf dem Weg weiterbringen, das Phänomen steuerlich bedingter Allokationswirkungen zu erklären und somit einen Beitrag zu einer effizienteren Ausgestaltung des Steuersystems zu leisten.

Literatur

A.B. Atkinson, J.E. Stiglitz (1980), Lectures on Public Economics, New York.
J.M. Henderson, R.E. Quandt (1983), Mikroökonomische Theorie, 5. Aufl., München.
D. Schneider (1989), Reform der Unternehmensbesteuerung aus betriebswirtschaftlicher Sicht. Steuer und Wirtschaft 66, 328-339.

Gedanken zur Betriebswirtschaftlichen Steuerlehre mit dem Blick auf die derzeitige Entwicklung im Gesellschafts- und Steuerrecht

Herwarth Westerfelhaus

Wirtschaftsprüfer und Steuerberater, Honorarprofessor der Fakultät für Wirtschaftswissenschaften, Universität Bielefeld, Postfach 10 01 31, 33501 Bielefeld

Zusammenfassung. Die Betriebswirtschaftliche Steuerlehre beschäftigt sich mit dem Wirkungsbereich der Steuern zum und vom Unternehmen. Sie trägt dadurch zum Unternehmensrecht bei und beeinflußt betriebswirtschaftliche Entwicklungen. Dabei bedarf das mittelständische Unternehmen einer besonderen Betrachtung, steht es doch im wirtschaftlichen Alltag im Wettstreit mit großen anonymen Konzernen, die aus sich heraus von deren Managern gesteckte Ziele verfolgen, die nicht immer den breiten Mittelstand fördern können und/oder wollen. Das bedarf bei objektiver Steuerrechtsgestaltung der Abwägung und Berücksichtigung, auch Bilanzierungsfragen umfassend.

Schlüsselwörter. Betriebswirtschaftliche Steuerlehre und Sachgerechtigkeit, Gesellschaftsrecht als Grundlage, Unternehmensbesteuerung, bilanzielle Auswirkungen aus Richterrecht, wissenschaftliche Einwirkung

1 Themenwahl

1.1 Akademischer Brauch

Es ist eine gute Sitte der ordentlichen Professoren, bei Übernahme eines Lehrstuhls Einblick in das persönliche Arbeitsgebiet zu gewähren. Ich empfinde, einen solchen Einblick sollte auch ein Honorarprofessor aus Anlaß seiner Ernennung geben und dabei möglichst den Verbund von Forschung und Lehre mit der persönlichen praktischen Erfahrung deutlich werden lassen, soweit dies das vertretene Fach zuläßt oder sogar gebietet.

1.2 Forschung und Lehre

So habe ich das heutige Thema unter dem Gesichtspunkt gewählt, daß an dieser Universität nicht nur Lehre, sondern ebenso in beachtlichem Ausmaß Forschung betrieben wird, so wie es die Zielsetzung bei ihrer Gründung gewesen ist.[1] Nach Wilhelm von Humboldt[2] wird dabei der Mensch zum Suchenden, zu einem lebendigen, regen, tätigen Wesen. So beziehe ich in die wirtschaftlichen Überlegungen im einzelnen das Umfeld mit ein, das in der Sozialen Marktwirtschaft außerhalb von Angebot und Nachfrage liegt und die Rahmenbedingungen wie u.a. die allgemeine Sozialordnung und den moralischen Bereich umfaßt.[3] In diesem Sinn verstehe ich für die Betriebswirtschaftliche Steuerlehre die wissenschaftliche Aufgabe: im Bereich der wirtschaftlichen Unternehmen zu suchen und zu finden, wobei nach meiner Meinung Querverbindungen mit anderen Fächern unerläßlich sind, wenn man die Wirklichkeit erkennen und bei entsprechend vorhandener Zielsetzung das Ziel erreichen will.[4] Nach Sontheimer[5] soll einmal ein bedeutender Rechtslehrer die Rechtsordnung als „das ethische Minimum" bezeichnet haben. Ich meine, wir sollten uns in unserer freiheitlichen demokratischen Rechtsordnung mit dieser Feststellung anfreunden und deshalb in der Betriebswirtschaftlichen Steuerlehre uns auch der Selbstkontrolle zuwenden und die notwendigen Gestaltungen zu erkennen versuchen, die sich als Folge der auf privater Rechtsordnung aufbauenden marktwirtschaftlichen Lebendigkeit gebieten. Wenn man die Soziale Marktwirtschaft nicht angetastet wissen will, dann darf man nicht übersehen,

---

[1] Vgl. Raith, Anmerkungen zur Forschungspolitik an der Universität, in: Dress et al. (1992, 62ff.).

[2] S. Mainusch, Hör das Ungesagte.

[3] Vgl. Fiedler-Winter, Nach Bestandsaufnahme Entscheidungen treffen, Blick durch die Wirtschaft v. 22.5.1987, 1. - Auch im Sinne der Betrachtungen von Wilhelm Röpke gemeint. - Ebenso Hinweis auf den amerikanischen Philosophen Novak zu „Die katholische Ethik und der Geist des Kapitalismus" (s. Evangelische Information Nr. 11/1994, 12), ferner auf Karl Schiller (1994, 28) zu „Geistigen, ja, auch religiösen Voraussetzungen". - Ähnlich meint Rühli/Institut für betriebswirtschaftliche Forschung der Universität Zürich (Neue Zürcher Zeitung v. 15.11.1994, 27: „Shareholder- oder Stakeholder-Interessen?"), daß das Verhalten des Unternehmers im demokratischen Rechtsstaat durch Kräftespiel der Stakeholder (aller Anspruchspartner) beeinflußt werde und dazu in der Realität die notwendige Akzeptanz unerläßlich sei. Er widerspricht damit der von Milton Friedman 1970 geäußerten These, daß die Gewinnsteigerung im Vordergrund des Geschäftes als einzige Verantwortung stehe. Rühli verweist entsprechend auf die Äußerung des US-amerikanischen Committee for Economic Development (Social Responsibilities of Business Corporations; A Statement of National Policy, New York 1971, 16), nach welcher die Unternehmerschaft Verantwortung gegenüber der Gesellschaft zu übernehmen und einer breiteren Palette menschlicher Werte zu dienen habe.

[4] So auch Turner, Was sonst - außer Wissenschaft?, Rheinischer Merkur/Christ und Welt v. 15.7.1988, 22. - Ferner Hinweis auf die sog. „Interdependenz" [vgl. Eucken (1947, 75, 88)]. - Ich ziehe den Begriff „Betriebswirtschaftliche Steuerlehre" dem Begriff „Betriebliche Steuerlehre" vor, weil ich wie Erich Schäfer (1970, 104) unter Betrieb mehr das Substrat des ihn beherrschenden Willens- und Machtträgers verstehe. So kommt der Bezug auf das Unternehmen, das Erkenntnisgegenstand der Betriebswirtschaft ist, deutlicher zum Ausdruck. Ähnlich sieht M.R. Lehmann (1956, 34ff.) in der Unternehmung mehr die Finanzseite der Betriebswirtschaft, die er der „Hauswirtschaft" gegenüberstellt.

[5] K. Sontheimer, Wenn innere Kontrolle versagt, Rheinischer Merkur/Christ und Welt v. 9.9.1988, 19.

daß Grenzpflöcke bestehen gegenüber der reinen liberalen Marktwirtschaft und dem staatlichen Dirigismus. Auch derjenige, dessen praktische Arbeit mit dem Ziel ausgerichtet ist, die tatsächliche Steuerlast des Einzelnen zu optimieren, kann und darf an dem Umfeld nicht vorbeigehen, in welches das Unternehmen hineingestellt ist, wenn er das Unternehmen dauerhaft fördern will. Dazu gehört die Erkenntnis, daß ein Unternehmen nicht isoliert gesehen werden kann. Dazu gehört ohne jeden Zweifel ebenso die Erkenntnis, daß nicht jede Vorstellung der Finanzexekutive das geltende Steuerrecht in seinem Gehalt richtig erfaßt und dementsprechend die Finanzverwaltung häufiger des korrigierenden Hinweis bedarf, der von Steuergerichten und/oder Wissenschaft zu ihr gelangt.

Dies alles gilt um so mehr, als wir für weite Gebiete des Steuerrechts in einem vorläufigen Rechtsstaat leben![6] Der BFH-Präsident machte dafür die nicht vorhersehbare Auswirkung der Auslegung des Gleichheitssatzes aus Art. 3 GG durch die Gerichte verantwortlich und plädierte zur Abkehr von der Rechtsprechung zum Gleichheitssatz im Steuerrecht, denn nur so könne Rechtssicherheit im Steuerrecht eintreten, zur Rechtssicherheit gehöre die Anerkennung der gesetzten Normen.

Ähnlich forderte der ehemalige Präsident des Bundesverfassungsgericht und heutige Bundespräsident:[7] „Wir brauchen eine einfachere, durchschaubarere und damit auch verständlichere Rechtsprechung, zumal auf den Gebieten, die dem einzelnen Bürger auf die Haut gehen, und ganz besonders im Steuerrecht."

Schon wegen der damit angesprochenen notwendigen Praktikabilität im Steuerbereich werden hier Gedanken des Rechtsrelativismus zur Erörterung gestellt, die m.E. für das Steuerrecht in einem mit der Sozialen Marktwirtschaft verbundenen Rechtsstaat der gehörigen Gewichtung bedürfen.[8] Ich meine, daß den beiden Äußerungen zuzustimmen ist mit der zwangsläufigen Folge, daß der Trieb nach Einzelfallgerechtigkeit abgebaut werden muß, dem sich offenbar weder der Gesetzgeber noch Interessentengruppen noch Steuerberater und Rechtsanwälte noch Gerichte bisher entziehen konnten. Nur so ist zu einem einfacheren Steuerrecht überhaupt zu kommen. Man kann nicht bei jeder Alltagsentscheidung die Gerechtigkeitsfrage stellen, die Grundsätze der Gerechtigkeit und der Rechtssicherheit bedürfen im Einzelfall der Abwägung.[9] Es liegt keine Willkür im Einzelfall vor, solange bei formeller und materieller Typisierung die Grenzen der Gestaltungsbefugnis und die Sachgerechtigkeit eingehalten sind.[10]

---

[6] Siehe Kottke, Unberechenbare Einkommensteuer und bürokratisch neue Umsatzsteuer im Binnenmarkt, Blick durch die Wirtschaft v. 21.5.1992, 7.

[7] R. Herzog, Anspruch auf ein klares Recht, Rheinischer Merkur v. 20.9.1991, 11.

[8] Hierdurch soll keinesfalls die Frage nach der material gerechten Norm [s. Walzer (1987, 44): „Nur aus einer material gerechten Norm kann ein gerechtes Urteil abgeleitet werden."] als unbedeutend zur Seite gerückt werden. Aber es ist unübersehbar, daß der Steueralltag nach tatsächlicher Handhabungsmöglichkeit für Steuerpflichtige und Fiskus ausgerichtet werden muß.

[9] Vgl. Endemann in EKD-Notizen S.B.S.B. 1/1993, 2; ferner Weber-Grellet (1993, 104). - Ähnlich Isensee (1994, 3ff.).

[10] Vgl. z.B. Thomas (1994, 1389).

Basis bleibt dabei, daß nur der Gesetzgeber die steuerrechtlichen Rechtsfolgen bestimmt, die eintreten sollen, wenn im Gesetz abstrakt bezeichnete Tatbestandsmerkmale erfüllt sind, und daß es die Aufgabe der Steuerrechtsprechung ist, im Einzelfall zu entscheiden, ob bestimmte Lebenssachverhalte unter die Gesamtheit der abstrakt formulierten Tatbestandsmerkmale fallen und demgemäß eine vom Gesetzgeber bezeichnete Rechtsfolge eingetreten ist.[11] Das darf die Betriebswirtschaftliche Steuerlehre nicht aus dem Blick verlieren. Sie muß den Bundesfinanzhof beobachten, ob er nicht zu leicht und ohne schwerwiegenden Anlaß an die Stelle des Gesetzgebers tritt, wenn er schludrige Gesetze durch eigene Gestaltung ergänzt. Der die Lücke verursachende Gesetzgeber kann und sollte aber einen geschaffenen Richterrechtstatbestand unverzüglich positiv oder negativ durch Gesetzesregelung in den Alltag aufnehmen, denn die richterliche Lückenschließung hat für den Staatsbürger meist das Gefühl des Berührens der Gewaltenteilung, auf der die Soziale Marktwirtschaft aufbaut. Vielleicht mag dabei auch helfen, eine Analogie-Entscheidung grundsätzlich erst ex nunc zur Wirkung zu bringen.[12]

Entsprechend sollte die Betriebswirtschaftliche Steuerlehre sich ebenso durch die Offenlegung von Wunden verdient machen, damit der Gesetzgeber die notwendigen Gestaltungen herbeiführt, die mit der Zielsetzung der Sozialen Marktwirtschaft im Einklang stehen, selbst wenn er dabei jahrzehntelang als gut betrachtete Rechtsnormen zu verändern hat. Besondere wirtschaftliche Entwicklungen und bessere Erkenntnisse müssen uns zur Mahnung veranlassen, wenn die Grundgedanken der Sozialen Marktwirtschaft nicht beachtet werden, wenn das Moment des Antriebes zum eigenen Handeln ohne besonderen Ausnahmegrund und der notwendige Ansporn beeinträchtigt werden. Wir als Vertreter der Betriebswirtschaftlichen Steuerlehre dürfen nicht resignieren, wenn im öffentlichen Leben eine mehr- oder minderstarke Rechtsverachtung zu beobachten ist,[13] ebenso nicht, wenn die Grundlagen der Sozialen Marktwirtschaft bei einzelnen Staatsbürgern verkannt werden.

---

[11] S. Meßmer (1988, 223); ferner Tipke (1988, 262).
[12] Zur Kontroverse um das Analogieverbot s. aus der neueren Literatur insbes. Tipke (1993, 217), der herausstellt, daß das Für und Wider ausdiskutiert sein dürfte (a.a.O., 223) und bei Verschärfung der Rechtsprechung wohl durch die Verwaltung für eine Billigkeits-Übergangsregelung zu sorgen ist (a.a.O., 230).
[13] Die Anprangerung von Flume im Jahre 1978 gilt m.E. heute mehr denn je: „Bei der zunehmenden Rechtsfeindschaft und Rechtsverachtung im öffentlichen Leben, bei Politikern, bei Gewerkschaften und Verbänden bin ich im Zweifel, ob man als Professor überhaupt noch auf die Rechtsgestaltung Einfluß nehmen kann." (S. Der Betrieb 1993, Heft 36, Laudatio zum 85. Geburtstage).

2 Aufgaben der Betriebswirtschaftlichen Steuerlehre

2.1 Allgemeine Zielsetzung

Ich fasse die Betriebswirtschaftliche Steuerlehre so auf, wie sie von Wöhe[14] umrissen worden ist, nämlich als eine Lehre von den Entscheidungen, die den Unternehmen als Folge der Besteuerung auferlegt werden.

Sie umfaßt erstens die betriebswirtschaftliche Steuerwirkungslehre und zweitens die betriebswirtschaftliche Steuergestaltungslehre. Darin ist eingeschlossen die Ausgestaltung des Rechnungswesens, insbesondere das Bilanzrecht, nachdem de lege lata für die Handelsbilanz und sog. Steuerbilanz - m.E. besser umschrieben mit „steuerlicher additiver Gewinnermittlung" - die Prinzipien der Maßgeblichkeit und der umgekehrten Maßgeblichkeit gelten.

Ich stimme Wöhe zu, daß zur Betriebswirtschaftlichen Steuerlehre drittens die Steuerrechtsgestaltungslehre gehört, also die Grundlagenerarbeitung für eine mögliche Gestaltung der Steuergesetze. Ergänzend bin ich der Meinung, daß diese Aufgabe nicht ohne Beschäftigung mit der rechtlichen Ordnung der Besteuerung und nicht unabhängig von bürgerlich-rechtlichen, handelsrechtlichen und anderen wirtschaftsrechtlichen Normen erfüllt zu werden vermag. Hier darf die Betriebswirtschaftliche Steuerlehre nach meiner Ansicht nicht das Faktum übersehen, daß sich ein Unternehmen bei seinem Aufbau an den Grundnormen auszurichten hat, die das Handelsrecht, insbesondere das Gesellschaftsrecht, und das andere Wirtschaftsrecht setzen, die zwar ständiger kritischer Betrachtung bedürfen, aber dennoch nicht einer Verformung zugänglich sind, die sich allein auf steuerlichen Gedanken aufbaut. Und dabei, meine ich, ist ein Blick in Nachbardisziplinen wie Gesellschaftsrecht und Volkswirtschaftslehre unerläßlich. Das haben ganz besonders Nobelpreisträger Merton Miller[15] sowie die Professoren Lang und Tipke[16] erkannt, indem sie die interdisziplinär-ganzheitliche Zusammenarbeit von Ökonomen und Juristen als notwendig ansehen, so wie bereits Walter Eucken das Zusammenwachsen von Rechts- und Wirtschaftsdenken gefordert hat. In diese Richtung geht auch Groh,[17] der darauf hinweist, daß sich die Wissenschaften vom Recht und von der Wirtschaft beide als empirische Sozialwissenschaften begreifen lassen, die eine als normative, die andere als empirische Wissenschaft.

Anregungen zu geben an den Gesetzgeber zur Prüfung bestehender Mängel im Gesetzeswerk ist nicht nur ein legitimes Recht der Gerichte und der Jurispru-

---

[14] Vgl. G. Wöhe, Kosten oder Anteile des Staates am Gewinn, Blick durch die Wirtschaft v. 28.1.1992, 1; G. Wöhe, Auch der Gesetzgeber muß sich weiterbilden, Blick durch die Wirtschaft vom 29.1.1992, 1; Wöhe (1988, 22ff.). Interessant ist dazu noch die von Rose [s. Herzig (1991/92), 13] vorgenommene Einteilung des „Steuerberatungsfeldes" in Steuerdeklarationsberatung, Steuerrechtsdurchsetzungsberatung und Steuergestaltungsberatung. - Tipke (1993) meint aber bezüglich der Aufgaben der Betriebswirtschaftlichen Steuerlehre, daß eine klare Abgrenzung noch nicht gelungen ist (23ff.).
[15] Dreht nicht an der Steuerschraube, Die Welt v. 18.2.1991, 8; s. ferner Tipke (1993).
[16] Lang (1989, 201ff.).
[17] Groh (1989, 227ff.).

denz,[18] sondern vielmehr auch die Pflicht der Betriebswirtschaftlichen Steuerlehre.[19] Dies gilt um so mehr, als man die Bereitschaft der Richter am BFH zu wissenschaftlicher Kritik an der eigenen Rechtsprechung feststellen kann.[20] Das Spannungsverhältnis zwischen den berechtigten Forderungen zur Rechtskontinuität und dem sog. Richterrecht als wesentlicher Rechtsquelle muß die Betriebswirtschaftliche Steuerlehre immer wieder veranlassen, unter dem Blickwinkel des Unternehmens Gesetzgeber und höchstrichterliche Rechtsprechung zu beobachten und die Verwaltung in ihre Schranken zu verweisen, aber auch da Kritik zu üben, wo die Kautelarjurisprudenz Gestaltungen gefunden hat, die einem Einzelnen zwar helfen können, unter der Sicht des Ganzen aber der Setzung von Schranken bedürfen, weil sie der Rahmenordnung zur Wettbewerbssicherung der Sozialen Marktwirtschaft und/oder dem Grundsatz der Besteuerung nach der Leistungsfähigkeit widersprechen.

Eine Aufgabe der Betriebswirtschaftlichen Steuerlehre ist es, der „Vermanschung von Legislative und Exekutive"[21] ein besonderes Augenmerk zuzuwenden, kommt doch die überwältigende Mehrheit von Gesetzesinitiativen aus der Exekutive mit der Folge von Einseitigkeit oder rein fiskalischem Denken in vielen Fällen.

Die Betriebswirtschaftliche Steuerlehre hat sich auch als Teilgebiet der Unternehmensplanung zu verstehen und dabei dem Bereich der Finanzierung des Unternehmens zu dienen. Ihre Sehweise darf sich jedoch nicht nur an den Belangen der Großkonzerne ausrichten, vielmehr darf sie die Belange der mittelständischen Wirtschaft nicht nur nicht vernachlässigen, sondern muß sie m.E. wegen der unübersehbaren Bedeutung der mittelständischen Unternehmen für die Volkswirtschaft „als Sauerteig des Marktes"[22] hervorhebend betrachten, denn wie könnte die Soziale Marktwirtschaft anders ihre Impulse erhalten!

2.2 Fortbildung des Unternehmensrechts

Die Betriebswirtschaftliche Steuerlehre sollte m.E. auch zur Fortbildung des Unternehmensrechts beitragen. Da gilt es die Frage zu beantworten, ist das Steuerrecht ausschließlich ein Folgerecht zum Zivilrecht oder ein eigenständiges Recht zugleich? Besteht stets nur eine Präzedenz, aber keine Prävalenz des Zivilrechts vor dem Steuerrecht, wie Tipke m.E. überzeugend dargelegt hat? Das vernünftige ökonomische Handeln muß die Ausgangsbasis bilden. Es braucht nicht das Ziel zu sein, jede Unternehmensform gleich zu behandeln, denn der Bereich der Kapitalgesellschaften hat eine ganz andere Ausgangsstellung als der

---

[18] Flume, Ein Vermächtnis an die Rechtsprechung im Steuerrecht, Gastkommentar in Der Betrieb 1989, mit Hinweis auf Hartz (1965, 755).
[19] Ähnlich vertritt Rose (a.a.O., Fn. 14) die starke steuerrechtliche Verankerung der Betriebswirtschaftlichen Steuerlehre.
[20] Siehe Wassermeyer (1989, 561ff.).
[21] Siehe H. Hamm-Brücher vor dem Bertelsmann-Forum, nach Neue Westfälische Zeitung v. 1.9.1988.
[22] Siehe Maderner, Der Sauerteig des Marktes, Rheinischer Merkur v. 28.1.1994, Nr. 4, 9.

Bereich der Personenhandelsgesellschaften und des Einzelkaufmanns. Bedürfen sog. Publikumsgesellschaften nicht sogar einer eigenen, ergänzenden Betrachtungsweise, wie sie schon in §15a EStG zum negativen Eigenkapital und in der BGH-Rechtsprechung zum Ausdruck kommt?![23]

Der Gemeinwohlwert der Steuer[24] auf der einen Seite und die Grundsätze aus den Zwecken der Rechnungslegung[25] auf der anderen Seite wollen nebeneinander beachtet werden, wobei aber m.E. die Maßgeblichkeit des Handelsrechts und damit auch der Handelsbilanz nicht angetastet werden darf, soweit nicht eine lex specialis im Steuerrecht für einen einzelnen Vorgang als begründete Ausnahme geschaffen worden ist.[26] Aus den verschiedenen Zielrichtungen von Zivilrecht und Steuerrecht darf die markt- und leistungsorientierte Mentalität des Steuerpflichtigen nicht gestört werden, um das Funktionieren der Sozialen Marktwirtschaft mit ihrer Selbstregulierung nicht zu gefährden. Dazu heißt es aber auch, das Sozialstaatsprinzip unter Einbeziehung fester sittlicher Normen nicht zu verleugnen, ist es doch mit der Kraft einer qualifizierenden Verfassungsnorm im Grundgesetz rechtsbegrifflich festgelegt[27]; nur heißt es aufzupassen, daß ein gesetzgeberischer Staatseingriff nicht umfassender und tiefer sein darf, als durch die Notwendigkeit gerechtfertigt ist.[28] Dementsprechend muß die Betriebswirtschaftliche Steuerlehre darauf achten, daß der Grundsatz nicht angetastet wird, daß jeder Steuerpflichtige sich dauerhaft so einrichten kann, wie er es für richtig und auf die Zukunft bezogen als empfehlenswert ansieht, solange er nicht unter enger Betrachtung Mißbrauch mit rechtlichen Gestaltungsmöglichkeiten treibt.

Die wirtschaftliche Betrachtungsweise als Auslegungsregel verlangt keinesfalls die Relativierung jedes steuerrechtlichen Rechtsbegriffs, denn entscheidend bleibt die ratio legis.[29] Die wirtschaftliche Betrachtungsweise, so wie wir sie heute als Auslegungsregel für das gesamte Recht verstehen, läßt eine Sachverhaltsumdeutung nicht zu. Sie ist eine rechtliche Betrachtungsweise, eine „Spielart der teleologischen Interpretation" zur jeweiligen spezifischen Gesetzesregelung.[30] Daran sollte ohne Zwang nicht gerüttelt werden.

2.3 Begrenzung des lobbyistischen Denkens

Das Gebiet der Betriebswirtschaftlichen Steuerlehre ist der Einwirkung von Einzelinteressen ausgesetzt. Deshalb kann nicht ganz ausgeschaltet werden, daß ein bestehendes Gesetzeswerk einseitig kritisiert wird. Das betrifft die Seite der Finanzverwaltung gleichermaßen wie die Unternehmerseite! Ohne Zweifel ist

---

[23] Vgl. Anm. zu Urteil BFH v. 2.5.1984 VIII R 239/82 in HFR 1985, 11.
[24] Vgl. Lang (1989, 205).
[25] Vgl. Groh (1989, 231).
[26] Vgl. Tipke (1988, 262). - Ebenso Crezelius (1994, 689).
[27] Huber (1956, 200).
[28] Vgl. Huber (1956, 205).
[29] Groh (1989, 230); so auch Weber-Grellet (1993, 103) mit der Feststellung, daß es um den „telos" der einzelnen steuerrechtlichen Regelung geht, bei gleichzeitiger Nennung von Woerner (1992, 225, 228).
[30] Siehe Moxter (1989, 232); ferner Tipke/Lang (1991, 89ff.).

unser Steuerrecht übermäßig kompliziert und wegen der vielen Sonderregelungen nicht immer gerecht. Dazu muß man sich aber fragen: Kann es in einer sich ständig wandelnden Wirtschaft überhaupt eine steuerrechtliche Gesamtregelung geben, die nach Ansicht eines jeden oder der überwiegenden Mehrheit der Staatsbürger gerecht ist? Sicherlich muß die Leistungsfähigkeit bei der Besteuerung vom Einkommen und Vermögen positiv und negativ die feste Ausgangsbasis bleiben. Aber trotzdem wird der wirtschaftende Mensch stets von seinem eigenen Standpunkt aus die Gerechtigkeit ausloten. Der auf dem Gebiet der Betriebswirtschaftlichen Steuerlehre arbeitende Wissenschaftler hat deshalb sich davor zu hüten, den Anschein der Einseitigkeit zu erwecken. Das ist nicht immer leicht und heißt für ihn eine Absage an den Lobbyismus in jeder Form, um sich die gebotene wissenschaftliche Objektivität zu erhalten. Diese Entscheidung behindert in keiner Weise die Beschäftigung mit dem bestehenden Steuer- und Gesellschaftsrecht unter betriebswirtschaftlichen Überlegungen, beseitigt auch nicht die persönliche Note, wie sich mein Lehrer M.R. Lehmann auszudrücken pflegte, solange man nicht voreingenommen an die Forschungsaufgabe herangeht.

Wenn Wöhe[31] zur Steuerrechtsgestaltungsaufgabe meint, daß sich die Betriebswirtschaftliche Steuerlehre dabei eines Werturteils zur Unternehmensbesteuerung zu enthalten habe, vermag ich ihm nur insoweit zu folgen, als es nicht ihre Aufgabe ist, Steuerpolitik zu betreiben. Wohl aber rechne ich ihr die Aufgabe zu, unter Berücksichtigung des Zieles der Unternehmensbesteuerung auf mögliche Wege dahin aufmerksam zu machen, denn zur Betriebswirtschaftslehre gehört doch gerade der Finanzierungsbereich und damit das Verfolgen der Konkurrenz zwischen der Dotierung des Eigenbereichs und des Fremdbereichs der Unternehmung aus dem erzielten Jahresüberschuß, wobei Hauptteilhaber im Fremdbereich eben der Steuerfiskus ist. Ohne die Berücksichtigung der Möglichkeit genügender Selbstfinanzierung des Unternehmens aber kann eine Volkswirtschaft nicht dauerhaft gesund sein. Darauf ist immer wieder aufmerksam zu machen; eine auf Dauer so starke Belastung mit Steuern vom Einkommen und Ertrag, wie wir sie heute in der BRD haben, läßt eine positive, langfristige Wirtschaftsentwicklung mit Wohlstandsfolge nicht zu, ist auch nicht ökonomisch (= haushälterisch) für Staat und Kommunen.

3 Besonders aktuelle Fragenkomplexe

So lassen Sie mich jetzt auf besonders aktuelle Fragenkomplexe eingehen, mit denen sich die Betriebswirtschaftliche Steuerlehre zur Zeit zu beschäftigen hat oder m.E. noch mehr beschäftigen sollte. Es handelt sich dabei um Themen, die von mir als Praktiker aufgegriffen werden, weil sie für die künftige Ausgestaltung von Unternehmen und deren Handeln eine herausragende Bedeutung haben.

---

[31] Wöhe (1988, 47ff.). Vgl. aber Lehmann (1956, 248) (Wissenschaftliche Objektivität und persönliche Überzeugung).

3.1 Reform der Unternehmensbesteuerung

Muß der Praktiker eigentlich danach streben, daß die Besteuerung des Unternehmers und Mitunternehmers derjenigen der Kapitalgesellschaft auf dem Gebiet der Steuern vom Einkommen und vom Vermögen dadurch angepaßt werden kann, daß der Unternehmer und Mitunternehmer zur Besteuerung wie eine Kapitalgesellschaft optieren kann oder daß gar die Besteuerung aller Unternehmen derart geregelt wird, daß Einzelkaufleute, Personenhandelsgesellschaften und Kapitalgesellschaften vollkommen gleich behandelt werden? Würde unser gesamtes Steuersystem dadurch nicht berührt werden, so daß es gleichzeitig einer viel weitergehenden Umgestaltung bedürfte, um neue Ungerechtigkeiten zu vermeiden? Mit ihr stünde eine Aufgabe an, die auch die internationale Besteuerung, insbesondere die Besteuerung innerhalb der Europäischen Union, berührt und die gesetzgebenden Organe überfordert. Das gilt um so mehr, als noch gar nicht abgesichert ist, daß unser körperschaftsteuerliches Anrechnungsverfahren mit Vollanrechnung in Zukunft im Rahmen der EU bestehen bleiben kann[32], und auch darüber öffentlich nachgedacht wird, ob das Körperschaftsteuerrecht wieder zurückentwickelt werden sollte zu einem System wie vor 1977.[33] Es ist ferner an die Begründung zur klassischen Körperschaftsteuer 1920 zu denken, wonach erkannt wurde, daß die Kapitalgesellschaften sich z.T. in Gegensatz zu den an ihnen beteiligten natürlichen Personen stellen und wegen dieser Wirtschaftsemanzipation mit zur selbständigen Besteuerung geführt wurden, und zwar bei gleichzeitigem Hinweis auf den übermächtigen Wettbewerb, den sie dem „privaten Einzelwirtschafter" machen, „der unbedingt einen Ausgleich auf steuerlichem Gebiet erfordert",[34] übrigens gar nicht im Gegensatz zu unserer heutigen Sozialen Marktwirtschaft stehend mit ihrem Fundus aus der Freiburger Schule.[35]

Die unterschiedliche Besteuerung der Unternehmensformen ist m.E. auch deshalb zu akzeptieren, weil das Steuerrecht hier auf dem Boden des Zivilrechts und damit des Gesellschaftsrechts aufbaut, wie das der Deutsche Juristentag 1924 und 1989 erkannt hat.[36] Wohl aber sollte in Verfolg des BFH-Beschlusses vom 10.11.1980 GrS 1/79,[37] nach dem die Personenhandelsgesellschaft i.d.R. - die Mitunternehmerschaft also - als Subjekt der Gewinnerzielung angesehen wird und ihr damit in gewisser Hinsicht steuerrechtlich eine eingeschränkte Rechtssubjektivität zuerkannt ist, ihr auch eine Betrachtung zukommen, die das Wirken als Unternehmen berücksichtigt. In dieser Beziehung ist die BFH-Rechtsprechung fortzusetzen, die schon nach dem Beschluß 1/79 des Großen

---

[32] Vgl. Saß (1993, 113). - Siehe auch Maleden Gammie, Harmonisation of Company Taxation in the European Community, EC Tax Review 1993, 67; ferner Hüttemann (1994, 175). Vgl. zur „Europauntauglichkeit" auch Lang (1993/94, 23ff.).
[33] S. Ackermann, Der Betrieb 1994, Heft 33, I.
[34] Drucksache der Deutschen Nationalversammlung Bd. 341, Anlagen zu den stenographischen Berichten, 1920, 14.
[35] Vgl. Karl Schiller (1994, 98) mit Hinweis auf Röpke.
[36] Siehe Lang (1989, 210). - Im Gegensatz zu Tipke (1993, 732), der in der KöSt eine „bloß partielle Unternehmensteuer" sieht.
[37] BStBl II 1981, 164.

Senats unter Aufgabe der Bilanzbündeltheorie die Folgerungen gezogen hat, daß Leistungs- und Lieferungsgeschäfte zwischen der Personenhandelsgesellschaft und ihren Gesellschaftern und zwischen zwei Schwestergesellschaften, an denen dieselben Gesellschafter beteiligt sind, ebenso wie Nutzungsüberlassungen zwischen Mitunternehmer-Schwestergesellschaften wie im Handelsrecht als solche anerkannt werden. Das ist eine berechtigte Forderung an den Gesetzgeber unter dem Grundsatz der Gleichmäßigkeit der Besteuerung.

Dazu gehört für den Gesetzgeber neuerdings aber ebenso, die Gedankengänge des Großen Senats beim BFH 3/92[38] zum personenbezogenen Verlustvortrag (Unternehmeridentität) bei der Gewerbesteuer zu überdenken, und zwar dahingehend, ob man durch Gesetz unter der Sicht der Gewerbesteuer als Unternehmenssteuer nicht dem seinerzeit vorlegenden VIII. Senat folgen sollte und der Objektbezogenheit berechtigterweise unter der eigentlichen ratio legis der Gewerbesteuer folgt, wie der früheren RFH-Rechtsprechung entspricht, die feststellte, daß die Gewerbesteuer eine reine Sachsteuer auf den Betrieb als solchen, losgelöst von der Person des Unternehmers, ist.[39]

Wenn Felix[40] richtigerweise darauf hinweist, daß die Steuerwürdigkeit eines Großunternehmens in relevanter Weise von derjenigen der mittelständischen Unternehmen abweicht und die Chancen-Nachteile mittelständischer Unternehmen hervorhebt, dann ergibt sich daraus m.E. zwangsläufig die Frage, ist es überhaupt erstrebenswert und dient es der Gerechtigkeit, diese mittelständischen Unternehmen bei der Besteuerung vom Einkommen und Vermögen den Körperschaften gleichzustellen oder umgekehrt die Körperschaften den mittelständischen Unternehmen?[41] Vielmehr muß es darum gehen, der persönlichen Arbeitsleistung des Unternehmers und Mitunternehmers die ihr zukommende Bedeutung beizulegen und dadurch zu würdigen, daß ein mit dem geschäftsführenden persönlich haftenden Gesellschafter der Personenhandelsgesellschaft abgeschlossener Anstellungsvertrag[42] steuerlich angemessen Berücksichtigung findet und den Gewinn mindernde Betriebsausgaben durch Bildung von Rückstellungen für die Altersversorgung bei den Gesellschaftern, die wirtschaftlich als Träger der Pensionslast anzusehen und nicht begünstigter Vertragspartner sind, entsprechend ihrer Beteiligungsquote zuzulassen und außerdem die Besteuerung beim Berechtigten der Pensionen erst mit Zufluß vorzunehmen. Damit würde für Personenhandelsgesellschaften bei den tatsächlich Belasteten lediglich der

---

[38] Beschluß BFH v. 3.5.1993 GrS 2/93 (BStBl II 1993, 616).
[39] Unabhängig hiervon bleibt die Frage, ob der Beschluß des Großen Senats verfassungsrechtlichen Erwägungen standhält [s. Finkbeiner (1993, 2201)]. - Müller-Gatermann (1993, 728), stellt heute noch zur Gewerbesteuer m.E. richtig fest, daß sie nicht beim einzelnen Gesellschafter ansetzt (per argumentum e contrario). S. auch RFH v. 10.1.1940 VI 704/39 (RStBl 1940, 134). S. ferner Söffing (1994, 747).
[40] Felix, Eine Steuerrücklage für unbeschränkt haftende Unternehmer, Blick durch die Wirtschaft v. 8.2.1990, 7.
[41] Hierzu gibt interessante Perspektiven der BdI in seiner Darstellung „Steuerliche Aspekte bei der Wahl der Unternehmensrechtform - Personengesellschaft versus Kapitalgesellschaft" (Abt. Steuer- und Haushaltspolitik III/1 v. 21.4.1993).
[42] Zur zivilrechtlichen Zulässigkeit s. Westerfelhaus (1989, 97, Fn. 48).

Zustand wieder herbeigeführt, den der RFH und der BFH bis 1967 im Rahmen der Bilanzbündel-Theorie zuerkannt hatten.[43] Nach der heute für Neuzusagen bestehenden handelsrechtlichen Passivierungspflicht ist die von mir geforderte Zuflußbehandlung beim tätigen Gesellschafter die folgerichtige Entwicklung, die m.E. via § 15 EStG nicht behindert werden darf, vor allem nicht bei einer Besteuerung nach dem Leistungsprinzip. Allerdings geht das nicht ohne Drittvergleich. Eine solche gesetzliche Regelung würde der mit der Rechtsprechung zur Liebhaberei in das Steuerrecht aufgenommenen Markteinkommenstheorie[44] entsprechen und auch praktikabel sein. Sie würde außerdem m.E. die vom Bundesverfassungsgericht gebilligte Abgrenzung von erdienter Versorgung und steuerpflichtiger Eigenvorsorge bei Beachtung des Realisationsprinzips nicht außer acht lassen.[45]

Gleichzeitig wäre damit für die Personenhandelsgesellschaften ein Nachteil in der Unternehmensfinanzierung gegenüber den Kapitalgesellschaften, der oft den Ausschlag zur Wahl der Rechtsform der Kapitalgesellschaften gegeben hat, zumindest teilweise beseitigt.[46] Auch würde dadurch das unternehmerische Engagement mit voller Haftungsfolge, die im Interesse der Sozialen Marktwirtschaft liegt, angereizt![47]

Schließlich sollte allen Unternehmen eine steuerliche Begünstigung des nicht entnommenen Gewinns durch einen verminderten Einkommen- bzw. Körperschaftsteuersatz zugestanden werden, der m.E. bei voll haftenden natürlichen Personen sogar wegen ihres besonderen wirtschaftlichen Engagements zusätzlich reduziert werden könnte.[48] Ein Kritiker hat schon recht, wenn er zu diesem Thema darauf hinweist, daß, wenn mehr Geld im Unternehmen bleibt, auch mehr investiert werden kann und dadurch die Chancen für den Erhalt von Arbeitsplätzen und die soziale Sicherheit allgemein erhöht werden. Mit Carl Christian von Weizsäcker ist eine höhere Innovationsprämie als unerläßlich zu

---

[43] S. BFH v. 6.2.1967 IV R 62/66 (BStBl III 1967, 222) und RFH v. 13.3.1940 VI 750/39 (RStBl 1940, 474).
[44] Hierzu s. insbes. Tipke/Lang (1991, 158ff. und 201ff.).
[45] Vgl. BVerfGer. Beschluß 3. Kammer des Zweiten Senats v. 5.5.1994 - 2 BvR 397/90 (BStBl II 1994, 547).
[46] Über eine lex specialis wäre damit auch noch nicht entschieden, ob der strukturierten additiven Gewinnermittlung mit Beachtung des Imparitätsprinzips der Vorzug zu geben ist [vgl. hierzu L. Schmidt (1994, §15, Anm. 66)].
[47] Entgegen MdB Schulz (1993), der m.E. zu grobe Thesen entwickelt, ohne die ratio des einzelnen Gesetzes zu würdigen. - Siehe K. Biedenkopf: „Uns geht nicht die Arbeit aus, sondern die Arbeitgeber, die bereit sind, Risiken und Verantwortung zu übernehmen." (Degussa-Report 1/1994, 7, zur Übergabe des Hans-Böckler-Preises am 3.12.1993).
[48] Schon im Jahre 1971 hat Harald Weber (1971, insbes. 462) die Berücksichtigung der Struktur der Unternehmen befürwortet und dabei nach Unternehmertätigkeit und Haftung differenziert, auch die verfassungsrechtliche Zulässigkeit einer steuerrechtlichen Differenzierung dieser Art erörtert. Ihm ist zu folgen, wenn er unter dieser Sicht im Steuerrecht eine verschieden hohe Besteuerung als gerecht ansieht [vgl. Weber (1980, 545ff.)].

sehen.[49] Hier darf die Kategorie der Zweck-Mittel-Relation nicht vernachlässigt werden! Dadurch würde auch das volkswirtschaftliche Problem der nach Albach[50] unverantwortlichen übermäßigen Verwendung von Gewinnen für den Konsum angesprochen und die Ethik des Schaffens für bessere Lebenschancen der nächsten Generation allgemein hervorgehoben. Eine solche Begünstigung bei richtiger Ausgestaltung und vorzusehender Nachversteuerung im Falle späterer Entnahme hilft, die Ungleichheit zu beseitigen, die sich aus verschiedenen Steuerbelastungen bei den Steuern vom Einkommen ergeben, und zwar im wesentlichen ohne sog. Mitnahme-Effekt. Das wäre überdies verfassungsrechtlich sicherer als ein für gewerbliche Einkünfte ermäßigter Höchststeuersatz.[51]

Andererseits, meine ich, kann der Unternehmer zu dauerhafter, betriebswirtschaftlich vernünftiger steuerrechtlicher Gestaltung durchaus gelangen, wenn er die unumgänglichen Grenzen im Steuerrecht für den Einzelfall würdigt und beachtet. Ob Personenhandelsgesellschaft oder Kapitalgesellschaft, ob stille Gesellschaft typischer oder steuerlich mitunternehmerischer atypischer Art, man kann sie als Steuerpflichtiger jeweils wählen, insbesondere nach der soeben vorgenommenen Umgestaltung des Umwandlungs- und Umwandlungssteuerrechts.

Sinnvolle Abstufungen sind vom Gesetzgeber geschaffen, eine Bevorzugung der Kapitalgesellschaften aber verdrängt m.E. unternehmerisches Handeln. Ich meine überdies, daß das Körperschaftsteuerrecht eigentlich auf die anonymen Gesellschaften ausgerichtet ist und diese auch in Zukunft einer Besteuerung bedürfen, die ihrer Eigenart der Anonymität entspricht, die aber auch die Macht zur Konzentration von Unternehmen im Auge behält. Warum soll der Körperschaftsteuersatz niedriger als der höchste Progressionssatz der Einkommensteuer sein? Nicht alle der anonymen Konzerne gehören zu den volkswirtschaftlich erstrebenswerten Unternehmen! Warum sollen sie grundsätzlich gegenüber dem mittelständischen Unternehmen steuerbegünstigt sein? Das ist ein vom Gesetzgeber unberechtigt gewährter Wettbewerbsvorteil, selbst ohne Berücksichtigung der zusätzlichen Kirchensteuer für natürliche Personen.

Deshalb sind die im Deutschen Bundestag vorgetragenen Gedanken verständlich, Gewinne aus der Veräußerung von Anteilen an Kapitalgesellschaften durch Schwellenherabsetzung stärker zu erfassen, jedoch fehlt m.E. dabei, dann im Grundsatz alle derartigen Veräußerungsgewinne ohne Begrenzung der Steuerermäßigung als außerordentliche Einkünfte nur mit der Hälfte der ESt zu belegen. Diese Korrektur entspricht der ratio legis und ermöglicht, auch zukünftig wirtschaftlich vernünftige Gesellschafterwechsel, die im Interesse des Unternehmens und seiner Mitarbeiter liegen, in die Tat umzusetzen und sogar anzuregen, die sonst zwangsläufig unterbleiben oder mit negativen wirtschaftlichen Folgen verzögert werden. Eine derartige Regelung würde mit Blick auf § 16 EStG, der jed-

---

[49] C.C. von Weizsäcker, Populär ist meist verkehrt, Rheinischer Merkur v. 17.12.1993, 9.
[50] H. Albach, Heute schaffen, morgen teilen, Rheinischer Merkur v. 26.3.1993, 11.
[51] Vgl. Lang (1993/94, 20).

weden Veräußerungsgewinn einer Mitunternehmerschaft und eines Einzelkaufmannes erfaßt, zudem zu mehr Steuergerechtigkeit führen.

Eine solche kleine, aber wesentliche Reformierung liegt im Wesen der Sozialen Marktwirtschaft selbst begründet, die eben einem stetigen Wandel unterliegt, sei es aus eigenem Unternehmerverhalten oder aus Entwicklungen der Volks- oder Weltwirtschaft heraus. Darauf hat sich der Gesetzgeber einzustellen, um vorgegebene wirtschaftspolitische Ziele zu fördern. Der „Prozeß der schöpferischen Zerstörung" nach Schumpeter verlangt dies.[52] Man hat cum grano salis festzustellen, daß in Deutschland dem breiten und innovationsstarken Mittelstand sehr viele „Erfolgsgeschichten" zuzuschreiben sind, daß sog. Milliarden-Konzerne in der Welt, auch in Deutschland, oft das unternehmerische Handeln in seiner Grundlage verkennen oder weniger ausprägen, und dies bei der Besteuerung nicht übersehen werden darf.[53]

3.2. Bilanzielle Auswirkungen aus Richterrecht

Es ist im Rahmen sowohl der Steuerwirkungslehre als auch der Steuerrechtsgestaltungslehre insbesondere zu untersuchen, wie sich das Richterrecht auf die handelsrechtliche und steuerrechtliche Bilanzierung im einzelnen auswirkt. Das sei an den folgenden Beispielen kurz umrissen.

3.2.1 Verdeckte Gewinnausschüttung

Gleichgültig, ob man den Tatbestand der verdeckten Gewinnausschüttung für das Steuerrecht und für das Handelsrecht gleich ansieht, so wie ich Letzteres vor kurzem gelegentlich eines umfassenden Definitionsversuches[54] vorgeschlagen habe und so wie Schulze-Osterloh die zwingende gesetzliche Basis aus dem gesellschaftlichen Trennungsprinzip erkennt und begründet belegt,[55] es muß für die Bilanzierung gefragt werden, ob der als Aufwand ausgewiesene Betrag Aufwand bleibt oder als Gewinnverwendung und damit Gewinnausschüttung zu deklarieren ist. Dies gilt m.E. auch für die Zinsverbuchung im Fall des Leistungsverweigerungsrechts einer Kapitalgesellschaft, wenn der beherrschende Gesellschafter die Kapitalgesellschaft nach seinem Belieben finanziert und nur so am Leben erhält; das hat der VIII. Senat des BFH m.E. in seinem Urteil vom 16.11.1993 vergessen zu untersuchen, nämlich unter den Tatbeständen der vGA und des eigenkapitalersetzenden Darlehens.[56]

Besteht aufgrund einer Satzungsklausel ein Rückgewähranspruch, so bedarf dieser der Aktivierung und tatsächlichen Realisierung; die Realisierung dürfte

---

[52] Siehe auch Bierich, Der Unternehmer á la Schumpeter wird heute mehr denn je gebraucht, Handelsblatt v. 8.6.1993, 22.
[53] Vgl. Manager-Magazin, Heft 1/1994, 31ff., Gatermann, Die erste Liga, mit Zitat Hans Seifert (Boston Consulting Group): „In Deutschland hat der breite und innovationsstarke Mittelstand die Erfolgsgeschichten geschrieben". - Siehe auch Susann Caminiti, Can the Limited Fix Itself?, Fortune, October 17, 1994, 161.
[54] Westerfelhaus (1994, 224ff.).
[55] Schulze-Osterloh (1994, 131).
[56] VIII R 33/92; Der Betrieb, 1994, 1600.

auch durch nachträglichen Gewinnausschüttungsbeschluß erfolgen können. Ein Anspruch, der effektiv und/oder gesetzlich nicht durchgesetzt werden kann oder wird, ist aber wirtschaftlich für das Unternehmen nichts wert bzw. im Falle der Passivierung keine das Unternehmen tatsächlich bedrückende Last. Er kann so nur zur vGA führen, wenn durch ihn das Vermögen der Körperschaft geschmälert wurde bzw. keine drückende, tatsächliche zeitpunktmäßige Belastung vorliegt.

Die Behandlung der vGA in der handelsrechtlichen Gewinn- und Verlustrechnung bedarf der Klärung im Einzelfall, solange das Gesellschaftsrecht sich nicht mit dem Steuerrecht an dieser Stelle identifiziert oder das Statut der Körperschaft nicht eine spezielle Erstattungsklausel enthält. Dazu gehört die Ansprache der Aufwands- und Ertragskonten.[57]

Da das Steuerrecht rückwirkende Gestaltungen nicht anerkennt, hat man über eine lex specialis dazu, sei sie positiver oder negativer Art, nachzudenken. Es ist dabei sicherzustellen, daß der durch die vGA Bevorzugte durch die Körperschaftsteueranrechnung nicht noch zusätzliche Vorteile gegenüber seinen Mitgesellschaftern erlangt, wie das heute der Fall ist, aber doch nicht sein darf![58] Hier bedarf es der Korrektur der an dieser Stelle gesellschaftsrechtlich unerträglichen Wirkungsweise des körperschaftsteuerrechtlichen Anrechnungsverfahrens,[59] notfalls einer Satzungsergänzung der Körperschaft, die den Vorteil beseitigt.

3.2.2 Verdecktes Eigenkapital

Zu diesem Thema hat bereits Thiel[60] in eingehender Weise auf die mit dem verdeckten Eigenkapital entstehenden bilanzrechtlichen Folgen aufmerksam gemacht, so daß ich auf sie verweisen kann.

Ergänzend sei jedoch die Frage aufgeworfen, ob es sich gebietet, die Behandlung der Aufwendungen aus dem verdeckten Eigenkapital, also insbesondere der Zinsaufwendungen, gesetzlich zu regeln und sie entweder als verdeckte Gewinnausschüttung und damit Gewinnverwendung anzusehen oder gar zu untersagen. Das letztere bedarf einer eingehenden Untersuchung, wird sich doch in der Praxis die Aufdeckung verdeckten Eigenkapitals häufig erst nachträglich und damit nach Behandlung von Zinsaufwendungen als Aufwand zeigen, wie es dem zivilrechtlich „vermeintlichen schuldrechtlichen Charakter" entspricht. Aber: wo ein Leistungsverweigerungsrecht zivilrechtlich besteht, haben Bilanz- und Steuerrecht m.E. entsprechende Folgerungen zu ziehen.

Zur Beantwortung dieser Fragen werden auch die beiden Merkmale bedeutungsvoll sein, auf die Karsten Schmidt zum Begriff Eigenkapital hingewiesen hat: tatsächlicher Ausschluß einer freien Kündigung des Kapitalgebers und Ausschluß einer Geltendmachung als Konkursforderung.[61] Zur

---

[57] Zur Problematik s. Wichmann (1994, 1197).
[58] Vgl. Meyer-Scharenberg (1988, 67).
[59] Berechtigt und vehement gefordert insbesondere von Knobbe-Keuk (Müller/Ulmer/Zöllner, Hrsg., GmbH und Steuerrecht, Festschrift 100 Jahre GmbH, 744ff.); zur rechnerischen Entwicklung s. a.a.O., 739.
[60] Thiel (1992, 20ff.). - Siehe auch Knobbe-Keuk (1991, 363ff.).
[61] S. Anm. Fn. 23.

Kündigungsmöglichkeit ist m.E. zu untersuchen und in die Beurteilung mit einzubeziehen, ob eine Kündigung wirtschaftlich tatsächlich überhaupt durchsetzbar ist und ob z.B. ein Rangrücktritt als pactum de non petendo tatsächlich den Fremdkapitalcharakter für das Unternehmen beseitigt hat, das zuvor durch Kreditunwürdigkeit gekennzeichnet war.[62]

3.2.3 Qualifizierter faktischer Konzern

Aus der Rechtsfortbildung auf dem Gebiet des qualifizierten faktischen Konzerns hat man bilanzrechtlich Folgerungen zu ziehen, denen sich das Steuerrecht nicht entziehen kann. Hier geht es gar nicht mehr um eine künftige wissenschaftliche Diskussion einer Rechtsfortbildung, sondern schon um Auswertung ergangener Rechtsfortbildung.[63] Wenn und soweit die Durchgriffshaftung berechtigt ist, gleichgültig ob aus Zustandshaftung im faktischen Konzern oder aus Verschuldungshaftung eines herrschenden Gesellschafters,[64] hat der Verpflichtete in seiner Rechnungslegung das auf ihn dadurch zukommende Risiko zeitgerecht in Form der Bildung einer Rückstellung und damit Aufwandsbelastung bilanzrechtlich zu erfassen. Logischerweise entfällt hier steuerrechtlich jedes weitere Erfordernis zur Bilanzierungsvoraussetzung, denn Niederstwert- und Imparitätsprinzip erzwingen die Rückstellung.[65] Jede gesetzgeberische Gegenregelung auf dem Gebiet des Steuerrechts würde m.E. die Grundsätze der Maßgeblichkeit und umgekehrten Maßgeblichkeit zerstören und auch die Rechtsordnung überhaupt in ihrem Bestand berühren und unverständlich machen.

Hierzu wird sich ebenso der Wirtschaftsprüfer im Rahmen seiner Abschlußprüfungen Gedanken zu machen haben.

4 Ausblick und Appell

Söffing hat auf der Steuerfachtagung 1992 in Bad Harzburg berechtigterweise darauf hingewiesen, daß das Steuerrecht heute wirtschaftspolitische Zwecke einbindet und dazu den fehlenden direkten Einfluß der Steuerrechtswissenschaft und der Steuerlehre auf die Gesetzgebung beklagt, dementsprechend mehr Mitwirkung von Steuerrechtswissenschaft und Steuerlehre zur Besserung des gegenwärtigen desolaten Zustandes gefordert. Hier liegt in der Tat eine Aufgabe der Betriebswirtschaftlichen Steuerlehre für die Zukunft, die nicht stark genug gewichtet werden kann.[66] Das geht mit der Meinung von Woerner[67] einher, der

---

[62] Zur notwendigen Beachtung der Kreditunwürdigkeit vgl. Hommelhoff, Eigenkapitalersetzende Gesellschafterdarlehen und Konkursantragspflicht, in: Knobbe-Keuk (1988, 262).
[63] Siehe Boujong (1992, 212); Knobbe-Keuk (1992, 1461f.); BGH v. 13.12.1993 - II ZR 89/93 zu *einer* natürlichen Person als Herrschendes Unternehmen (Der Betrieb, 1994, 370).
[64] Hierzu s. vor allem Karsten Schmidt (1994, 189).
[65] Zum Diskussionsstand s. Priester (1993/94, 141).
[66] Hierzu s. Blick durch die Wirtschaft v. 15.10.1992, 7, Das komplizierte deutsche Steuerrecht wird zum Notstandsgebiet, Kottke zur Steuerfachtagung in Bad Harzburg.

„auf den Spuren von Heinrich Beisse" hervorhebt, daß methodologische Fragen von Rechtsprechung und Wissenschaft im Steuerrecht aus seiner Bedeutung und Positionslage heraus mehr diskutiert werden als anderswo. Das entbindet allerdings nicht davon zu erkennen, daß unter dem Gesichtspunkt der Gleichmäßigkeit der Besteuerung viele spezielle Gesetzesvorschriften der Beseitigung bedürfen.

Daß das Steuerrecht rechtspolitische Fehler, soweit diese nicht die Qualität eines Verfassungsverstoßes haben, hinnehmen muß,[68] ist eine nicht wegzudiskutierende Tatsache. Erinnern wir uns aber dazu der Lehre von Popper,[69] nämlich des sog. Kritischen Rationalismus, der Lehre von der Vorläufigkeit aller Erkenntnis. Mit Irrtum des Gesetzgebers und der Gerichte müssen wir leben, solch Irrtum im Unternehmenssteuerrecht zu beseitigen, gehört im Interesse der Unternehmen und der Sozialen Marktwirtschaft zur Aufgabe der Betriebswirtschaftlichen Steuerlehre mit dem Ziel, ein ausgewogenes Verhältnis zwischen der Abstraktion in der Theorie und den Ergebnissen aus der Empirie herbeizuführen.[70] Dann findet die Erkenntnis von Vershofen Berücksichtigung, daß im Wirtschaftsleben der ständig Störungen unterliegende Zustand des labilen Gleichgewichts immer wieder hergestellt werden muß.[71]

5 Fazit

Die Aufgaben der Betriebswirtschaftlichen Steuerlehre sind vielfältig, sie halten Lehre und Forschung in Bewegung, sie regen immer wieder zu neuen Überlegungen an, die einerseits wissenschaftlicher Erkenntnis bedürfen, andererseits aber auch nur aus der Zusammenarbeit mit der Praxis für Unternehmung und Staatshaushalt gebührend gelöst zu werden vermögen. Dazu bedarf es allerdings eines verständigen und sorgfältigen Gesetzgebers, der auf der Basis der Sozialen Marktwirtschaft wissenschaftliche Erkenntnisse nicht aus rein egoistischen und politischen Überlegungen übergeht.

Darauf hinzuwirken, ist eine der Aufgaben der Wirtschaftswissenschaft und damit auch der Steuerrechtsgestaltungslehre. Handeln wir als Wissenschaftler dabei mit der Erkenntnis, daß faire, ständige Kritik notwendig ist, weil das Bewußtsein des Zieles den Blick für das Ergebnis des Denkens und Tuns trüben kann.[72] Mögen wir aber auch nicht übersehen, daß zur Sozialen

---

[67] Woerner (1992, 226ff.).
[68] So auch Woerner (1992, 229).
[69] Popper (1992); s. auch dazu Grimm, Ein kritischer Rationalist, NWZ v. 28.7.1992.
[70] Vgl. Recktenwald zum Lebenswerk von Max Rudolf Lehmann, Ansprachen anläßlich der akademischen Gedenkfeier der Wirtschafts- und Sozialwissenschaftlichen Fakultät der Friedrich-Alexander-Universität Erlangen-Nürnberg am 22.6.1966.
[71] S. Vershofen, Einführung in die Gesellungs- und Wirtschaftslehre, Manuskript WS 1946/47, Hochschule für Wirtschafts- und Sozialwissenschaften in Nürnberg.
[72] So schon Adam Smith: "Every man is, no doubt, by nature first and principally recommanded to his own care." Hierzu s. Recktenwald (1989, 57), zu den „Fallgruben in der Forschung".

Marktwirtschaft unter der Sicht ihrer Begründer Ludwig Erhard und Alfred Müller-Armack das persönliche Ethos der in ihr Wirkenden gehört, ohne das eine freiheitliche Rechts- und Wirtschaftsordnung ihr Ziel nicht zu erreichen vermag.[73]

Literatur

K. Boujong (1992), Zur Auslegung und Fortbildung des GmbH-Rechts in der neueren Judikatur des Bundesgerichtshofs. GmbH-Rundschau 83, 207 - 212.

G. Crezelius (1994), Maßgeblichkeitsgrundsatz in Liquidation? Der Betrieb 47, 689 - 691.

A. Dress et al. (Hrsg.) (1992), Die humane Universität Bielefeld 1969 - 1992, Festschrift für Karl Peter Grotemeyer, Bielefeld.

W. Eucken (1947), Nationalökonomie wozu? 2. Aufl., Godesberg.

R. Finkbeiner (1993), Verfassungsrechtliche Aspekte des Beschlusses des Großen Senats des BFH zum gewerbesteuerlichen Verlustabzug bei Personengesellschaften nach § 10a GewStG. Der Betrieb 46, 2201 - 2205.

M. Groh (1989), Die wirtschaftliche Betätigung im rechtlichen Sinne. Steuer und Wirtschaft 66, 227 - 231.

W. Hartz (1965), Fortbildung des Steuerrechts. Der Betrieb 18, 755 - 757.

N. Herzig (1991/92), Laudatio, Verleihung des „Gerhard-Thoma-Ehrenpreises 1991" des Fachinstituts der Steuerberater. Steuerberater-Jahrbuch 43, 11 - 15.

E.R. Huber (1956), Der Streit um das Wirtschaftsverfassungsrecht. Die öffentliche Verwaltung 9, 97 - 102, 135 - 143, 172 - 175, 200 - 207.

R. Hüttemann (1994), Die Körperschaftsteuererhöhung (maggiorazione di conguaglio IRPEG) im italienischen Anrechnungsverfahren aus deutscher Sicht. Steuer und Wirtschaft 71, 163 - 175.

J. Isensee (1994), Vom Beruf unserer Zeit für Steuervereinfachung. Steuer und Wirtschaft 71, 3 - 14.

F. Klein (1992), Prof. Dr. h.c. Heinrich Beisse tritt in den Ruhestand. Finanz-Rundschau für Einkommensteuer 74, 225 - 226.

B. Knobbe-Keuk (Leitung) (1991/92), Podiumsdiskussion, Eigenkapitalersetzende Leistungen im Zivil- und Steuerrecht. Steuerberater-Jahrbuch 43, 363 - 398.

B. Knobbe-Keuk (1992), Zum Erdbeben „Video". Der Betrieb 45, 1461 - 1465.

B. Knobbe-Keuk et al. (Hrsg.) (1988), Handelsrecht und Steuerrecht, Festschrift für Georg Döllerer, Düsseldorf.

J. Lang (1989), Verantwortung der Rechtswissenschaft für das Steuerrecht. Steuer und Wirtschaft 66, 201 - 211.

J. Lang (1993/94), Das Standortsicherungsgesetz auf dem Prüfstand. Steuerberater-Jahrbuch 45, 9 - 30.

M.R. Lehmann (1956), Allgemeine Betriebswirtschaftslehre, allgemeine Theorie der Betriebswirtschaft, 3. Aufl., Wiesbaden.

K. Meßmer (1988), Komplizierung des Steuerrechts durch die höchstrichterliche Rechtsprechung? Steuer und Wirtschaft 65, 223 - 238.

D.E. Meyer-Scharenberg (1988), Neue Entwicklungen bei der verdeckten Gewinnausschüttung im Körperschaftsteuerrecht. Deutsche Steuer-Zeitung 76, 67 - 68.

A. Moxter (1989), Zur wirtschaftlichen Betrachtungsweise im Bilanzrecht. Steuer und

---

[73] Ähnlich Roos, Soziale Marktwirtschaft und Ethik, in: Rheinischer Merkur v. 6.8.1993, 22 (mit Hinweis auf Festschrift für Anton Rauscher). - Siehe auch Karl Schiller (1994, 114/115).

Wirtschaft 66, 232 - 241.
G. Müller-Gatermann (1993), Die Reform des Umwandlungssteuerrechts. Die Wirtschaftsprüfung 46, 723 - 728.
K.R. Popper (1992), Die offene Gesellschaft und ihre Feinde, 7. Aufl., Tübingen.
H.-J. Priester (1993/94), Bilanzierung und Besteuerung beim qualifizierten faktischen Konzern. Steuerberater-Jahrbuch 45, 141 - 164.
H.C. Recktenwald (Hrsg.) (1989), Die Nobelpreisträger der ökonomischen Wissenschaft, Bd. 1, Düsseldorf.
G. Saß (1993), Steuerharmonisierung in der EG - Perspektive für eine Harmonisierung der Körperschaftsteuer und der Gewinnermittlung. Der Betrieb 46, 113 - 124.
E. Schäfer (1970), Die Unternehmung, Einführung in die Betriebswirtschaftslehre, 7. Aufl., Opladen.
K. Schiller (1994), Der schwierige Weg in die offene Gesellschaft, Berlin.
K. Schmidt (1994), Die wundersame Karriere des Unternehmensbegriffs im Reich der Konzernhaftung. Die Aktiengesellschaft 39, 189 - 195.
L. Schmidt (Hrsg.) (1994), Einkommensteuergesetz, 13. Aufl., München.
G. Schulz (1993), Zurück zur Berechenbarkeit der Steuerpolitik! Der Betrieb 46, 1255 - 1257.
J. Schulze-Osterloh (1994), Verdeckte Gewinnausschüttungen im Grenzgebiet zwischen Handels- und Steuerrecht. Steuer und Wirtschaft 71, 131 - 137.
G. Söffing (1994), Gedanken zum Fehlbetragsbeschluß des Großen Senats. Der Betrieb 47, 747 - 752.
J. Thiel (1992), Im Grenzbereich zwischen Eigen- und Fremdkapital - Ein Streifzug durch die ertragsteuerrechtlichen Probleme der Gesellschafter-Fremdfinanzierung. GmbH-Rundschau 83, 20 - 29.
M.-I. Thomas (1994), Werbungskosten wegen Verpflegungsmehraufwendungen. Der Betrieb 47, 1389 - 1395.
K. Tipke (1988), Über „richtiges Steuerrecht". Steuer und Wirtschaft 65, 262 - 282.
K. Tipke (1993), Die Steuerrechtsordnung, Bd. 1, Köln.
K. Tipke, J. Lang (1991), Steuerrecht, ein systematischer Grundriß, 13. Aufl., Köln.
K. Walzer (1987), Steuergerechtigkeit, eine entscheidungstheoretische Interpretation, Berlin.
F. Wassermeyer (1989), Über die Kontinuität in der Rechtsprechung des BFH. Deutsches Steuerrecht 27, 561 - 567.
H. Weber (1971), Grundgesetz, Gesellschaftsrecht und die Besteuerung der selbständigen Unternehmen, Bd. 1, Frankfurt a.M.
H. Weber (1980), Zu einigen rechtspolitischen Grundfragen der Besteuerung selbständiger Unternehmen. Juristenzeitung 35, 545 - 553.
H. Weber-Grellet (1993), Die Bedeutung der Rechtsnatur des Steuerrechts für dessen Anwendung und Auslegung. Steuer und Wirtschaft 70, 97 - 104.
H. Westerfelhaus (1989), Pensionszusagen an tätige Gesellschafter von Personengesellschaften - Steuerlast und gesellschaftsvertragliche Lösung. Der Betrieb 42, 93 - 97.
H. Westerfelhaus (1994), Die Definition der verdeckten Gewinnausschüttung - eine steuerrechtliche Studie mit Blick auf das Gesellschaftsrecht. GmbH-Rundschau 85, 224 - 232.
G. Wichmann (1994), Die Maßgeblichkeit der Handelsbilanz hinsichtlich der Gliederung unter besonderer Berücksichtigung der verdeckten Gewinnausschüttung. Der Betrieb 47, 1197 - 1199.
L. Woerner (1992), Verfassungsrecht und Methodenlehre im Steuerrecht. Finanz-Rundschau für Einkommensteuer 74, 226 - 233.
G. Wöhe (1988), Betriebswirtschaftliche Steuerlehre, Bd. 1, Halbbd. 1, 6. Aufl., München.

Ist eine Europäische Währungsunion immer noch wünschenswert?

Helmut Steiner

Sparkassendirektor i.R., Honorarprofessor der Fakultät für Wirtschaftswissenschaften, Universität Bielefeld, Postfach 10 01 31, 33501 Bielefeld

Zusammenfassung. Die Europäische Währungsunion setzt eine einheitliche, kompromißlose Wirtschafts- und Währungspolitik der Vertragsparteien voraus. Vertraglichen Formulierungen müssen Fakten folgen; daran mangelt es. Eine politische Union ist zwingend erforderlich; denn Geld ohne Staat ist nicht denkbar. Die Bevölkerung der Europäischen Union ist darauf nicht vorbereitet worden. Die Währungsunion ist daher zu befürworten, aber sie kann nur das Ergebnis eines langfristigen Prozesses sein.

Schlüsselwörter. einheitliche Wirtschafts- und Währungspolitik, Konvergenzrichtlinien, gesunde öffentliche Finanzen, Europäische Zentralbank, Aufgabe von Souveränität

Ist am heutigen Tag, dem 25. November 1994, die von mir gestellte Frage: „Ist eine Europäische Währungsunion immer noch wünschenswert?" berechtigt, maßlos überzogen, Ausdruck eines deutschen Nationalismus oder Beweis für eine noch nicht reife, zukunftsorientierte Wirtschafts- und Geldpolitik in Europa? Meine Antwort werden Sie am Schluß des Vortrags kennen.

Aber zunächst zu den Fakten. Der Vertrag über die Europäische Union ist die Basis für die geplante künftige Wirtschafts- und Währungspolitik in Europa. Schon in der Präambel des Vertragswerkes heißt es: „Entschlossen, die Stärkung und die Konvergenz ihrer Volkswirtschaften herbeizuführen und eine Wirtschafts- und Währungsunion zu errichten, die im Einklang mit diesem Vertrag eine einheitliche, stabile Währung einschließt." Der Titel II des umfangreichen, viele Bereiche erfassenden Vertragswerkes enthält Bestimmungen zur Änderung des Vertrags zur Gründung der Europäischen Wirtschaftsgemeinschaft.[1]

Das angestrebte Ziel wird deutlich und verpflichtend formuliert im 1. Teil der „Grundsätze", Art. 2: „Aufgabe der Gemeinschaft ist es, durch die Errichtung eines Gemeinsamen Marktes und einer Wirtschafts- und Währungsunion sowie

---

[1] Alle Artikelangaben beziehen sich immer auf diesen Vertrag. Quelle: Bulletin des Presse- und Informationsamtes der Bundesregierung Nr. 16 vom 12.02.1992 zum „Vertrag über die Europäische Union".

durch die Durchführung der in den Artikeln 3 und 3a genannten gemeinsamen Politiken oder Maßnahmen eine harmonische und ausgewogene Entwicklung des Wirtschaftslebens innerhalb der Gemeinschaft, ein beständiges, nichtinflationäres und umweltverträgliches Wachstum, einen hohen Grad an Konvergenz der Wirtschaftsleistungen, ein hohes Beschäftigungsniveau, ein hohes Maß an sozialem Schutz, die Hebung der Lebenshaltung und der Lebensqualität, den wirtschaftlichen und sozialen Zusammenhalt und die Solidarität zwischen den Mitgliedstaaten zu fördern."

Ein wahrlich hoher, aber in allen Punkten zu unterstützender Anspruch, der allerdings bezogen auf die Umsetzung ein hohes Maß an politischer Verantwortung und Durchsetzungskraft voraussetzt. Außerdem muß nicht nur die Bereitschaft vorhanden sein, auf Souveränität im wirtschaftlichen Bereich zu verzichten. Taten müssen folgen, damit es nicht nur bei Lippenbekenntnissen verbleibt, vorgetragen bei Konferenzen in der so sattsam bekannten „internationalen Hohlsprache" der Verantwortlichen. Außerdem müssen die in der Europäischen Union lebenden Menschen darauf vorbereitet und überzeugt werden.

Der Vertrag verpflichtet die Mitgliedstaaten nach einem festgelegten Zeitplan zur Einführung einer Wirtschaftspolitik, die auf einer engen Koordinierung der Wirtschaftspolitik der Mitgliedstaaten und dem Grundsatz einer offenen Marktwirtschaft mit freiem Wettbewerb basiert. Er verlangt die unwiderrufliche Festlegung der Wechselkurse im Hinblick auf die Einführung einer einheitlichen Währung, der ECU, sowie die Festlegung und Durchführung einer einheitlichen Geld- und Wechselkurspolitik, die vorrangig das Ziel der Preisstabilität verfolgt und, unbeschadet dieses Zieles, die allgemeine Wirtschaftspolitik der Gemeinschaft unter Beachtung einer offenen Marktwirtschaft mit freiem Wettbewerb in der Gemeinschaft unterstützen soll. Hier finden wir erfreulicherweise Parallelen zum Gesetz über die Deutsche Bundesbank und dem sogenannten Stabilitätsgesetz aus dem Jahr 1967.

Noch deutlicher wird die Einhaltung richtungsweisender Grundsätze in allen Mitgliedstaaten wie folgt gefordert: „Stabile Preise, gesunde öffentliche Finanzen und monetäre Rahmenbedingungen sowie eine dauerhaft finanzierbare Zahlungsbilanz." Nach dem in diesem Vertrag vorgesehenen Verfahren werden ein Europäisches System der Zentralbanken (ESZB) und eine Europäische Zentralbank (EZB) geschaffen.

Zu den wichtigsten Bestimmungen gehört m.E. der Titel VI mit der Überschrift: „Die Wirtschafts- und Währungspolitik." Die Mitgliedstaaten haben danach ihre Wirtschaftspolitik so auszurichten, daß die schon erwähnten Ziele verwirklicht werden können, oder noch deutlicher die Formulierung des Art. 103 Abs. 1: „Die Mitgliedstaaten betrachten ihre Wirtschaftspolitik als eine Angelegenheit von gemeinsamem Interesse."

Dazu erstellt der Rat mit qualifizierter Mehrheit „Grundsätze der Wirtschaftspolitik der Mitgliedstaaten". Um eine engere Koordinierung der Wirtschaftspolitik und eine dauerhafte Konvergenz der Wirtschaftsleistungen der Mitgliedstaaten zu gewährleisten, überwacht der Rat anhand von Berichten der Kommission die wirtschaftliche Entwicklung in jedem Mitgliedstaat. Um die bisher sehr beliebte Finanzierung von Haushaltsdefiziten durch die jeweilige

Notenbank zu unterbinden, sind zukünftig Überziehungs- oder Kreditfazilitäten bei der EZB oder den Zentralbanken der Mitgliedstaaten für die Zentralregierungen etc. verboten.

Kategorisch wird darüber hinaus festgestellt: „Die Mitgliedstaaten vermeiden übermäßige öffentliche Defizite" (Art. 104c). Der Kommission wird das Recht eingeräumt, die Entwicklung der Haushalte und die Höhe des öffentlichen Schuldenstandes zu überwachen. Die Einhaltung der Haushaltsdisziplin prüft sie anhand von zwei Kriterien:

1. das öffentliche Defizit darf 3% des BIP nicht überschreiten,
2. die Schulden dürfen 60% des BIP nicht überschreiten.

Eine umfassende Regelung wurde für den Fall geschaffen, wenn ein Mitgliedstaat diese Kriterien nicht erfüllt (Art. 104c, Abs. 3-14). Auf Einzelheiten kann hier nicht eingegangen werden.

Um die Preisstabilität zu gewährleisten, legt das ESZB die Geldpolitik der Gemeinschaft fest, führt Devisengeschäfte durch, hält und verwaltet die Währungsreserven der Mitgliedstaaten und fördert ein reibungsloses Funktionieren der Zahlungssysteme. Die EZB erhält das ausschließliche Recht zur Ausgabe von Banknoten, die in der Gemeinschaft als gesetzliches Zahlungsmittel gelten sollen.

Zu den besonders beachtenswerten Kriterien gehören die Ausführungen des Art. 107. Der besonderen Bedeutung wegen halte ich es für notwendig, den Originaltext wiederzugeben: „Bei der Wahrnehmung der ihnen durch diesen Vertrag und die Satzung des ESZB übertragenen Befugnisse, Aufgaben und Pflichten darf weder die EZB noch eine nationale Zentralbank noch ein Mitglied ihrer Beschlußorgane Weisungen von Organen oder Einrichtungen der Gemeinschaft, Regierungen der Mitgliedstaaten oder anderen Stellen einholen oder entgegennehmen. Die Organe und Einrichtungen der Gemeinschaft sowie die Regierungen der Mitgliedstaaten der Gemeinschaft verpflichten sich, diesen Grundsatz zu beachten und nicht zu versuchen, die Mitglieder der Beschlußorgane der EZB oder der nationalen Zentralbanken bei der Wahrung ihrer Aufgaben zu beeinflussen."

Ich halte diese Regelung für die entscheidende „Meßlatte" für die Aufrichtigkeit der Mitgliedstaaten. Ich werde noch einmal darauf zurückkommen.

Da in den einzelnen Mitgliedstaaten unterschiedliche Vorstellungen und Gesetze über die Aufgaben der Notenbanken gelten, spielt der Art. 108 eine besondere Rolle. Danach stellt jeder Mitgliedstaat sicher, daß spätestens zum Zeitpunkt der Errichtung der ESZB seine innerstaatlichen Rechtsvorschriften einschließlich der Satzung seiner Zentralbank mit diesem Vertrag sowie der Satzung des ESZB im Einklang stehen. Über die Organe und Ausschüsse der EZB kann ich in diesem Zusammenhang nicht berichten. Sie gewähren aber nach meiner Ansicht ein gutes Funktionieren zur Erfüllung der gesetzten Ziele.

Seit dem 1. Januar 1994 läuft die zweite Stufe zur Verwirklichung der Wirtschafts- und Währungsunion. Außerdem mußten die Mitgliedstaaten schon jetzt geeignete Maßnahmen über ein Finanzierungsverbot bei den Notenbanken treffen. In Deutschland ist durch eine entsprechende Änderung des Bundesbank-Gesetzes dem gefolgt worden. Zugleich wurde das Europäische Währungsinstitut (EWI) mit dem Sitz in Frankfurt a.M. gegründet. Der Rat des EWI besteht aus dem Präsidenten und den Präsidenten der nationalen Zentralbanken. Das EWI hat u.a. folgende Aufgaben:

- Verstärkung der Zusammenarbeit zwischen den nationalen Zentralbanken,
- Koordinierung der Geldpolitik mit dem Ziel, die Preisstabilität aufrecht zu erhalten,
- das Funktionieren des EWS zu überwachen.

Zur Vorbereitung der dritten Stufe sind dem EWI wichtige Aufgaben übertragen worden (Art. 109f, Abs. 3). Bis zum 31.12.1996 hat es den Rahmen festzulegen, den das ESZB zur Erfüllung seiner Aufgaben in der dritten Stufe benötigt. Mit dem Beginn der dritten Stufe wird der Wert der ECU nach Art. 109l, Abs. 4 unwiderruflich festgesetzt. Bis dahin hat jeder Mitgliedstaat seine Wechselkurspolitik als eine Angelegenheit von gemeinsamem Interesse zu verfolgen.

Am 15. November 1994 tagte der Rat erstmalig in den neuen Räumen in Frankfurt. Mit der Vorbereitung der dritten Stufe durch das EWI werden schon jetzt wichtige Weichen gestellt: Festlegung der geldpolitischen Strategien und Zwischenziele, Auswahl des geldpolitischen Instrumentariums, etc. Der Rat steht also vor einer schwierigen Aufgabe, da die Vorstellungen hinsichtlich der konkreten Ausgestaltung der Währungsunion trotz Vertrags erheblich voneinander abweichen.

Für die Weiterentwicklung der Wirtschafts- und Währungsunion sind die Vorschriften des Art. 109j von besonderer Bedeutung. Danach haben die Kommission und das EWI dem Rat zu berichten, inwieweit die Mitgliedstaaten bei der Verwirklichung der Wirtschafts- und Währungsunion ihren Verpflichtungen nachgekommen sind. Ferner ist zu prüfen, ob ein hoher Grad dauerhafter Konvergenz erreicht wurde.

Folgende Kriterien sind zu erfüllen:

1. Preisstabilität: Dies bedeutet, daß ein Mitgliedsland eine anhaltende Preisstabilität und eine während des letzten Jahres vor der Prüfung gemessene durchschnittliche Inflationsrate aufweisen muß, die um nicht mehr als 1,5% über der Inflationsrate jener höchstens drei Mitgliedstaaten liegt, die auf dem Gebiet der Preisstabilität das beste Ergebnis erzielt haben.
2. Das öffentliche Defizit darf nicht über 3% des BIP liegen.
3. Der Schuldenstand darf nicht über 60% des BIP liegen.
4. Die normalen Bandbreiten des Wechselkursmechanismus des EWS müssen eingehalten werden.
5. Konvergenz der Zinssätze heißt: Im Verlauf von einem Jahr vor Prüfung darf der durchschnittliche langfristige Nominalzins um nicht mehr als 2% über dem Satz der drei Länder liegen, die auf dem Gebiet der Preisstabilität das beste Ergebnis erzielt haben.

Der Rat beurteilt, ob die einzelnen Mitgliedstaaten die notwendigen Voraussetzungen für die Einführung einer einheitlichen Währung erfüllen und ob eine Mehrheit der Mitgliedstaaten diese Voraussetzungen erfüllt. Spätestens am 31.12.1996 entscheidet der Rat mit qualifizierter Mehrheit, ob es für die Gemeinschaft zweckmäßig ist, in die dritte Stufe einzutreten, und, sofern dieses der Fall ist, bestimmt er den Zeitpunkt der dritten Stufe. Ist bis Ende 1997 der Zeitpunkt für den Beginn der dritten Stufe nicht festgelegt worden, beginnt die dritte Stufe am 1. Januar 1999. Für die Staaten, die die Voraussetzungen nicht erfüllen, wird eine Ausnahmeregelung gewährt.

Für die Länder Dänemark und Großbritannien sind ohnehin einige Sonderregelungen getroffen worden. So heißt es, daß Großbritannien nicht verpflichtet ist, ohne einen besonderen Beschluß der Regierung und des Parlaments in die dritte Stufe der Wirtschafts- und Währungsunion einzutreten. Großbritannien behält außerdem seine Befugnisse auf dem Gebiet der Währungspolitik nach seinem innerstaatlichen Recht.

Soweit die wichtigsten Bestimmungen des Maastrichter Vertrags. Dazu gilt es, einiges kritisch anzumerken. Die Deutsche Bundesbank hat schon frühzeitig im Vorfeld - 1990 - zur Europäischen Wirtschafts- und Währungsunion Stellung genommen[2]. Sie wies von Anfang an darauf hin, daß die Währungsunion die unwiderrufliche Fixierung der Wechselkurse zwischen den beteiligten Ländern bedeutet bis zur späteren Ablösung durch eine einheitliche europäische Währung. Das bedeutet eindeutig, daß alle Staaten auf eine eigenständige Geld- und Währungspolitik verzichten müssen und die Zuständigkeiten auf die Gemeinschaft zu übertragen sind. Viele Äußerungen der letzten Zeit lassen befürchten, daß dazu einige Länder nicht bereit sind. Die teilnehmenden Volkswirtschaften müssen aber auf Gedeih und Verderb miteinander verbunden werden. Das Ergebnis wird deshalb wesentlich von der Wirtschafts- und Finanzpolitik sowie dem Verhalten der Tarifpartner aller Mitgliedsländer schon jetzt beeinflußt. Hier gilt es, Bedenken anzumelden, denn die wirtschaftliche Entwicklung in der EU ist jedoch alles andere als einheitlich. Die Vorstellungen darüber gehen in der Praxis weit auseinander. Eigenstaatliche Ziele genießen Vorrang.

Die Qualifikationskriterien, von den meisten Ländern (so auch der Bundesrepublik) wohl nicht zu erfüllen, könnten zum größten Hindernis werden. Der Verschuldungsgrad liegt zum Beispiel in Italien bei 124%, in Schweden bei 86% und in Spanien bei 65% des BIP. Außerdem besteht die Gefahr, daß sie im Laufe der Zeit unterlaufen, mißachtet, sinnentleert und aufgeweicht werden könnten. Schon eine vorgesehene Aufweichung müßte für die Bundesrepublik Anlaß sein, nicht mehr mitzumachen. Auf dem in der letzten Woche stattgefundenen Frankfurter European Banking Congress hat der EWI-Chef die europäischen Regierungen gemahnt, die Ziele der Wirtschafts- und Währungsunion schon jetzt konsequent zu beachten. Er wies daraufhin, daß das Defizit des öffentlichen Sektors im Jahr 1993 ungefähr 6%, das Doppelte des zulässigen Betrags,

---

[2] Stellungnahme der Deutschen Bundesbank zur Errichtung einer Wirtschafts- und Währungsunion, Deutsche Bundesbank Presse und Information vom 19.09.1990.

ausmachte. Außerdem wächst der Schuldenberg weiter und ist eine Folge der ungehemmten Ausgabenflut.

Die Entwicklung der Kosten und Preise, die wachsenden Haushaltsdefizite und erhebliche außenwirtschaftliche Ungleichgewichte lassen am Willen, das beschlossene Ziel unverändert und konsequent zu verfolgen, zweifeln. Das Verhalten vieler Regierungen entspricht nicht mehr dem „Geist von Maastricht". Maßnahmen zur Behebung werden zögerlich, halbherzig, zu spät oder überhaupt nicht getroffen. Die Bundesbank weist deshalb zu Recht immer wieder auf die für unser Land entstehenden Stabilitätsrisiken hin. Bundesbankpräsident Tietmeyer befürchtet deshalb, daß Europa eher auf eine schwache als auf eine zu starke Einheitswährung zusteuert[3].

Die Deutsche Bundesbank verfügt über einen hohen Grad an Glaubwürdigkeit. Der Bundesbürger vertraut auf die Qualität der Bank, ihre Unabhängigkeit und ihre ständige Sorge um Preisstabilität. Eine europäische Notenbank müßte schlagartig glaubwürdig und für die Geldpolitik legitimiert werden. Angesichts bedeutsamer Divergenzen zwischen den Mitgliedstaaten in puncto Wirtschaftspolitik, Stabilität und Haushaltsdefizite einschließlich Staatsverschuldung könnte die europäische Notenbank ganz schnell einem starken politischen Druck ausgesetzt werden. Auf Dauer würde sie trotz formeller Unabhängigkeit einen solchen Druck nicht immer ignorieren können.

Noch größere Zweifel sind schon jetzt im Hinblick auf ihre Unabhängigkeit, eine der fundamentalen Voraussetzungen, anzumelden. Eine Äußerung des französischen Staatspräsidenten läßt Schlimmes befürchten. Er sagte in einem Interview u.a.: Die Technokraten der Europäischen Zentralbank sind verpflichtet, auf dem monetären Feld die Entscheidungen des Europäischen Rates auszuführen, getroffen von den zwölf Staats- und Regierungschefs, d.h. von Politikern, die ihre Völker vertreten. Auf die Vorschriften und den Geist des Art. 107 angesprochen, antwortete Mitterand: „...das hat nichts zu bedeuten."[4] Solche Meinungsäußerungen müssen sehr ernst genommen werden. Wer schon im Vorfeld so großzügig interpretiert und verniedlicht, leugnet den Inhalt der Verträge und steht halbherzig oder überhaupt nicht mehr dahinter. Gibt zu allem Überfluß Mitterand auch das wirtschaftliche Denken der politischen Klasse in Frankreich wieder, woran ich glaube, ist dieses eine eindeutige Warnung an die stabilitätsorientierten Länder. In Frankreich scheint das Interesse an einer Wirtschafts- und Währungsunion zunehmend nachzulassen. Im Vorfeld des Präsidenten-Wahlkampfes kann man diese ablehnenden Stimmen deutlich heraus hören.

Alle Erfahrungen der Vergangenheit lehren, daß eine wirksame Geld- und Währungspolitik zum Wohl der Bürger nur betrieben werden kann, wenn ein Staat eine einheitliche Wirtschafts- und Finanzpolitik betreibt; das gilt auch für Europa. Da aber ein gemeinsamer Euro-Staat mit ausschließlicher Budget-Hoheit nicht vorgesehen ist, ist, ohne schwarz zu sehen, eine einheitliche

---

[3] Stellungnahme auf dem Frankfurter European Banking Congress, November 1994.
[4] Fernsehdiskussion zum Maastrichter Vertrag im Vorfeld des französischen Maastricht-Referendums zwischen dem französischen Staatspräsidenten Mitterand und dem Gaullisten Philippe Seguin, 1992.

Wirtschafts- und Finanzpolitik nicht zu erwarten. Immer wieder entscheiden die Staaten und deren Repräsentanten, die wiedergewählt werden wollen, zu ihrem eigenen Vorteil (z.B. die Subventionspolitik, Haushaltspolitik, Ausschaltung des Wettbewerbs, Verstaatlichung von Unternehmen, die nur mühsam zu Lasten der Steuerzahler mit großen Finanzspritzen am Leben erhalten werden, etc.). Für mich ist deshalb, auf eine kurze Formel gebracht, „Geld ohne Staat" nicht denkbar.

Sollen also jene Recht behalten, die da sagen, daß es den meisten EU-Staaten mitnichten um eine starke europäische Währung geht, sondern nur um die Vergemeinschaftung der deutschen Geldpolitik, der sie sich ansonsten unterordnen müßten?

Ich vermisse in diesem Zusammenhang ohnehin klare Worte unserer verantwortlichen Politiker, die dazu neigen, zu beschwichtigen und zu verharmlosen. Wenn man sich auf dem letzten Essener Gipfel nicht einmal über Europol einigen konnte, weil einige Staaten nicht auf ihre Hoheitsrechte verzichten wollten, wie kann eine Wirtschafts- und Währungsunion funktionieren, die den Verzicht zur Voraussetzung haben muß?

Ich gehöre also zu diesen Zweiflern und Mahnern und empfehle unter den sich abzeichnenden Schwierigkeiten und halbherzigen Bekenntnissen, zumindest von dem vorgesehenen Zeitplan abzusehen. Es mangelt nämlich in der Tat an dem Willen zur alles entscheidenden einheitlichen Wirtschaftspolitik. Wir scheinen noch nicht reif zu sein für das trotz allem begehrenswerte und auch von mir gewollte Ziel einer einheitlichen europäischen Notenbank und Geld- und Währungspolitik in der EU.

Die Unabhängigkeit unserer Notenbank ist jüngeren Datums (1957), die Erfolge hervorragend. Andere Länder blicken auf eine andere lange Vergangenheit mit anderen liebgewordenen Regelungen zurück. Frankreich besitzt eine im Grunde immer abhängige Notenbank seit 1800, England sogar seit 1694.

Die Stabilität nur eines politischen oder gar persönlichen Erfolges wegen aufs Spiel zu setzen, käme uns sehr teuer zu stehen. Experimentieren geht aber nicht, die Devise muß lauten: „Alles oder nichts!"

Ich schließe mich abschließend der auf der Frankfurter Tagung geäußerten Meinung von Herrn Tietmeyer an: „Die geldpolitische Integration in Europa kann nur das Ergebnis eines langfristigen Prozesses sein."

Wirtschaftswissenschaftliche Beiträge

Band 98: S. Huschens, Zur Modellierung der Erwartungsbildung in makroökonomischen Modellen, VIII/213 Seiten, 1994

Band 99: T. Gerhards, Theorie und Empirie flexibler Wechselkurse, XIV/358 Seiten, 1994

Band 100: K. Morasch, Strategische Allianzen, XIV/197 Seiten, 1994

Band 101: N. Lamar, Makroökonomische Konvergenz und Währungssystem, XVI/196 Seiten, 1994

Band 102: G.M. Winkler, Entscheidungen und Präferenzen, IX/189 Seiten, 1994

Band 103: L.E. Merkle, Frauenerwerbstätigkeit und Kinderbetreuung, VIII/308 Seiten, 1994

Band 104: C. Fantapié Altobelli, Kompensationsgeschäfte im internationalen Marketing, XXII/368 Seiten, 1994

Band 105: R. Wagner, Die Grenzen der Unternehmung, X/198 Seiten, 1994

Band 106: H. Richter, Marktorientierte Neugestaltung des Einkommensteuersystems, XVI/351 Seiten, 1995

Band 107: M. Graff, Bildung und technischer Fortschritt als Determinanten wirtschaftlicher Entwicklung, VI/231 Seiten, 1995

Band 108: J. Schmude (Hrsg.), Neue Unternehmen, VIII/301 Seiten, 1995

Band 109: T. Kuhn, Theorie des kommunalen Finanzausgleichs, VI/235 Seiten, 1995

Band 110: B. Schaden, Effektive Kapitalsteuerbelastung in Europa, IX/189 Seiten, 1995

Band 111: G. Georgi, Job Shop Scheduling in der Produktion, XII/249 Seiten, 1995

Band 112: V. Kaltefleiter, Die Entwicklungshilfe der Europäischen Union, VIII/179 Seiten, 1995

Band 113: B. Wieland, Telekommunikation und vertikale Integration, VI/262 Seiten, 1995

Band 114: D. Lucke, Monetäre Strategien zur Stabilisierung der Weltwirtschaft, X/180 Seiten, 1995

Band 115: F. Merz, DAX-Future-Arbitrage, XVIII/171 Seiten, 1995

Band 116: T. Köpke, Die Optionsbewertung an der Deutschen Terminbörse, XVIII/174 Seiten, 1995

Band 117: F. Heinemann, Rationalisierbare Erwartungen, XII/298 Seiten, 1995

Band 118: J. Windsperger, Transaktionskostenansatz der Entstehung der Unternehmensorganisation, XIV/176 Seiten, 1996

Band 119: M. Carlberg. Deutsche Vereinigung, Kapitalbildung und Beschäftigung, X/219 Seiten, 1996

Band 120: U. Rolf, Fiskalpolitik in der Europäischen Währungsunion, VIII/123 Seiten, 1996

Band 121: M. Pfaffermayr, Direktinvestitionen im Ausland, XII/224 Seiten, 1996

Band 122: A. Lindner, Ausbildungsinvestitionen in einfachen gesamtwirtschaftlichen Modellen, VIII/174 Seiten, 1996

Band 123: H. Behrendt, Wirkungsanalyse von Technologie- und Gründerzentren in Westdeutschland, XVI/260 Seiten, 1996